Sebastian F. Alzheimer

OSSILAND

Eine West-Ost Satire

Bibliografische Information Der Deutschen Bibliothek
Die Deutsche Bibliothek verzeichnet diese Publikation in der Deutschen
Nationalbibliografie; detaillierte bibliografische Daten sind im Internet über
http://dnb.ddb.de abrufbar.

Titelbild: © MikZed – Fotolia.com
Umschlaggestaltung: Felix Manthei (Dresden), Willy Manthei (Chemnitz)

© by Sebastian F. Alzheimer
www.sebastianalzheimer.de

Gesamtherstellung: www.satzart.de

ISBN 978-3-00-032771-1

Für mein blondes Luder aus dem hohen Norden Deutschlands.
Danke, dass Du mich immer motiviert hast, meinen großen Traum zu leben.

Inhalt

Vorwort zur Neufassung

„Ossiland" ist eine autobiographische Satire. Diese Neufassung ist gegenüber der 2004 erschienen Version deutlich gekürzt und mit einem neuen Kapitel versehen worden. „Blaues Wunder" spielt in Dresden und schreibt die Geschichte des Helden 7 Jahre später noch einmal fort.

Mit Sarkasmus und einer gehörigen Portion Selbstironie wird aus der Sicht des Helden, der als „Wessi" kurz nach der Maueröffnung in den Osten kommt, karikiert, wie es aus seiner Sicht in der „Zone" aussieht.

Es ist mir wichtig darauf hinzuweisen, dass alle handelnden Charaktere einschließlich des Helden von mir bewusst überspitzt dargestellt werden. Alle beschriebenen Situationen und Handlungsstränge, außer den historischen Ereignissen, sind zwar an eigene Erlebnisse angelehnt, haben aber in der beschriebenen Form meines Wissens niemals so stattgefunden. Auch die handelnden Personen, außer den ausdrücklich namentlich genannten des öffentlichen Lebens, sind meine Erfindung, auch wenn ich mir in meiner Biographie einige Anregungen geholt habe. Sie sollen lediglich als Beispiele für Verhaltensweisen und Grundeinstellungen dienen, für die es nach meiner Erfahrung in unserem Lande, und zwar gleichermaßen im Osten wie auch im Westen, jeweils unzählige Parallelen gibt. Schließlich steht niemand, so wie er ist, alleine da.

Die grundsätzliche Frage, die sich durch alle Kapitel zieht, bleibt bestehen: Sind die Unterschiede im täglichen Leben und auch in der Sichtweite der Menschen zwischen Ost und West auch heute noch sehr unterschiedlich? Oder ist zwischen den Menschen in unserem Land viel mehr zusammen gewachsen, als viele das bemerken? Mittlerweile sind über 20 Jahre seit der Maueröffnung vergangen. Heute kann diese Frage mit noch größerem Abstand gestellt und daher mit noch mehr individueller Erfahrung jedes einzelnen beantwortet werden.

Auf meine ganz persönliche Weise stelle ich mich ihr mit diesem Buch. Dabei ist es mir nach wie vor besonders wichtig, dass nicht vergessen wird, was einmal war.

Mein oberstes Ziel aber ist und bleibt es, Sie liebe Leserin und lieber Leser, gut zu unterhalten. Welche Gattung eignet sich dafür besser, als eine deftige Satire? Und welche Gattung ist mehr dazu angetan, sich selbst und vielleicht auch anderen einen Spiegel vorzuhalten?

In diesem Sinne wünsche ich Ihnen viel Vergnügen beim Lesen.

Sebastian F. Alzheimer,
Dresden im Oktober 2010

P.S.: Nichts ist für einen Autor schöner, als mit den Lesern über sein Buch zu diskutieren. (Und bei diesem Text erwarte ich durchaus unterschiedliche Reaktionen!) Schreiben Sie mir unter: info@sebastianalzheimer.de

Teil I
Damals (1984–1993)

Schützenfest

Es war in den ersten Jahren der Kohl-Ära. Viele von meinen Klassenkameraden wurden wie ich unmittelbar nach dem Abitur einberufen und dadurch von der geliebten Mutterbrust beinahe gewaltsam entwöhnt.

Während der Grundausbildung war nicht nur mir mehr als einmal zum Heulen zumute. Aber schließlich wollten wir ja keine Weicheier sein, und so haben wir uns alle mehr oder weniger tapfer über fünfzehn Monate zu richtigen Männern formen lassen.

Diese Feststellung beziehe ich weniger auf die militärischen Fähigkeiten, die wir erlernten. Im darauf folgenden Leben in Freiheit haben diese uns wohl nicht allzu sehr geholfen.

Kameradschaft und Teamgeist waren vor allem gefragt und wurden auch von den meisten von uns erfolgreich praktiziert.

Besonders gefordert wurden diese Eigenschaften bei so wichtigen Events wie Gewaltmärschen oder Stubenreinigen, die unsere Vorgesetzten regelmäßig in väterlicher Fürsorglichkeit für uns auf den Dienstplan setzten, damit wir Grünschnäbel uns nicht langweilten.

Entweder erreichten wir alle zusammen die von den militärischen Führungskräften geforderten Ziele, oder wir hatten allesamt die entsprechenden Restriktionen zu ertragen. Diese waren dann doch meist weniger witzig. Keiner verbrachte gerne seine eigentliche Freizeit mit dem zusätzlichen Reinigen von Scheißhäusern. War diese Tätigkeit einfach nur eklig, konnte ein aus erzieherischen Gründen verordneter Wochenenddienst auch an der Heimatfront durchaus fatale Folgen haben.

Wenn in dieser Zeit eine feste Freundin allein zuhause auf einen wartete, blieb sie im besten Fall einfach nur unbefriedigt. Wenn sie allerdings charakterlich nicht sonderlich gefestigt war, konnte es auch schon mal vorkommen, dass sie ersatzweise mit irgendeinem anderen Typen dafür sorgte, dass zumindest ihr Hormonhaushalt ausgeglichen blieb.

Da ich damals am Wochenende in einer ostwestfälischen Kleinstadt bei meinen Eltern wohnte, und dort so ziemlich jeder jeden kannte, blieben solche Geschichten nicht lange unentdeckt.

Meine ehemaligen Schulfreunde wurden auf alle möglichen Bundeswehrstandorte verteilt. Am Wochenende haben wir uns jedoch meistens in unserer Heimatstadt wieder gesehen.

Dann konnten wir beweisen, dass wir alle trotz der räumlichen Entfernung so ziemlich die gleichen Verhaltenmuster eingetrichtert bekommen hatten.

Meinte eine unserer Freundinnen, sich eine sexuelle Abwechslung gönnen zu müssen, hatte der Typ, der unsere Abwesenheit schamlos ausgenutzt hatte, nicht viel zu lachen.

Aufs Maul gab es eigentlich eher selten. Es war stattdessen die Regel, dass der Betreffende sich auf keiner Festivität in unserem Heimatort und dem weiteren Umfeld mehr sehen lassen konnte. Allein unsere massive Anwesenheit und die Androhung von körperlichen Folgen, wenn derjenige sich nicht unverzüglich entfernte, reichten aus, ihm den Spaß an dem weiteren Abend reichlich zu verderben.

War er der irrigen Meinung, sich stattdessen auf einer anderen Veranstaltung in der näheren Umgebung vergnügen zu können, hatte er sich auch damit verrechnet.

Aufgrund der relativen Übersichtlichkeit unseres Reviers waren wir meist genau informiert, wo und wann Wochenend-Events stattfanden. Also folgten wir demjenigen einfach, wenn er sich verzog, da wir uns selten darum kümmerten, ob wir irgendwo erwünscht, geschweige denn überhaupt eingeladen waren. Spätestens dann zog der Schmarotzer den endgültigen Rückzug weiterem Stress vor.

Mit relativer Sicherheit brauchte derjenige aus unserer Mitte, der gehört worden war, in der Folgezeit die dumme Visage des Aasgeiers nirgendwo mehr zu ertragen.

Während der dienstfreien Zeit lernten wir jungen Kerle eine Reihe weiterer wichtiger Fähigkeiten, die uns auch im Leben nach dem Bund in der Welt der Erwachsenen enorm weiterbrachten.

Es gelang mir nach einigen Wochen Übung ohne nennenswerte Probleme das Skatblatt in meiner Hand auch dann noch zu realisieren, wenn ich mehr als einen halben Kasten Bier verkonsumiert hatte. Der Obolus für die zum Kartenspiel obligatorische Flüssignahrung wurde durch den aufgrund unseres begrenzten Wehrsolds recht gemäßigten Spieleinsatz finanziert.

Natürlich eskalierten diese die Kameradschaft fördernden Veranstaltungen bisweilen.

Wenn es zu exzessivem Bierkonsum kam, was eher selten der Fall war, konnte es schon mal passieren, dass einer der Kameraden plötzlich am Spieltisch in den Schlaf der Gerechten verfiel. Diese Auszeit gönnten wir übrigen dem friedlich Schlummernden selbstredend von Herzen.

Nicht selten fühlte sich dann aber ein anderer Kamerad dazu berufen, den Beweis für den durchaus verständlichen Schwächeanfall auf Polaroid zu bannen.

Um den Anblick noch ein wenig abzurunden, konnte es auch vorkommen, dass auf dem Foto der Schwanz eines nicht minder alkoholisierten Kameraden zu sehen war. Der entblößte Nachweis draller Männlichkeit wurde dazu fotogen auf dem vorschriftsmäßig geschnittenen Haupthaar des selig Schlafenden postiert.

An Phantasie hat es uns offensichtlich nie gemangelt, wobei man freilich über das Niveau solcher Einlagen geteilter Meinung sein kann.

Nicht wenige Kameraden übten sich zwangsläufig in der hohen Kunst des Onanierens.

Unter diesen Handwerkern gab es wiederum eine besonders schamlose Spezies. Ohne Hemmungen ließen diese Kameraden die übrigen Stubenkollegen an ihren fleischlichen Freuden teilhaben. Sie ließen sich auch nicht durch das dabei entstehende rhythmische Quietschen der metallenen Bettgestelle von ihrer Handarbeit abhalten.

Zumindest fand das ganze Procedere normalerweise im Dunkeln nach dem Zapfenstreich statt, sodass uns anderen der Anblick der Sauerei erspart blieb, die ja zwangsläufig am Ende des Vorgangs folgen musste.

Ich persönlich zog es vor meine diesbezüglichen Trainingseinheiten möglichst unter Ausschluss der Öffentlichkeit durchzuführen.

Der Standort am Rande einer norddeutschen Großstadt war deswegen für uns von Vorteil, weil wir auch während dieser entbehrungsreichen Zeit nicht unbedingt auf die Freuden der zwischenmenschlichen Beziehungen zum schönen Geschlecht verzichten mussten.

Mit der Straßenbahn konnten wir innerhalb kurzer Zeit in das Zentrum gelangen, wo es in den zahlreichen Kneipen und Discos reichlich spaltbares Material gab.

Nicht alle meiner Schulfreunde hatten diesbezüglich so viel Glück wie ich. Diejenigen, die in eine Kaserne einberufen wurden, die irgendwo am Arsch der Welt lag, konnten entweder den Kontakt zwischen ihren Fingern und ihrem kleinen Freund intensiv pflegen oder gegen Bares in einem der meist in der Nähe vorhandenen einschlägigen Etablissements Druck ablassen.

Die Aufnahme von Beziehungen zur weiblichen Landbevölkerung war für diese bedauernswerten Kameraden meist mangels Masse die goldene Ausnahme.

Einmal im Jahr fand im Zentrum der Großstadt ein Schützenfest statt. Dabei handelt es sich noch heute um das größte Fest dieser Art in Deutschland.

Ich kannte solche Veranstaltungen bereits aus meiner westfälischen Heimatstadt und den umliegenden Dörfern.

Im Grunde wird dabei jedes Jahr ein neuer Depp gesucht, der so blöd ist, für alle anderen das Bier und den Schnaps zu bezahlen.

Dazu wird üblicherweise auf dem Dorfplatz ein Holzvogel aufgestellt, auf den die meist schon reichlich angetrunkenen Schützenbrüder mit Luftgewehren ballern, bis das bedauernswerte Federvieh irgendwann vom Sockel fällt. Derjenige, der den letzten Schuss vor dem traurigen Ende des hölzernen Vogels abgegeben hat, ist der neue Schützenkönig. Dadurch wird er für ein Jahr zum Herrscher über eine Horde von übermäßig an Alkoholkonsum interessierten Vereinsmeiern, zumindest sah ich diese Typen so.

Es ist Usus, dass die Schützen-Heinis sich zu jeder offiziellen Veranstaltung mit einer besonders schicken Uniform ausstaffieren. Unter einem meist grünen Jackett, an dem bei ganz besonders verdienstvollen Kameraden reihenweise Orden angeheftet sind, wie bei einem russischen Brigadegeneral, tragen die Jungs weiße Hosen und weiße Hemden.

Das ist deshalb besonders sinnvoll, weil die nach Tagen des mehr oder weniger unkontrollierten Alkoholkonsums unvermeidlichen Bier- und Schnapsflekken einen optimalen Kontrast zum Weiß der Einheitsbekleidung bilden.

Die Grundausbildung bei der Bundeswehr ist in solchen Vereinen ausnahmsweise von Vorteil. Die Kameraden müssen sich nämlich zunächst unter dem Befehl ihrer Vorgesetzten in militärischer Ordnung in einem fröhlichen Zug durch die Gemeinde bewegen, bevor sie irgendwann den Schützenplatz erreichen.

Bei diesen zunächst wohl organisierten Veranstaltungen wird nicht nur auf einen Vogel geschossen, sondern auch ordentlich gevögelt.

Die dabei anwesende Damenwelt rekrutiert sich nicht selten aus den Exemplaren, die auf Männer in schicken Uniformen stehen. Offensichtlich wirkt diese Bekleidung auf sie nicht selten wie ein Aphrodisiakum.

Die paarungswillige Dame himmelt den auserwählten Uniformierten zu fortgeschrittener Stunde mit leicht glasigen Kuhaugen an. Dabei scheint für diese Spezies die körperliche Konstitution des einmal erwählten Partners keine entscheidende Rolle zu spielen.

Der Alkoholpegel im Blut des männlichen Balzpartners gibt diesem wiederum die Möglichkeit, mit ausgefeilten rhetorischen Mitteln den Ort der geplanten Kopulation vorzuschlagen.

Dafür kommen zum einen die Motorhauben der um den Schützenplatz geparkten Fahrzeuge in Frage. Es bieten sich aber auch die Deichseln der Bierwagen an, die im Hintergrund des regen Geschehens abgestellt sind, und in denen der Nachschub für die durstige Festgemeinde gekühlt wird.

Mit der Fortdauer der Veranstaltung gebärdet sich der eine oder andere Balzvogel wie die männlichen Vertreter der vorher zur Ermittlung des neuen Häuptlings abgeschossenen Tiergattung.

Nicht selten bekommt man, wenn man sich als auswärtiger Gast auf fremden Schützenplätzen sehen lässt, von den Einheimischen Hähnen zu hören, dass man vor Ort immer noch seine Hühner selber tritt. Das passiert natürlich nur dann, wenn man unsportlich ist und die Tatsache schamlos ausnutzt, dass man im Gegensatz zu der organisierten Saufgemeinde selber noch nicht seit Tagen gelötet hat.

Taktisch klug ist es deshalb natürlich auch, während des Aufenthaltes in fremden Festzelten den Alkoholkonsum möglichst in Grenzen zu halten.

Alleine durch ein Gespräch mit einer der willigen Bräute kann man eine handfeste Reaktion eines alkoholisierten Uniformierten hervorrufen. Es kann daher nicht schaden, wenn noch einige verlässliche Kumpels anwesend sind, die mit überzeugenden Argumenten aller Art schnell wieder für Ruhe sorgen können.

Im der niedersächsischen Großstadt, in der wir unseren Wehrdienst leisteten, lag die Sache insofern etwas anders, als es neben einer ähnlichen Narrenveranstaltung wie in meiner westfälischen Heimat, nur in wesentlich größeren Ausmaßen, auch ein riesiges Volksfest gab.

Aufgrund unserer einschlägigen Erfahrungen beschlossen mein Stubenkamerad Bernd und ich uns an einem Samstag auf den Festplatz zu begeben, um unseren in der Woche angesammelten Samenüberschuss abzubauen.

Es gab eine Unmenge von Karussells, Losverkaufsständen und Schiessbuden, an denen wir zunächst unsere auf bei der Bundeswehr erworbenen Fertigkeiten mit wenig Erfolg testeten.

Der Penner hinter der Theke hatte eindeutig Kimme und Korn manipuliert. Bis wir das endlich gerafft hatten, war der Betrüger um einige harte D-Mark reicher. Ein wenig frustriert brachen wir letztlich das Unternehmen ohne eine Siegestrophäe ab.

Wir schütteten uns an der einen oder anderen Bierbude ein Gläschen in den Hals, um ein wenig in Stimmung zu kommen. Es gab hier und da einige durchaus vorzeigbare Mädels, aber irgendwie blieben unsere Versuche, mit ihnen ins Geschäft zu kommen, zunächst erfolglos.

Neben den verschiedenen Buden gab es auch eine ganze Reihe von größeren Festzelten, ähnlich wie beim Münchener Oktoberfest.

Wir waren uns relativ sicher, dass es dort ausreichend paarungswillige Partnerinnen gab. Solche Orte zogen erfahrungsgemäß die Hühner reihenweise an, da es neben den üblichen Saufgelegenheiten auch Kapellen gab, die zum Tanz aufspielten.

Die Hütte, die wir uns aussuchten, war gut gefüllt mit schunkelnden und saufenden Zeitgenossen. Lange Reihen von Biertischen führten zu einer Bühne, auf der ein paar Schwuchteln mit ihren Blasinstrumenten die unvermeidlichen Stimmungslieder spielten.

Grundsätzlich waren Bernd und ich nicht gerade Freunde blecherner Blasmusik. In diesem Fall sollte uns das nervende Gedudel aber durchaus recht sein, wenn es nur die Stimmung der anwesenden Damen in die von uns gewünschte Richtung lenkte.

Am rechten und linken Rand des Zeltes gab es Biertheken im Übermaß. Wir steuerten gleich auf eine zu, um die bereits draußen begonnene Lötung fortzusetzen.

Zufällig standen vor der Theke drei durchaus akzeptable Modelle. Sie hatten auch schon ordentlich getankt und schauten uns entsprechend ihrem geistigen Zustand herausfordernd an.

Das für Kopulationsinteressierte charakteristische Verhalten setzte auf beiden Seiten der Geschlechterfront auch gleich ein.

Wir bestellten für die drei und uns eine Runde Bier und tauschten erst einmal unsere Namen aus. Beruf und Familienstand interessierten uns dabei wenig. Das sollte sich in diesem Fall aber noch als grober Fehler herausstellen.

Biggi war blond, hatte ordentlich Holz vor der Hütte und war von Anfang an die zutraulichste der Truppe.

Susanne hatte ein ziemlich dürres Gestell, dunkle Haare und war überhaupt nicht mein Typ, dafür fuhr Bernd gleich auf sie ab und sie auch auf ihn.

Die dritte im Bunde war Heike. Sie war wie Biggi blond, hatte eine Büffelhüfte und war alkoholisch schon ziemlich überversorgt. Sie laberte, während wir ihren Freundinnen langsam näher kamen, einen Haufen besoffenen Scheiß. Mit jedem weiteren Bier verlor sie zunehmend die Kontrolle über ihre Sprechinstrumente.

Das interessierte aber Bernd und mich nur am Rande, da wir bei den beiden anderen Torten zügig vorankamen.

Wir setzten uns an einen der Biertische und ließen unseren Charme oder das, was wir in unserem Zustand dafür hielten, mit einigem Erfolg spielen.

Zu dem in solchen Saufanstalten üblichen Geschunkel zu dem Gedudel der Blaskapelle ging auch bald das vorbereitende Gefummel los.

Ich knutschte ein bisschen mit Biggi und testete auch schon mal ihre Möpse unter ihrem Pullover an. Die Tatsache, dass sich mein kleiner Freund ab und zu in der Hose meldete, zeigte mir, dass ich durchaus auf dem richtigen Weg und auch noch anatomisch in der Lage war, die Freuden des Beischlafs ausgiebig genießen zu können.

Ich beschloss daher, den bisher exzessiv praktizierten Alkoholgenuss in meinem und natürlich auch Biggis Interesse ein wenig einzuschränken. Es wäre ja zu schade gewesen, wenn später anstelle des von mir schon in stiller Vorfreude erwarteten Flüssigkeitsaustausches nur noch heiße Luft gekommen wäre.

Bernd war ebenfalls auf einem Erfolg versprechenden Weg. Er tat es mir in der Bearbeitung von Susannes allerdings nur spärlich vorhandenen Brüsten gleich.

Sie überprüfte auch schon mal seine Standfestigkeit zwischen den Beinen. Ich freute mich für meinen Kumpel und amüsierte mich prächtig dabei.

Nur die mittlerweile mächtig lallende Heike ging mir langsam mittelschwer auf die Nerven.

Sie schien mit fortschreitender Dauer der Festivität immer zügiger nicht nur ihre rhetorischen Fähigkeiten ein zu büßen, sondern auch die Kontrolle über ihre Nackenstützmuskulatur. Das hatte zum einen ein immer hektischeres Vor- und Zurückwippen ihres Kopfes zur Folge, zum anderen aber auch eine ausgesprochene Verfeinerung ihres Vokabulars.

Kurz bevor wir aufbrachen, um endlich zur Tat zu schreiten, brüllte sie zum Entsetzen unserer Tischnachbarn, die sich schon in fortgeschrittenem Alter befanden, dass sie den da nachher auch noch ficken würde.

Sie deutete in einem Augenblick, in dem sie die Kontrolle über ihren Bewegungsapparat für kurze Zeit wiedererlangt hatte, mit ihrem Kopf auf mich.

Das hätte mir gerade noch gefehlt. Ich hatte ja grundsätzlich nichts gegen einen gepflegten Dreier, aber doch nicht mit einer Schwester, die sowieso nichts mehr merkt. Ein Leichenschänder war ich ja nun bei aller Begeisterung für die fleischlichen Freuden beileibe nicht. Das Problem löste sich dann doch zur Zufriedenheit aller Anwesenden von allein, als Heike wieder einmal zur Theke torkelte.

Die mittlerweile in ihrer überwiegenden Mehrheit sich in glücklicher Bierseligkeit befindende Corona verursachte einen Höllenlärm. Deshalb konnten wir auch nicht eindeutig verstehen, was sie uns vor ihrem Abgang zugebrüllt hatte.

Ich meinte aus ihrem Gebrabbel herausgehört zu haben, dass sie die Absicht hatte, gegen alle Regeln der Vernunft noch eine Runde Bier zu holen. Dazu kam es jedoch nicht mehr.

Einer der besoffenen Volltrottel in grün-weißer Uniform quatschte sie an, als sie erstaunlicherweise unfallfrei an der Theke angekommen war. Wahrscheinlich geschah das auf dem gleichen sprachlichen Niveau, auf dem sich Heike zu dem Zeitpunkt befand.

Offensichtlich störte es sie dabei auch nicht, dass der mächtig angeschlagene Kerl ziemlich unkontrolliert mit dem Oberkörper schaukelte, während er mit seinem Mund die Nähe ihres linken Ohres suchte. Vermutlich sabbelte er mit seiner feuchten Aussprache irgendeine Anzüglichkeit in dasselbe.

Gleichzeitig tropfte als Folge seiner mangelnden Standfestigkeit ständig das kostbare Nass aus seinem vollen Bierglas auf seine schicke weiße Hose.

Heike schien sich köstlich über seine zweifellos völlig hohlen Sprüche zu amüsieren, denn sie lachte darüber laut und ordinär.

Das animierte wiederum den Kollegen von der Zunft, die harmlose Holzvögel zu erschießen pflegt, dazu mutig eine seiner schmierigen Hände um Heikes umfangreiche Hüften zu legen.

Sie schlang daraufhin einen Arm um seinen Hals, nicht zuletzt auch deshalb, um nicht endgültig umzukippen. Offensichtlich wollte sie ihm aber auch ihre Kopulationsbereitschaft signalisieren.

Nach einigen weiteren Minuten des gepflegten Geistesaustausches war man sich wohl handelseinig. Die beiden torkelnden Turteltauben verschwanden in der lauen Sommernacht.

Bei der Nummer wäre ich am liebsten dabei gewesen. Ich hätte zu gerne gesehen, wann der Typ erkannt hat, dass bei ihm sowieso nur noch heiße Luft kommt. Ich frage mich noch heute, ob das wohl passierte, bevor oder nachdem Heike eingeschlafen ist. Wie dem auch immer war, unser Bier haben wir von ihr jedenfalls nicht mehr bekommen.

Nach Heikes amüsantem Abgang war es endlich an der Zeit selbst zur Tat zu schreiten.

Unsere Favoritinnen waren wie wir längst in bester Laune, und sie hatten uns mit ihren Handgreiflichkeiten im Genitalbereich wissen lassen, dass sie genauso willig waren wie wir. Nun blieb nur noch die Frage offen, wo wir uns zur Paarung niederlassen sollten.

In die Kaserne konnten wir schließlich wohl kaum. Sicher hätte der UvD vollstes Verständnis für unser Begehren gehabt. Vögeln in der Stube war allerdings strengstens verboten, zumal wir für die Süßen wohl kaum mitten in der Nacht einen Besucherschein bekommen hätten.

Das Problem wurde jedoch schnell geklärt. Biggi schlug vor, in ihre Wohnung zu fahren, die etwas außerhalb des Zentrums lag. Sie bestand darauf, dass Bernd und Susanne, die in unmittelbarer Nachbarschaft von Biggi wohnte, mitkommen sollten.

Dass Frauen grundsätzlich zu zweit aufs Klo gehen, ist ja allgemein bekannt. Mir hat auch noch keine anvertraut, warum das so ist. Dass aber auch noch zu zweit zum Vögeln gegangen wird, war eine für mich zu dem damaligen Zeitpunkt neue Erfahrung.

In der Straßenbahn zischten wir noch eine Hülse Bier und beschäftigten uns schon mal mit dem Vorspiel.

Dabei schien nicht nur meinem Kumpel und mir die Tatsache besondere Freude zu bereiten, dass sich ein paar alte Schachteln, die uns unmittelbar gegenüber saßen, über unser Gefummel erheblich echauffierten.

Die Hitze in Biggis Schritt entwickelte sich keineswegs umgekehrt proportional zu der Härte meines guten Freundes zwischen den Beinen.

Susanne leitete ebenfalls die sexuelle Aufwärmphase ein, indem sie ihren geilen Hintern zur Übung schon mal an Bernds zweifellos nicht minder hartem Lümmel rieb.

Als wir in Biggis Bude ankamen hatten sich unsere Partnerinnen als Folge der Fummelei in der Straßenbahn genauso wenig unter Kontrolle wie wir. Wir ließen uns jeweils paarweise auf den im Rechteck um einen flachen Glastisch angeordneten Sofas nieder.

Die Wohnung hatte ich mir beim Betreten gar nicht genauer angeschaut, weil Biggi schon nach dem Schließen der Eingangstür am Reisverschluss meiner Jeans nestelte. Während ihrer Handgreiflichkeiten an meiner Hose und dem was darin war, verlor ich ebenfalls keine weitere Zeit und streifte ihr den lästigen Pullover über ihren blonden Schopf.

Ohne diese die Schwellkörpertätigkeit anregende Ablenkung wären mir sicher als altem Landser die verschiedenen Gruppenfotos mit britischen Soldaten aufgefallen, die an der Wand im Flur angebracht waren.

Im Wohnzimmer hing über dem Sofa, auf dem ich mich gerade mit meiner Zunge um Biggis Muschi kümmerte, unter anderem ein Schal und ein Mannschaftsfoto von Manchester United.

Auch Bernd ließ sich in seiner Konzentration auf Susanne von solchen Nebensächlichkeiten nicht mehr ablenken. Er lag auf dem anderen Sofa auf dem Rücken. Susanne saß halb auf ihm und rieb sein Ding steif, während er ihre Pobacken massierte.

Deshalb konnte er auch nicht das Porträtfoto des freundlich grinsenden, gut gebauten jungen Mannes an der Wand über ihm sehen. Der Teil des Oberkörpers, der auf dem Bild zu erkennen war, ließ erahnen, dass der Mann einen Tarnanzug trug. Das Barett auf seinem an den Seiten kahl rasierten Schädel war jedoch unübersehbar.

All diese Details entgingen gänzlich unserer Aufmerksamkeit, weil wir eben unsere Verantwortung für die sexuelle Befriedigung unserer Bräute von Anfang an sehr ernst nahmen, was ja auch grundsätzlich lobenswert ist.

Es wurde uns erst schlagartig bewusst, wo wir eigentlich waren, als es etwas später heftig an der Tür klingelte und wir eine aufgeregte Frauenstimme von draußen Biggis Namen rufen hörten.

Wenn es am schönsten ist, soll man ja bekanntlich aufhören, heißt es im Volksmund. Welcher ahnungslose Spießer dieses Sprichwort wohl erfunden hat?

Auf jeden Fall hat er sich nie mit einem guten Kumpel nach einer ordentlichen Dröhnung von zwei mehr als willigen Schönheiten einen blasen lassen, sonst hätte er niemals so einen Schwachsinn von sich gegeben. Oder wäre er in einem solchen Augenblick des höchsten Glücks freiwillig aufgestanden, hätte sein erregtes Ding unter Schmerzen wieder in die Hose verpackt und die beiden Ladys mit seinem selbst erfundenen Spruch auf den Lippen unbefriedigt zurückgelassen?

In dieser Situation lag der Fall jedoch etwas anders. Wir machten diesem Sprichwort alle Ehre, aber doch eher unfreiwillig.

Als draußen die Tussi rumbrüllte und wie wild klingelte, stellten unsere Partnerinnen unisono sofort das herrliche Blaskonzert ein. Bernd und ich schauten fragend auf unsere plötzlich so allein gelassenen Geschlechtsorgane, die noch ein paar Momente weiter verzweifelt in die Höhe ragten.

Spätestens als die Bläserinnen panisch zur Tür rannten, fielen unsere beiden Jungs voller Enttäuschung wie Kartenhäuser in sich zusammen.

Die Erkenntnis kam uns praktisch gleichzeitig. Wir schnappten einzelne Gesprächsfetzen von der Eingangstür her auf. Es ging um von einer Truppenübung vorzeitig zurückkehrende Ehemänner. Gleichzeitig fielen unsere Blicke auf die Utensilien und Fotos auf den Wänden um uns herum.

Wir hatten die Sachlage schon vollständig erfasst, ehe unsere Schätzchen völlig aufgelöst zu uns zurückkehrten.

Das zügige Ankleiden hatten wir ja ausgiebig während unserer Grundausbildung trainiert. Neue Rekorde stellt man aber nur dann auf, wenn eine ausreichende Motivation vorhanden ist.

Wir hielten die Tatsache, dass wir soeben im Begriff gewesen waren, die Ehefrauen von zwei britischen Elitesoldaten flachzulegen, die auch noch jeden Augenblick in der Tür stehen konnten, für völlig ausreichend.

Die hysterische Nachbarin, die ihre Freundinnen warnen wollte, hatte zufällig erfahren, dass ihre Ehemänner im Anmarsch waren. Ihren eigenen Bettgenossen hatte sie schon vorher rechtzeitig aus der Bude gejagt.

Es war ein Kamerad aus einer anderen Einheit in unserer Kaserne, den wir nach unserer erfolgreichen Flucht an der Straßenbahnhaltestelle trafen. Er hatte nur das Glück gehabt, schon einige Zeit eher mit der Schnalle zum gemütlichen Teil des Abends übergegangen zu sein.

Wir hätten halt ein paar Bier weniger trinken oder uns nicht so lange mit dem Vorspiel aufhalten sollen.

Das hatte man nun davon, wenn man sich in der Kiste zu sehr um die Interessen des weiblichen Geschlechts kümmert. Auch kann ich nur empfehlen, sich vor einer spontanen Vögelei vorher über die familiären Verhältnisse der Auserwählten ausgiebig zu informieren.

Student sein

Es war zwei Jahre vor der Maueröffnung, als ich im „Bundesdorf" mein Studium aufnahm.

Das Leben war einfach herrlich unbeschwert. Eigentlich musste ich mir über nichts wirklich ernsthafte Gedanken machen.

Die monatliche Überweisung von Mama und Papa kam immer pünktlich. Die angewiesene Summe reichte für den täglichen Bedarf völlig aus. Die Bude in dem Studentenheim in Poppelsdorf kostete schlappe 150 D-Mark. Ich hatte dazu noch rund 650 Mäuse zum Leben.

Als katholisch erzogener Musterknabe versuchte ich mich über ein Semester in solch ausgefallenen Fächern wie Theologie und Latein.

Es war ja nicht gerade so, dass ich mich schon als Priester sah. Ich hatte längst die Vorzüge des weiblichen Körpers zu schätzen gelernt. Deshalb wollte ich auf keinen Fall meine zukünftigen sexuellen Erfahrungen allein auf die Perfektionierung meiner Hobel-Technik beschränken.

Vielmehr sah ich mich schon vor einer Horde frecher Blagen stehen, um ihnen als cooler Pauker die Freuden der lateinischen Grammatik oder das richtige Verständnis vom lieben Gott näher zu bringen.

Dabei stellte ich mir allerdings nicht vor, den lieben Kleinen ein verbiestertes und spießiges Weltbild zu vermitteln. Immerhin wuchs ich in einem kleinbürgerlichen Umfeld auf, in dem mir die Sicht der Dinge auf diese Weise von vielen Erwachsenen täglich vorgelebt wurde.

Das katholische Volk stand in meiner Jugend, die ich in den Siebzigern und frühen Achtzigern in Ostwestfalen verbrachte, unter dem streng konservativen Regiment des Erzbistums Paderborn. Nicht nur meine Erziehung wurde in erheblichem Masse von den Regeln der heiligen Mutter Kirche mitbestimmt.

Meine Eltern versuchten, sich mit den Jahren eine etwas liberalere Grundeinstellung zuzulegen. Den durchaus restriktiven Vorstellungen der Kirche von Moral und Erziehung, von denen sie in erheblichem Masse selbst geprägt waren, konnten sie sich aber zumindest nach außen nie wirklich entziehen.

So gab es zuhause zunehmend Konfliktstoff, wenn meine beiden Brüder und ich mit zunehmendem Alter Verhaltensweisen entwickelten, die nicht immer konform mit der kirchlichen Doktrin gingen.

Der sonntägliche Kirchgang war einfach ein Pflichtprogramm, dem ich in meiner Jugend nicht entkommen konnte.

Mein Vater hatte irgendwann für uns beschlossen, dass wir grundsätzlich die letzte Messe des Wochenendes besuchten. Sie fand sonntags abends um 19 Uhr statt.

Das hatte die frustrierende Folge, dass wir fast immer die letzten fünf Minuten unserer Lieblingsserie verpassten. Bonanza oder Raumschiff Enterprise liefen in der Stunde zwischen 18 und 19 Uhr.

Manchmal waren zu unserem Glück die Folgen so spannend, dass auch unser Vater das Finale nicht verpassen wollte. Dann betraten wir die Kirche erst mit einigen Minuten Verspätung.

Die Nachbarn aus unserer Strasse waren natürlich schon alle anwesend und musterten uns mit vorwurfsvollen Blicken, wenn sie sich noch einmal von ihren Bänken erheben mussten, um uns zu freien Plätzen durchzulassen. Überhaupt hatte ich nicht selten den Eindruck, dass viele der katholischen Kirchgänger nicht zuletzt auch deshalb da waren, um zu kontrollieren, ob ihre Bekannten ebenfalls brav ihrer sonntäglichen Pflicht nachkamen.

Der wöchentliche Kirchenbesuch diente nach meiner Einschätzung den Damen der Kleinstadt-Gesellschaft auch dazu, die eigene Garderobe mit den über die Woche neu angeschafften Kleidungsstücken der anwesenden weiblichen Konkurrenz vergleichen zu können.

Man beschäftigte sich daher nicht immer mit der nötigen inneren Einkehr, zu der man eigentlich an diesem heiligen Ort zusammengekommen war.

In meiner katholischen Erziehung wurde viel Wert auf Äußerlichkeiten gelegt. Den Sinn bestimmter Verhaltensweisen, die von mir und meinen Brüdern verlangt wurden, konnte ich trotz der intensiven Erklärungsversuche meiner Eltern nie ganz einsehen.

Am Karfreitag gab es nur einmal etwas zu essen, den restlichen Tag mussten wir dann mit knurrendem Magen verbringen. Diese Kasteiung wurde uns befohlen, wir führten sie nicht aus eigenem Antrieb durch. Deshalb verfehlte sie wahrscheinlich letztlich auch ihre Wirkung.

Am Osterwochenende rannten wir gleich dreimal in die Kirche. Beim dritten Mal wusste ich schon gar nicht mehr, was ich dem lieben Gott noch erzählen sollte. Ich war ja erst gestern und vorgestern da gewesen.

Am Heiligabend wurde auf Instrumenten, deren Beherrschung meine Brüder und ich über Jahre mühsam erlernen mussten, Hausmusik aufgeführt. Die Proben am Nachmittag des lang herbeigesehnten Tages endeten oft in einem Fiasko, da wir Kinder mehr an die Geschenke dachten, die unter dem festlich geschmückten Weihnachtsbaum auf uns warteten, als uns auf die Noten zu konzentrieren.

Einer von uns verspielte sich immer, sodass sich die Probe unter dem Gebrüll unseres Vaters über Stunden hinziehen konnte, bis er letztendlich einigermaßen zufrieden war. Das Bewusstsein, dass die Aufführung des familiären Streich-Quartetts eigentlich zur Ehre Gottes gereichen sollte, war uns Kindern irgendwann während des nachmittäglichen Probenstresses abhanden gekommen.

Das obligatorische Absingen des einen oder anderen Weihnachtsliedes ließen wir schließlich auch noch über uns ergehen. Der Augenblick der lang ersehnten Bescherung war ja dann nicht mehr weit.

Die Freuden der katholischen Erziehung, die wir genießen durften, erstreckten sich aber nicht nur auf den Bereich der regelmäßigen Kirchgänge, Fasten und Kirchenmusik. Es wurde auch in unserer sexuellen Entwicklung penibel darauf geachtet, dass wir Jungs nicht allzu früh den Kontakt zum schönen Geschlecht über das platonische Maß hinaus intensivierten.

Schon das Onanieren war eine Handlung, die wir im Beichtstuhl als Sünde gegenüber dem verständnisvollen Priester deklarieren sollten. Irgendwann beschloss ich aber für mich, dass das ein wenig zu weit ging. Was ging es den Kerl hinter dem Holzgitter an, ob und wann und wie oft ich mir einen runterholte?

Sex war etwas, das nach dem Wunsch unserer Eltern erst nach der Eheschließung stattzufinden hatte. Es wurde uns eingetrichtert, dass der Beischlaf so etwas Besonderes sei, dass wir uns dieses Erlebnis für die Frau unseres Lebens aufsparen sollten. Die Folge dieses Aspektes unserer Erziehung war, dass auch die meisten meiner Kumpels, die natürlich ähnliche Direktiven von ihren Eltern erhielten wie ich, in ihrer überwiegenden Mehrheit mit der pubertären Fummelei erst relativ spät begannen.

Das lag natürlich auch daran, dass die Mädchen in unserem Alter von ihren Eltern die gleichen Verhaltensmuster beigebracht bekamen. Deshalb war in unserem Umfeld das Angebot an Girls, die bereit waren, über schüchternes Geknutsche hinauszugehen, anfänglich relativ begrenzt.

Bei den ersten Versuchen, einem Mädel an die Möpse zu fassen, hatte man noch regelrecht ein schlechtes Gewissen, weil man meinte, dass das dem lieben Gott gar nicht gefallen würde.

Mit fortschreitendem Alter siegte dann aber doch die Geilheit über die Vernunft. Das ging übrigens den Hühnern genauso, sodass sich das Angebot an paarungswilligen Partnerinnen mit der Zeit immer mehr vergrößerte.

Wie ich später feststellen durfte, lag die Sache in der Zone etwas anders. Dort war die Erziehung in der Regel alles andere als kirchlich geprägt. Die Tatsache, dass unsere Altersgenossen auf der anderen Seite der Mauer eingesperrt waren, wurde zumindest etwas dadurch kompensiert, dass die Jugend dort mit reinem Gewissen schon ziemlich früh vögelte, was das Zeug hielt.

Während wir nach dem Willen unserer Eltern mit dem Sex möglichst noch bis zur Eheschließung warten sollten, verfuhr man drüben doch eher nach dem Motto: Drum prüfe wer sich ewig bindet, ob er nicht noch was Besseres findet. Ein Motto, das eher meiner Lebensphilosophie entsprach. Als ich das erst einmal erkannt hatte, kam ich ihm auch ausgiebig nach.

Nach einem Semester wechselte ich die Studienfächer. Ich bekam die griechischen Vokabeln einfach nicht in die Birne. Da Griechisch aber nun mal eine Voraussetzung für das Theologie-Studium war, musste ich das ganze Fach drangeben. Auch mein Lateinstudium scheiterte, weil wir unseren Caesar plötzlich vom Deutschen ins Lateinische übersetzen sollten, was wir in der Schule nie gelernt hatten.

Deutsch und Geschichte waren die Alternativen für mich. Die beiden Fächer lagen mir nicht nur inhaltlich. Die Organisation des Studiums, oder das, was man in den ersten Semestern dafür hielt, ließ mir und meinen Kommilitonen genügend zeitlichen Spielraum für die Freuden des Lebens.

Wir hatten schnell raus, dass viele der Geschichtsprofessoren in ihren Vorlesungen am liebsten aus den von ihnen selbst verfassten Büchern wörtlich ablasen. So konnten wir uns die Zeit im Hörsaal getrost sparen. Es wurde zwar bei jeder Vorlesung eine Anwesenheitsliste herumgereicht, in die man sich eintragen musste. Es fand sich aber auch immer ein Streber, der meinte, bei jeder dieser Lesestunden anwesend sein zu müssen. Gegen das ein oder andere Bier abends in einer der zahlreichen Kneipen der Bonner Studentenviertel war der strebsame Studienkollege aber gern dazu bereit, neben dem eigenen Namen auch den eines abwesenden Kommilitonen in die Liste einzutragen.

Zur Erlangung des Scheines am Ende des Semesters mussten wir beim Professor eine mündliche Prüfung über den Inhalt der Vorlesung ablegen. Wir kauften uns das entsprechende Buch, womit wir sicher für ein nicht unerhebliches Zusatzeinkommen des Professors sorgten, und hämmerten uns das ausgewählte Prüfungsthema in ein oder zwei Nachtsitzungen ins Kurzzeitgedächtnis. Eine Note gab es für diese Prüfungen nicht, sodass wir einfach nur bestehen mussten, was letztlich wirklich kein Problem darstellte. Das Deutsch-Studium war auch nicht mit viel mehr Aufwand verbunden.

Nachdem also der unwichtige Teil des Studentenlebens auf diese Weise nach dem Minimal-Prinzip geregelt war, konnte ich mich in der im Überfluss vorhandenen Freizeit den wirklich wichtigen Dingen des Lebens widmen.

Ich fand in Bonn sehr schnell Anschluss durch den Eintritt in eine der Studentenverbindungen, die überall auf dem Campus um neue Mitglieder warben.

Es gab zum einen katholische Studentenvereine. Mein Vater hätte gerne gesehen, wenn ich einem solchen beigetreten wäre, da er selber darin in seiner Studienzeit in Heidelberg sehr aktiv gewesen war. Er hatte mir immer wieder von dieser Zeit vorgeschwärmt, sodass ich mich gleich nach einer passenden Verbindung umschaute.

Darüber hinaus gab es auch die Jungs, die sich für die Härtesten hielten und sich in so genannten Corps zusammenschlossen. Sie lebten immer noch so, wie es nach meiner Vorstellung zu Kaisers Zeiten abgelaufen sein muss. Der stramme Komment in diesen Vereinen verlangte eine Reihe von Pflichtmensuren. Bei der ersten ging es meist noch recht unblutig zu. Mit jeder weiteren Mensur stieg jedoch die Wahrscheinlichkeit, dass sich einer oder sogar beide der Kontrahenten recht ansehnliche Schmisse im Gesicht einhandelten. Diese wurden dann wie Trophäen stolz zur Schau getragen.

Wenn man als Korporierter den Jungs in der Stadt über den Weg lief oder sie auf einem anderen Verbindungshaus traf, musste man aufpassen, sie nicht falsch anzuschauen, sonst sah man sich schneller auf einem Paukboden wieder, als einem lieb war. Viele der Kerle fanden nicht selten unschwer einen Grund Satisfaktion zu verlangen. Auch im Saufen machte denen niemand was vor. Ich war zwar bald auch recht gut im Training, aber die Jungs kannten nur volle oder leere Gläser.

Wenn Vertreter dieser Zunft zum Couleurbesuch auf unser Verbindungshaus kamen, war die höchste Alarmstufe angesagt. Nur mit vereinten Kräften konnten meine Bundesbrüder und ich die Kerle wieder vom Haus saufen. Zum Glück waren diese Besuche aber nicht die Regel, da die Corpsbrüder sich nach meiner Erfahrung grundsätzlich für die Elite der Verbindungen hielten. Mit dem niederen Burschenvolk, das wir in ihren Augen darstellten, wollten sie eigentlich sowieso nichts zu tun haben.

Der Zufall wollte es schließlich, dass ich zu einer Semesterantrittskneipe in einem Verbindungshaus landete. Es war eine Burschenschaft, in der zwar auch Partien gefochten wurden. Die Austragung war aber für die Bundesbrüder fakultativ. Das kam mir durchaus entgegen, da ich zu den Mensuren meine eigene Meinung hatte. Außerdem wollte ich auf keinen Fall für den Rest meines Lebens mit einem Schmiss in der Fresse rumlaufen.

Die Jungs machten von Anfang an einen sympathischen Eindruck auf mich. Ich fühlte mich in der geselligen Runde absolut wohl. Noch am gleichen Abend wurde ich in den Bund aufgenommen und bekam das Fuxenband umgehängt.

Das Leben in der Verbindung hatte zwei Seiten.

Ich lernte einen Lebensbund kennen, der seit über hundertzwanzig Jahren bestand. Das wäre sicher nicht möglich gewesen, wenn sich hier ein paar Jungs lediglich zum Saufen und Singen getroffen hätten. Dieses allgemeine Bild von Studentenverbindungen herrschte ja nun mal in der deutschen Öffentlichkeit vor.

Das politische Ziel der Deutschen Burschenschaft war seit ihrem Entstehen zur Zeit der Befreiungskriege gegen Napoleon ein einiges deutsches Vaterland. Daran war und ist nichts Radikales, was die Vertreter beiderlei Geschlechts vom linken Asta bis heute nicht verstanden haben. Sie machen immer noch Stimmung gegen die Studentenverbindungen, aber das ist letztlich deren Problem.

Damals war noch nicht im Traum an den Fall der Mauer zu denken, trotzdem standen wir zu dieser Vorstellung. Selbst die kühnsten Optimisten unter uns hatten keine rechte Ahnung, wie eine Wiedervereinigung in absehbarer Zeit Realität werden sollte. Noch viel weniger konnte irgendjemand ahnen, dass es in weniger als zwei Jahren schon so weit sein würde.

Wir luden auf unser Haus Größen aus Politik und Wirtschaft zu Vortragsabenden ein, die ja praktisch direkt vor unserer Tür saßen. Mit Hilfe der teilweise großen Namen, für die wir vorher mit Plakaten warben, erhöhten wir unseren Bekanntheitsgrad, warben neue Mitglieder und interessierten auch Mädels für uns. Die konnten zwar unserer Verbindung nicht beitreten, kamen aber gerne immer wieder zu geselligen Veranstaltungen auf unser Haus.

Alle zwei Wochen fanden Konvente statt, in denen alle Angelegenheiten des Bundes debattiert wurden. Wir lernten Kompromisse zu schließen, uns an bestimmte Verfahrensregeln zu halten und vor allem die freie Rede.

Für die Jungs aus dem Vorstand, der in jedem Semester neu gewählt wurde, kam die gesamte Organisation des Semesterprogramms hinzu. Sie hatten den ganzen Laden zu leiten, zu organisieren und die Bundesbrüder auch bei Streitigkeiten bei der Fahne zu halten. Das war zwar nicht immer einfach, dafür prägten diese Erfahrungen für das spätere Leben und halfen uns langsam erwachsen zu werden.

Da die meisten von uns zum ersten mal weit weg von Mamas Rockzipfel waren, wenn man die Bundeswehrzeit außer Acht lässt, in der man ja nun alles andere als frei war, ließen wir so richtig die Sau raus.

Wenn wir nicht in der Uni waren, hielten wir uns tagsüber im Verbindungshaus auf. Wir spielten stundenlang Doppelkopf oder Billard. Einer der alten Herren hatte einen großen Spieltisch gespendet. Spätestens am Nachmittag stiegen wir von alkoholfreien Getränken auf Bier um.

Ich war solo, aber einige Bundesbrüder hatten Freundinnen, die Gefallen am Bundesleben fanden und sich fast täglich dazugesellten. Das Flachlegen dieser Damen, die in festen Händen waren, war im äußersten Masse unerwünscht. Das sah nicht nur der unmittelbar Betroffene so, sondern es war auch eine der Grundregeln des Bundeslebens, die ich gleich am Anfang beigebracht bekam.

Ließ man sich bei einer solchen nicht kommentgemäßen Koitus erwischen, konnte das den Ausschluss aus dem Bund zur Folge haben. Ich hielt mich bis auf eine Ausnahme daran.

Die Doppelkopfrunden konnten sich bis in die frühen Morgenstunden erstrecken, wenn nicht gerade irgendwelche offiziellen Veranstaltungen auf dem Programm standen.

Das ständige Training im Bierkonsum ermöglichte es uns, auch nach einer durchzechten Nacht, körperlich in der Lage zu sein, am nächsten Morgen die Uni aufsuchen zu können, wenn es unbedingt nötig war.

Wurde es uns auf dem Haus zu langweilig, machten wir Couleurbummel durch die Kneipenlandschaft der Bonner Süd-Stadt. Dabei war es dann gar nicht schwer, eine interessierte Torte kennen zu lernen. Zwar gab es die linken Tussis, die uns Verbindungsstudenten für rechtsradikale Arschlöcher hielten. An denen hatten wir aber sowieso wenig Interesse, weil sie nach unserem Geschmack meist potthässlich waren in ihren selbst gestrickten Öko-Outfits. Die Hälfte von denen waren außerdem Lesben, zumindest sahen wir das damals so.

Dann gab es aber auch durchaus annehmbare Exemplare, die uns gerade wegen unserer Bänder interessant fanden. Mit solchen Zeitgenossinnen kam man recht einfach ins Gespräch. Konnte man sie nicht gleich abschleppen, gab es dafür immer wieder Partys auf unserem Haus, zu denen wir sie einladen konnten, um einen zweiten Versuch zu starten.

Bei einem Sit-in in der Wohnung eines Bundesbruders traf ich Karla. Sie fiel mir gar nicht besonders auf, da sie vom Aussehen her nicht gerade der Reißer war.

Ich lötete mir mit meinen Kumpels den gesamten Sonntagnachmittag ausgiebig einen und hatte gar keine rechte Lust, mich um die anwesende Damenwelt zu kümmern.

Irgendwann kam Karla zu mir rüber, als ich mir in einem Nebenraum Nachschub aus dem Bowletopf holen wollte. Sie verwickelte mich in ein Gespräch über irgendein belangloses Thema und rückte mir dabei schon ziemlich angriffslustig auf die Pelle.

Ich merkte sehr bald, was sie wollte und war letztlich dann doch interessiert, zumal sie mir bei näherem Hingucken flachlegenswerter erschien als am Anfang der Party, als ich noch nüchtern war. Wahrscheinlich begünstigte wieder einmal der Suff meine Einschätzung ihrer körperlichen Vorzüge, was mir aber letztlich egal war.

Wir knutschten ein wenig rum, wobei sie es aber nicht belassen wollte. Mit einem zielsicheren Griff zwischen meine Beine überzeugte sie sich davon, dass ich ihr noch geben konnte, wonach ihr eindeutig der Sinn stand.

Wir gingen in ihre Wohnung, die nur ein paar Blocks weiter lag und gaben in ihrem Bett standesgemäß Gas. Die Sache war technisch gar nicht so einfach, da sie einen Verband um die Schulter trug. Sie hatte sich bei einem Fahrradunfall eine Rippe gebrochen und konnte nur unter Schmerzen atmen.

An einem der nächsten Tage traf ich sie in der Uni wieder. Ich nahm sie aufgrund meines völlig nüchternen Zustandes so wahr, wie sie nun einmal wirklich aussah, nämlich ziemlich unscheinbar. Ich verlor das Interesse und wir wiederholten unser Erlebnis nicht mehr.

Den Vogel schoss Beate ab.

Wir waren kurz vor Weihnachten mit einigen Bundesbrüdern auf dem Haus einer befreundeten Verbindung am Rheinufer zu einer Feuerzangenbowle eingeladen. Wir saßen an langen Tischen und schütteten das Teufelszeug in uns rein. Nicht nur ich war relativ schnell voll.

Es waren auch einige Modelle anwesend. Sie nahmen wenig Rücksicht auf die Tatsache, dass sie am nächsten Morgen einen fürchterlichen Brummschädel haben würden. Die trinkfesten Torten dachten gar nicht daran, die Anzahl der verkonsumierten Bowlebecher in Grenzen zu halten.

Beate saß zufällig neben mir. Sie sah einfach fantastisch aus. Sie hatte halblange blonde Locken, blaue Augen und eine äußerst frauliche Figur. Lieber etwas mehr als zu wenig, dachte ich und war gleich ganz geil auf sie, was sie aber zunächst ignorierte. Sie unterhielt den ganzen Tisch mit saftigen Zoten und kümmerte sich eigentlich nur am Rande um mich.

Als ich vom Suff mutig geworden war, legte ich einen Arm um ihre Hüfte. Sie schaute mir etwas überrascht in die Augen. Ich hielt ihrem Blick stand und dachte gar nicht daran, meinen Arm wegzunehmen. Das gefiel ihr offensichtlich.

Von da an unterhielten wir uns prächtig. Ich stellte den Suff sofort ein, weil ich die Nummer, die ich mir erhoffte, unbedingt noch bei relativ klarem Verstand erleben wollte. An diesem Abend wurde daraus aber nichts mehr. Irgendwann stand sie auf und sagte, dass sie nach hause müsse.

Sie machte auch überhaupt keine Anstalten, mich einzuladen mit ihr zu kommen. Ich war echt stinksauer und nahm vor lauter Frust die Sauferei wieder auf. Woher sie meine Nummer hatte, habe ich nie erfahren.

Als ich am nächsten Mittag in meiner Bude immer noch meinen Rausch ausschlief, klingelte das Telefon. Sie war dran und lud mich für diesen Abend zu ihr ein. Ich war den ganzen Tag erfüllt von vorfreudiger Erregung und wurde in der kommenden Nacht nicht enttäuscht.

Sie ließ mich zwar zunächst noch ein paar Stunden zappeln, zumal noch eine Freundin von ihr unangemeldet hinzugekommen war. Die störende Schickse verzog sich aber dann endlich, und wir legten los wie die Feuerwehr.

Nachdem wir einige Zeit geschlafen hatten, fielen wir vor dem Aufstehen noch einmal übereinander her. Bei der Zigarette danach überlegte ich mir gerade, ob ich mich in sie verlieben könnte. Da teilte sie mir ganz trocken mit, dass sie den Wettbewerb mit ihrer Bekannten, die gestern Abend noch da gewesen war, nun gewonnen habe.

Ich verstand zunächst überhaupt nichts. Als ich nachfragte, sagte sie mir, dass ich Nummer 32 sei. Sie habe mit ihrer Freundin einen Wettbewerb laufen, in dem es um die Anzahl der flachgelegten Männer in diesem Jahr ginge. Es sei ja nun in wenigen Tagen zu Ende und ihre Gegnerin läge hoffnungslos hinten.

Ich überlegte einen Augenblick, ob ich nun sauer oder beeindruckt sein sollte. Die Nacht mit ihr war einfach zu gut gewesen, deshalb entschied ich mich für die zweite Variante und beglückwünschte sie zu ihrem Sieg.

Das fand sie nun wieder so gut, dass sie am ersten Januar mittags vor meiner Bude stand. Ich war noch ziemlich geschafft von der Silvesterfete, die bis in den Morgen gedauert hatte.

Als ich sie aber vor meiner Tür stehen sah, war ich gleich hellwach. Ich begriff sofort, was sie vorhatte.

In diesem Jahr war ich ihre Nummer eins.

Dunkel-Deutschland

Wir fuhren mit einem D-Zug ein Jahr vor der Maueröffnung nach Berlin. Dort wollten wir mit einigen Bundesbrüdern am Burschentag, der jährlichen Zentralveranstaltung unseres Verbandes, teilnehmen.

Wir hatten uns in unseren Grundsätzen immer wieder für die Wiedervereinigung eingesetzt, obwohl wir deshalb nicht nur von den Linken in Bonn als Neo-Nazis beschimpft worden waren. Nicht einmal die kühnsten Optimisten hätten sich damals träumen lassen, dass dieses Ereignis nur noch etwas mehr als ein Jahr auf sich warten lassen würde. Die Gelegenheit, mir ein eigenes Bild von der anderen Seite unseres Vaterlandes zu machen, wollte ich mir auf keinen Fall entgehen lassen.

Wir waren zu dritt.

Stefan spielte schon seit Jahren eine tragende Rolle in unserem örtlichen Verband und war politisch auch sehr engagiert. Er war recht stramm gebaut, trug einen Vollbart und war rhetorisch sehr versiert. Er war Burschenschafter mit Leib und Seele.

Alex war sehr schlank, größer als ich und hatte halblange schwarze Haare, ein echter Frauentyp. Er war im gleichen Alter wie ich und kurz vor mir in unsere Bonner Burschenschaft eingetreten. Wir hatten uns auf Anhieb sehr gut verstanden und freuten uns schon lange vor dieser Fahrt auf das gemeinsame Erlebnis.

Der D-Zug verließ den Bonner Hauptbahnhof irgendwann am Abend und sollte am nächsten Vormittag am Berliner Bahnhof Zoo ankommen.

Unmittelbar nach der Abfahrt holte Stefan die ersten drei Blechbüchsen mit einem billigen Bier aus der Palette, die wir als Wegzehrung in der Ablage über den Sitzen verstaut hatten.

Wir prosteten uns zu und zischten die erste Hülse in zügigem Tempo. Unsere Laune nahm parallel mit dem Zug Fahrt auf.

„Mensch Stefan, wenn wir so weiter saufen, habe ich bald so einen Ranzen dran wie du", versuchte Alex unseren Bundesbruder gleich aufzuziehen.

Stefan stand über solchen Dingen. Er war die ständige Hänselei durchaus gewohnt. Nicht nur bei Veranstaltungen unserer Burschenschaft, sondern auch bei seinen zahlreichen politischen Pflichtterminen in der Bonner Partei gehörte der Alkoholkonsum zum guten Ton. Ein ansehnlicher Bauchansatz konnte dabei nicht ausbleiben.

„Hauptsache du fällst nicht nach der zweiten Hülse besoffen unter die Bank, lieber Bundesbruder", konterte Stefan und grinste dabei wie ein Honigkuchenpferd.

„Das Stiftungsfest war schon heftig, nicht jeder steckt drei Tage Suff so w
wie du, Mann. Mit vollen Hosen ist gut stinken", gab ich eine der zum A
meinwissen gehörenden Trinkerweisheiten zum Besten.

„Mensch, ich wäre doch gestern Nachmittag nicht schon so früh von der Bank gekippt, wenn es nicht so heiß gewesen wäre. Birgit ist jedenfalls noch vor mir ins Koma gefallen", meinte Alex sich verteidigen zu müssen.

Er spielte damit auf die Freundin eines Bundesbruders an, die gestern beim traditionellen Frühschoppen mit Damen, der grundsätzlich zum Abschluss des jährlichen Stiftungsfestes am Sonntag morgen zelebriert wird, plötzlich die Augen verleiert hatte und auf der Bierbank in sich zusammengesackt war. Birgit hatte sich allzu optimistisch am Stiefel-Saufen beteiligt. Die Mischung aus Bier und Sekt hatte ihr schon früh den Rest gegeben. Das lag neben der Hitze auch daran, dass sie keine Runde ausgelassen hatte. Jedes mal, wenn der Stiefel bei ihr vorbeikam, hatte sie einen kräftigen Schluck daraus genommen. Alex hielt zwar noch etwas länger durch als sie, erlebte das Ende des Frühschoppens am späten Nachmittag aber auch nicht mehr bei vollem Bewusstsein.

„An der Hitze lag es bestimmt nicht, dass du so kläglich versagt hast", stichelte Stefan noch ein bisschen weiter.

„Ist schon in Ordnung. Nicht jeder ist sauftechnisch so in Schuss wie du", gab Alex schließlich die kleine Auseinandersetzung verloren und nahm einen ordentlichen Schluck aus seiner Hülse.

„Dafür hast du eine gute Figur beim Ball gemacht, Alter", versuchte ich Alex Stimmung wieder anzuheben. „Die elende Tanzerei ist ja nun überhaupt nicht mein Fall. Während dieser affigen Spielchen auf der Tanzfläche verzog ich mich lieber in die Sekt-Bar. Womöglich wäre ich noch wegen schwerer Körperverletzung in den Bau gewandert, wenn ich einer der Damen auf die Füße gelatscht wäre."

Stefan zerknüllte seine gerade geleerte Hülse und schmiss sie scheppernd unter die Sitzbank. Alex und ich taten es ihm nach.

„Wir sind ja nicht zum Vergnügen hier", meinte Alex und versorgte uns mit einer neuen Runde. Offenbar fühlte er sich durch Stefans Stichelei herausgefordert. Mir war gleich klar, dass er diesen Kampf nicht gewinnen konnte.

„Auf die Hauptstadt", rief ich lautstark aus, und wir stießen erneut an.

Wir kamen in den Ruhrpott. In Dortmund stiegen zwei Studentinnen zu, die auch nach Berlin wollten, was wir etwas später erfuhren. Draußen war es schon vor einiger Zeit dunkel geworden, und wir hatten bereits ein gutes Drittel der Hülsen geleert.

Die beiden Weiber waren ziemliche Hässletten. Sie trugen die typischen Uniformen der Öko-Tussis, Strickpullover und lange Röcke, dazu zottelige, seit Tagen offensichtlich ungewaschene Haare. Auch wenn sie unter ihren wenig animierenden Klamotten Traumfiguren verborgen hätten, was ich bezweifelte, wäre jedem einigermaßen normal gearteten Mann jeglicher Gedanke an einen gepflegten Flirt von vornherein gar nicht erst in den Sinn gekommen.

Die beiden Liebestöter machten auch gleich keinen Hehl aus ihrer Einstellung zu Burschenschaftern, als sie unsere bunten Burschenbänder sahen, die wir quer über der Brust trugen. Sie schauten sich gegenseitig an, verzogen missbilligend ihre Mienen und schüttelten beide abfällig ihre Köpfe. Danach fischten sie bunte Schnellhefter aus ihren speckigen Rucksäcken und versuchten sich in die darin befindlichen handschriftlichen Notizen zu vertiefen. Wahrscheinlich handelte es sich dabei um Seminarmitschriften.

Die beiden humorlosen Hühner hatten beim Betreten des Abteils einen kaum hörbaren Gruß durch ihre gelben, ungepflegten Zähne gequetscht. Danach fiel für eine Weile kein weiteres Wort zwischen uns.

Irgendwann musste Stefan unwillkürlich grinsen. Ich war sicher, dass er etwas ausheckte, während er einen Schluck aus seiner Hülse nahm.

„Dürfen wir den Damen ein kühles Bier anbieten?", brach er schließlich das Schweigen.

Mittlerschweres Entsetzen ergriff mich, als ich blitzschnell im Kopf überschlug, dass die Biervorräte selbst für uns drei nur noch bis zur Zonen-Grenze reichen würden. Ich hatte wenig Lust bei dem Lackaffen, der die Mini-Bar im Zug spazieren fuhr, für Preise wie im Puff Nachschub zu ordern. Meine Befürchtungen erwiesen sich jedoch als gänzlich unbegründet.

„Nee, wir trinken keinen Alkohol", kam zu meiner unendlichen Erleichterung die schnippische Antwort von einer der beiden Öko-Tanten.

Stefan lächelte gewinnend und ließ sich keineswegs von ihrem abweisenden Ton abschrecken. „Darf ich fragen wohin ihr fahrt?"

„Wir müssen nach Berlin. Wir studieren da Politik-Wissenschaften", kam von der anderen Schwester, die etwas zutraulicher zu sein schien. „Ich bin übrigens Caroline und das da ist Karola", stellte sie sich vor, ohne dass jemand von uns danach gefragt hätte.

Nachdem Alex daraufhin unsere Namen genannt hatte, kam auch ein erstes zaghaftes Lächeln von der reservierten Anti-Alkoholikerin zustande.

„Ihr seid doch in so einem rechten Studenten-Haufen. Das sehe ich an den bunten Bändern, die ihr da tragt", rückte sie allerdings sofort die Verhältnisse wieder zurecht.

„Wie kommst du denn auf die Idee, dass wir ein rechter Haufen sind?" wollte ich von der Kuh wissen und schlürfte mit einem etwas übertriebenen Geräusch einen weiteren Schluck aus meiner Hülse, um sie noch ein wenig zu provozieren.

„Na, das weiß doch jeder, dass ihr euch mit Schwertern prügelt und extrem frauenfeindlich seid", brachte Karola im Brustton der Überzeugung heraus.

„Ja und außerdem singt ihr immer auf euren Saufgelagen die erste Strophe der Nationalhymne, einfach ätzend", setzte Caroline noch einen drauf.

Stefan war wieder an der Reihe. „Die Dinger, mit denen wir uns nach eurem Sprachgebrauch prügeln, heißen nicht Schwerter, sondern Schläger, wenn ich diese Information mal wertfrei an euch weitergeben darf. Wir gehören übrigens zu einem Haufen, in dem das Prügeln, was man übrigens im Fachjargon Fechten nennt, gar nicht zur Pflicht gehört. Bei uns kann jeder entscheiden, ob er eine Mensur austrägt oder nicht."

„Was soll das denn dann überhaupt mit der Fechterei?", wollte Karola wissen. Offensichtlich hatte Stefan nun doch ihr Interesse geweckt.

„Indem einer unserer Bundesbrüder gegen den Vertreter eines anderen Bundes eine Mensur mit scharfen Klingen austrägt, möchte er beweisen, dass er bereit ist, für seine Farben den Kopf hinzuhalten. Niemand wird dabei ernsthaft verletzt, überhaupt kommen Verletzungen in den ersten Mensuren nur äußerst selten vor. Mir ist dabei überhaupt nicht klar, was das mit einer rechten Gesinnung zu tun haben soll", klärte Alex unsere verbalen Gegnerinnen auf. „Ich bin übrigens der einzige von uns dreien, der eine scharfe Mensur gefochten hat. Die beiden anderen Weicheier hier haben gekniffen", meinte er noch hinzufügen zu müssen.

Grinsend richtete er sich mit einiger Mühe aus seinem Sitz auf. Die Nachwirkungen des Stiftungsfestes zeigten bei ihm erste körperliche Ausfallerscheinungen. Er stand auf, wobei er leicht schwankte, und langte zu den Resten der Palette auf der Ablage hinauf. Dann verteilte er eine neue Runde Hülsen an die anwesenden Biertrinker.

„Lasst euch von dem Spinner nicht irre machen", versuchte ich die Stimmung ruhig zu halten. „Stefan und ich haben für uns entschieden, keine Mensur zu fechten. Die so genannte Mensurreife haben wir allerdings, wie jeder in unserem Bund, durch Stunden bei unserem Fechtmeister erlangt."

„Ja, aber ihr habt doch was gegen Frauen", warf Caroline nun ein. „Bei euch darf doch keine Frau mitmachen."

„Mädels, jetzt mal ehrlich, wolltet ihr ernsthaft in einem Männerhaufen mitmachen, in dem nach eurer Vorstellung nur gesoffen wird und man sich gegenseitig die Köpfe einhaut?", wollte Stefan nun wissen.

„Nee, natürlich nicht", gab Caroline zur Antwort. „Aber selbst wenn, dürften wir das doch gar nicht."

„Wir gehören einer Verbindung an, die 1869 gegründet wurde. Zugegeben, damals hatten Frauen noch nicht viel zu sagen, deshalb gab es auch keine in den Studentenverbindungen. Die Bewegung der Deutschen Burschenschaft geht noch weiter zurück, bis zu den Befreiungskriegen gegen Napoleon, ist also in erster Linie durchaus politisch. Frauen in der Politik waren nun mal damals noch nicht denkbar. Das muss ich euch beiden bei eurer Studienrichtung wohl nicht erst erklären", meinte Stefan und öffnete seine Hülse mit einem Zischen.

„Und warum dürfen heute immer noch keine Frauen bei euch mitmachen? Schließlich haben sich die Zeiten doch geändert", ließ Caroline immer noch nicht locker.

„Das hat einfach was mit Tradition zu tun, ihr Süßen", kam nun von Alex als Antwort. „Ich habe eine sehr nette Freundin, die gerne an unseren öffentlichen Veranstaltungen teilnimmt. Erst am letzten Samstag hatten wir zu unserem

Stiftungsfest einen tollen Ball. Zu solchen Anlässen sind die Damen natürlich unbedingt erwünscht. Wir sind ja schließlich kein Tuntenverein."

„Unser Freund will einfach damit sagen, dass wir keinesfalls rechts gerichtet sind, sondern einfach ein bisschen konservativ", entschärfte ich wiederum Alex Aussage ein wenig. „Ich kann wohl im Namen der meisten Burschenschafter sprechen, wenn ich sage, dass wir alles andere als frauenfeindlich sind. Ich glaube, wir hören mehr auf unsere Frauen, als wir uns das manchmal eingestehen wollen."

Unsere bisher äußerst kritischen Gesprächspartnerinnen schauten sich an und konnten sich beide den Ansatz eines ersten Grinsens um ihre Mundwinkel nicht verkneifen.

„Ja, aber die erste Strophe vom Deutschlandlied zu singen ist doch eindeutig rechtsradikal", fand Karola schnell zu ihrem alten Kampfgeist zurück.

„Als das Lied 1841 geschrieben wurde, drückte es den Traum von einem einigen Vaterland aus. Es war zu dieser Zeit in viele Kleinstaaten zerstückelt und über die im Text skizzierte Fläche verteilt. Das Aufbegehren gegen die Kleinstaaterei, die durch das Interesse der vielen Fürstenhäuser ihre Pfründe zu sichern begünstigt wurde, war zwar vielleicht radikal, aber doch nicht rechts. Wenn wir es mit einer politischen Richtung bezeichnen wollen, dann doch wohl eher mit liberal", konterte Stefan.

„Trotzdem haben die Nazis das Lied so gesungen und es auch wörtlich so gemeint, wie sich leider gezeigt hat", insistierte Caroline.

„Da gebe ich dir völlig recht", pflichtete ihr Stefan bei. „Man kann darüber streiten, ob genau aus diesem Grund das Lied nicht mehr vollständig gesungen werden soll. Wir sehen es aus der Zeit seiner Entstehung und halten es daher für richtig auch die erste Strophe zu singen. Dass die Nazis es in den zwölf dunkelsten Jahren unserer Geschichte so schamlos missbraucht haben, ändert nichts an den ursprünglichen hehren Gedanken, die den alten Fallersleben zu diesen Zeilen bewogen haben."

„Seht auch mal, dass in der dritten Strophe nicht von Heil und Ariertum gefaselt, sondern von Recht und Freiheit gesprochen wird. In diesem Zusammenhang solltet ihr das sehen, und so meinen wir das auch", setzte ich hinzu.

„Die DDR wollt ihr wohl am liebsten auch wieder einverleiben, wenn ich euch richtig verstehe", ließ sich Caroline immer noch nicht überzeugen.

„Junge Frau, meinst du im Ernst, dass die Zonis freiwillig ohne Bananen und Westfernsehen leben wollen", lallte Alex, was ich in dem Augenblick gar nicht witzig fand.

„Alex meint, dass sie dort drüben mit Sicherheit einiges ändern würden, wenn sie die Möglichkeit dazu hätten", beeilte ich mich einzuwerfen. „Glaubt ihr wirklich, dass es bei freien und geheimen Wahlen immer noch den Honekker gäbe? Wir machen keinen Hehl daraus, dass wir in der Deutschen Burschenschaft die Wiedervereinigung unseres Vaterlandes anstreben, allerdings mit friedlichen Mitteln. Wir wissen, dass sich das völlig illusorisch anhört. Aber es ist ein Traum, der in unserer Tradition seit den Kriegen gegen Napoleon existiert. Diesen Traum tragen wir weiter, bis er irgendwann Realität geworden ist. Was ist so falsch daran zu träumen?"

„Dann wollt ihr denen da drüben bestimmt unser kapitalistisches System aufzwingen", machte Caroline noch einen letzten Angriffsversuch.

„Natürlich nicht", antwortete ich, „wir möchten niemanden zu irgendetwas zwingen. Die Jungs und Mädels auf der anderen Seite sollen nur in Freiheit entscheiden dürfen, was sie wollen. Dann werden wir ja sehen, was passiert", erwiderte ich.

Langsam aber sicher hatte ich die Schnauze von den politischen Diskussionen gestrichen voll.

Ich wollte mir mit den Kumpels ordentlich einen löten, stattdessen versuchten wir zwei linke Öko-Tanten zu bekehren. Das konnte doch nicht der Sinn der ganzen Übung sein.

Alex war kurzfristig mit der Bierdose in der Hand entschlummert. Ich puffte ihn mit meinem Ellenbogen in die Rippen, worauf er hoch schreckte und spontan seine Hülse an den Mund setzte. „Guter Junge", dachte ich.

„Wir können uns ja bald persönlich davon überzeugen, wie die lieben Landsleute drüben vor uns bösen Jungs aus dem Westen beschützt werden", ließ Stefan hören.

„Ich glaube, jetzt könnte ich ausnahmsweise mal ein Bier vertragen", sagte Karola, die offensichtlich doch ein wenig über ihre bisherige Einstellung nachdachte.

Alex reichte ihr eine Hülse. Caroline blieb weiterhin stur.

Der Zug rollte durch die Nacht. Wir hatten Braunschweig schon passiert. Draußen lag alles in völliger Dunkelheit. Ab und zu sah ich vereinzelte Lichter, die einen Bauernhof oder ein kleines Dorf beleuchteten.

In unserem Abteil herrschte Stille bis auf das monotone Rattern des Zuges auf den Gleisen. Die Tussis waren beide eingeschlafen, auch Alex war endgültig entschlummert. Stefan und ich saßen uns gegenüber am Fenster, setzten ab und zu schweigend unsere Hülsen an den Hals und hingen unseren Gedanken nach.

Ich war zum ersten Mal auf dem Weg in die Zone und hatte keine rechte Vorstellung davon, was mich eigentlich erwartete. Eine gewisse Spannung hatte mich immer schon erfasst, wenn ich als Kind mit meinen Eltern auf dem Weg nach Spanien auf eine Grenze zu fuhr. Die Zöllner hatten für mich etwas Bedrohliches. Automatisch erfasste mich eine Art schlechtes Gewissen, wenn unser Auto an der Grenze angehalten wurde, ohne dass es dafür einen wirklichen Grund gab. In freudig-schauriger Erwartung nervte ich schon Stunden vorher meine Eltern mit der ständigen Fragerei, wie weit es noch bis zur Grenze sei.

Hier lag die Sache etwas anders. Ich hatte das Gefühl, in wenigen Augenblicken aus einer heilen, freien und beschützten Welt in eine bedrohliche

Fremde einzutauchen. Dieses Gefühl war zum einen durch das Feindbild geschürt worden, dass wir bei der Bundeswehr eingetrichtert bekommen hatten. Dazu kamen aber auch viele Berichte über die Zustände in der DDR in der Presse und im Fernsehen. Außerdem hatte ich allerlei Horror-Storys über Schikanen an der Grenze von Freunden und Bekannten gehört, die diese persönlich erlebt hatten.

Auch Stefan, der schon öfter in der DDR gewesen war, daher also wusste, was uns erwartete, schien in diesen Minuten von einem ähnlichen Gefühl befallen zu sein. Zumindest schwieg er, was eigentlich gar nicht seine Art war.

Plötzlich wurde die vorbeifahrende Landschaft taghell erleuchtet. Der Zug wurde merklich langsamer. Ich sah entlang der Schienen hohe Maschendrahtzäune, auch bedrohlich wirkende Wachtürme fuhren an meinem Blickfeld vorbei.

Nach einer Weile kam der Zug endgültig zum Stehen. Alex und die Ladys wachten auf.

Während sie sich verschlafen die Augen rieben, langte Alex zielsicher nach seiner noch halbvollen Hülse, die er unter seinen Sitz gestellt hatte. Er nahm erst einmal einen standesgemäßen Schluck daraus.

Ich schob das Fenster unseres Abteils nach unten und spähte den Zug entlang nach vorne. Einige uniformierte Zöllner mit Schäferhunden an der Leine liefen den Zug entlang und untersuchten mit Taschenlampen und Spiegeln bewaffnet penibel die Unterseiten der einzelnen Waggons. Dabei hatten sie überhaupt keine Eile.

„Wenn die Kontrollettis weiter so einen Aufriss machen, kommen wir nie in Berlin an. Ich habe echt keinen Bock, die ganze Nacht auf den scheiß Gleisen zu verbringen." Ich konnte meine Nervosität nicht ganz verbergen.

„Reg dich ab, Mann", versuchte Stefan mich zu beruhigen. „Die Zeit für diesen Kontrollritus haben die Jungs von der Bahn in den Fahrplan einkalkuliert. Das geht hier noch relativ schnell. Wenn wir nachher nach West-Berlin reinwollen, wird die Prozedur um einiges länger dauern."

„Klar, die Kerle werden hier den ganzen Zug auf den Kopf stellen, damit bloß keiner unter dem Waggon auf der Achse illegal in den Arbeiter- und Bauernstaat einreist. Ich lach mich tot." Den Spruch konnte ich mir nicht verkneifen.

Tatsächlich ging es nach einiger Zeit weiter.

Ich entspannte mich wieder und versorgte Stefan und mich mit einer neuen Hülse.

Nach einer Weile wurde unsere Abteiltür ziemlich geräuschvoll aufgezogen. Der Volksgenosse von der kontrollierenden Zunft trat in seiner schicken, hellgrauen Uniform in das Abteil. „Ihre Ausweise bitte", war das einzige, was er sagte.

Wir reichten ihm nacheinander schweigend unsere Papiere. Er ließ sich bei jedem einzelnen Ausweis die Zeit äußerst penibel den Inhalt zu prüfen. Dabei schaute er, wenn er das Passfoto studierte, dem Besitzer des Ausweises intensiv in die Augen.

Ich versuchte ein gewinnendes Lächeln, als ich an der Reihe war. Damit stieß ich bei dem Kontrolletti allerdings auf Granit. Der Kerl ging offensichtlich zum Lachen in den Keller.

Als die Prozedur endlich beendet war, verließ er mit einem trockenen Gruß das Abteil, das war's.

Der Zug hielt während der Fahrt durch die DDR kein einziges mal an. Ich war innerlich ziemlich aufgewühlt. Stefan war mittlerweile wie die anderen drei auch eingeschlafen.

Während ich in die Nacht hinausstarrte, versuchte ich mir vorzustellen, wie mein Leben verlaufen wäre, wenn ich in diesem Teil Deutschlands geboren worden wäre.

Wie würde ich mich fühlen, wenn ich nicht die Gelegenheit gehabt hätte, mit meinen Eltern Reisen durch fast ganz Europa zu unternehmen? Ob die Menschen hier das Gefühl haben eingesperrt zu sein? Oder empfinden sie dass gar nicht so, wie ich es mir als Außenstehender vorstellte?

In unserer Burschenschaft hatten wir als junge Studenten die Möglichkeit zu Abendveranstaltungen Größen aus der Politik auf unser Haus zu Vortragsabenden einzuladen. Wir saßen ja in Bonn sozusagen direkt an der Quelle. Wir hatten das Recht und die Freiheit dem jeweiligen Gast auch mal die eine oder andere unangenehme Fragen zu stellen, dessen Einstellung zu kritisieren und uns unsere eigene politische Meinung zu bilden.

Die Studenten hier werden von solchen Möglichkeiten nur träumen dürfen, dachte ich.

Es war irgendwann in den frühen Morgenstunden. Die Landschaft, an der wir vorbeifuhren, lag in völliger Dunkelheit. Wenn wir an einem Dorf oder einer kleineren Stadt vorbeikamen, fiel mir nur auf, dass die Straßenlaternen dunkler waren als bei uns im Westen. Sie hatten einen irgendwie schmutzig wirkenden Gelb-Ton, der auf mich abstoßend und kalt wirkte.

Von den Menschen war zu dieser frühen Morgenstunde auf den Strassen natürlich nichts zu sehen.

„Dunkel-Deutschland" hatten wir damals unter Kumpels in meiner ostwestfälischen Heimat als Jugendliche dieses Land genannt. Dabei war ich nie hier gewesen und fuhr auch jetzt einfach nur ohne Stopp hindurch. Ich hatte überhaupt keine Ahnung, was sich hier wirklich abspielte. Eigentlich war ich einfach nur froh, dass ich hier nicht leben musste.

Hätte mir in dieser Nacht jemand erzählt, dass ich in etwas mehr als einem Jahr meine zukünftige Frau kennen lernen würde, kurz nachdem sie aus diesem Land geflohen war, hätte ich ihn ausgelacht. Wenn der Prophet mir dann auch noch vorausgesagt hätte, dass ich selber später hier wohnen würde, natürlich unter anderen politischen Verhältnissen, hätte ich ihn komplett für verrückt erklärt.

Die Kontrollprozedur, die vor der Einreise nach West-Berlin veranstaltet wurde, dauerte einige Zeit länger als bei der Einreise in die DDR, genau wie Stefan es vorausgesagt hatte. Es war längst wieder hell geworden.

Die Ökos hatten sich seit einiger Zeit wieder in ihre Notizen vertieft. Für sie war diese Fahrt Routine. Unsere Palette Hülsen war längst durch unsere Mägen und das Abflussrohr der Toilette auf die Gleise entsorgt worden.

Auch Berlin sah ich nun zum ersten Mal. Ich war tief beeindruckt von der Mega-Stadt.

Der Unterschied zwischen der Beschaulichkeit des relativ kleinen „Bundes-Dorfes" und der Geschäftigkeit der Hauptstadt sprang mir sofort ins Auge. Die Embleme aller wichtigen deutschen Konzerne, die auch hier ihre Firmen-Sitze hatten, leuchteten von den Dächern der Hochhäuser, an denen wir vorbeifuhren, eine Insel des Kapitalismus mitten im Arbeiter- und Bauernstaat.

Unser Zug erreichte den Bahnhof Zoo fast pünktlich. Das Terrain kannte ich aus dem Buch von Christiane F. als Treffpunkt der Fixer und Stricher. Jetzt war ich zum ersten Mal selbst hier. Ein bisschen mulmig war mir schon, als wir unter den Gleisen hindurch zum Ausgang marschierten.

Beim Anblick der Menschenmassen, die in ihrer überwiegenden Mehrheit völlig normal aussahen, krallte ich meine Gepäcktasche unwillkürlich fester, als es eigentlich nötig gewesen wäre. Dabei handelte es sich bei all den Leuten auch nur um völlig normale Reisende, die aus den ankommenden Zügen aus oder in diese einstiegen.

„Vorne vor dem Eingang ist der Busbahnhof", klärte uns Stefan auf.

Wir fanden ohne Probleme die Linie, die uns zum Verbindungs-Haus der befreundeten Korporation bringen sollte.

In einem Doppeldecker-Bus fuhren wir quer durch die Stadt, sodass ich meine Eindrücke noch intensivieren konnte. Der Ku-Damm, der in seinen Geschäften alles anzubieten hatte, was es für Geld zu kaufen gab, beeindruckte mich sehr. Der Straßenverkehr war natürlich in seinen Ausmaßen überhaupt nicht mit dem in Bonn zu vergleichen. Auch der Ruf Berlins als Multi-Kulti-Metropole wurde durch die unzähligen Geschäfte bestätigt, die Waren aus allen Erdteilen anboten. Unsere türkischen Landsleute überwogen allerdings eindeutig in ihrer Präsenz. Diesen Eindruck empfand ich als durchaus angenehm.

Nach einer rund einstündigen Fahrt erreichten wir unser Ziel. Wir wurden von einem Verbandsbruder, der uns schon erwartet hatte, freundlich empfangen. Seine Verbindung hatte ihren Sitz in einer alten Villa, die ähnlich aussah wie unser Haus in Bonn. Wir ruhten uns darin erst einmal aus, nachdem wir unsere Klamotten auf die Stube gebracht hatten, in der wir nächtigen sollten.

Wir saßen auf Gartenstühlen im Schatten einer uralten Eiche. Vor uns auf dem Tisch standen frisch gezapfte Pilsener, die uns Verbandsbruder Schmolke kredenzt hatte.

Er hatte einen stattlichen Bierbauch und eine Halbglatze, die ihn älter aussehen ließ als er war.

„Wie läuft's in der Hauptstadt?" fragte er in die Runde, um ein Gespräch zu eröffnen.

Er verkörperte die Berliner, die aus ihrer Weltstadt liebevoll auf unser gemütliches „Bundesdorf" schauten.

„Alles im grünen Bereich", gab Alex zum Besten. „Auf Berlin und vielen Dank für die Gastfreundschaft, Herr Verbandsbruder."

„Jetzt mal was Organisatorisches", warf ich ein. „Ich möchte unbedingt rüber in die Zone, Alex und ich waren noch nie da."

„Kein Problem, morgen Vormittag müsst ihr aber bei den Abstimmungen unbedingt dabei sein. Seht also zu, dass die Jungs drüben euch nicht da behalten". Mir wurde es bei dem Gedanken schlagartig etwas mulmig.

Als Stefan mich aber fröhlich angrinste, womit er mir signalisieren wollte, dass wir nichts zu befürchten hätten, beruhigte ich mich schnell wieder.

„Fahrt zurück zum Bahnhof Zoo und dann mit der S-Bahn zum Übergang Friedrichstrasse. Das dauert nur ein paar Minuten", informierte uns Schmolke.

Wir tranken unser Bier aus, dann brachen Alex und ich auf.

Den Weg zurück zum Bahnhof Zoo kannten wir schon von der Hinfahrt. Wir trugen dunkle Anzüge und Trenchcoats und sahen wahrscheinlich aus wie Zuhälter. Dabei hielten wir uns für total cool.

Am Bahnhof Zoo stiegen wir in die S-Bahn Linie um, die uns zur Friedrichstrasse bringen sollte. Auf der Fahrt dorthin konnten wir den Reichstag sehen und die Mauer, die sich direkt dahinter bedrohlich zeigte. Mitten im Zentrum der Stadt erstreckte sich der breite Todesstreifen, der schon einigen mutigen Landsleuten von der anderen Seite das Leben gekostet hatte.

„Mensch, guck dir bloß diesen Wahnsinn an", war Alex genauso von Schauer ergriffen wie ich. „Stell dir nur mal vor, du solltest über das freie Feld da rennen und jede Sekunde kannst du auf eine Mine latschen oder von einem deiner „Beschützer" erschossen werden."

„Das haben doch schon einige versucht. Da unten am Landwehr-Kanal, direkt hinter dem Reichstag, hatte es mal einer geschafft, bis auf unsere Seite herüberzuschwimmen. Seine Hände waren schon auf dem westlichen Ufer, als die Schweine ihn mit einem Polizeiboot an der Wand einklemmten und dann an Bord zogen."

„Ich kann mich erinnern, das stand sogar groß in den Tageszeitungen. Fotos von dem Drama waren auch dabei. In der Haut von der armen Sau hätte ich nicht stecken mögen."

„Wie verzweifelt muss man sein, um solch ein Risiko einzugehen", sprach er die gleichen Gedanken laut aus, die mich in dem Augenblick beschäftigten.

Der Zug war nicht sonderlich gefüllt. Wir waren aber auch nicht die einzigen, die an der Endstation Friedrichstrasse ausstiegen. Ich wurde von einer schleichenden Angst ergriffen, als wir mit den anderen Fahrgästen die Treppe zur

Grenzkontrolle herunterstiegen. Ein Seitenblick zu Alex zeigte mir, dass sein Gesicht ebenfalls einen versteinerten Eindruck machte.

Wir kamen in einen hell erleuchteten Raum, an dessen Ende mehrere Kabinen parallel nebeneinander aufgestellt waren. Es waren nicht alle Kontrollstellen mit Zollbeamten der DDR besetzt, da das Aufkommen an Grenzgängern zu diesem Zeitpunkt nicht sonderlich hoch war.

Wir stellten uns an das Ende einer der Reihen, die sich trotz des geringen Menschenaufkommens vor den Kontrollstellen gebildet hatten. Etwas verkrampft hielten wir unsere Pässe in der Hand und schwiegen.

Einzeln wurde jede Person durch ein Lämpchen zum Eintritt in eine Kabine aufgerufen, wenn der Vorgänger abgefertigt war. Alex war zuerst dran. Ich musste eine Minute warten, dann wurde auch ich zum Eintritt aufgefordert.

Durch eine Tür betrat ich die Kabine, die sich hinter mir schloss. Hinter einer Glasscheibe saß ein Grenzer in seinem Uniformhemd und verlangte monoton meinen Ausweis. Während er das Papier intensiv studierte, konnte ich registrieren, dass unter der Decke hinter mir und vor mir an den Wänden Spiegel angebracht waren. Der humorlose Kerl konnte so auch ohne aufzustehen sehen, ob ich an der Wand entlang irgendetwas an ihm vorbeischmuggeln wollte.

Die Aldi-Kassiererinnen haben es da nicht so einfach. Die müssen jedes Mal aufstehen um zu gucken, ob man etwas in dem Einkaufswagen hat, das nicht aufs Band gelegt wurde.

Er schaute mir wie sein Kollege in dem D-Zug tief in die Augen. Mir lief ein kalter Schauer über den Rücken. Dann knallte er mit einem Stempel einen Sichtvermerk in meinen Ausweis. Danach konnte ich durch eine zweite Tür die Kabine verlassen.

Nachdem ich durch die Tür getreten war, wurde ich von einem weiteren Zöllner empfangen. Zu meinem Schrecken bat er mich in eine weitere Kabine zur Leibesvisitation. Damit hatte ich nun gar nicht gerechnet. Mir ging der Arsch auf Grundeis. Was wollen die denn jetzt noch?

Ich musste alle Taschen ausleeren und den Inhalt auf einen Beistelltisch legen. Dann klopfte der Kerl mich von oben bis unten ab, wie die Security-Typen im Fußball-Stadion. Ich hatte keine Ahnung, was der eigentlich zu finden hoffte. Ich wusste, dass ich nichts zu verbergen hatte, trotzdem war ich höllisch erleichtert, als ich endlich entlassen wurde.

Durch eine schäbige Glastür trat ich auf eine schmutzige, dunkle Gasse hinaus. Alex erwartete mich völlig aufgelöst. „Mensch, wo warst du denn, das hat ja ewig gedauert."

„Bleib cool Mann, es ist alles in Ordnung. So eine uniformierte Schwuchtel wollte mich halt ein bisschen betatschen." Durch das lockere Gefasel versuchte ich meine Nerven wieder in den Griff zu bekommen.

„Na, dann bloß schnell weg von hier." Alex war sichtlich erleichtert.

Wir waren erst einige Meter gegangen, als ein Typ in Lederjacke, der in der Gasse offensichtlich auf Wessis gewartet hatte, uns den Tausch von harter

D-Mark in Ost-Mark zu einem sehr verlockenden Kurs anbot. Bevor Alex antworten konnte, lehnte ich das Angebot dankend ab. Da ich noch unter dem Eindruck des Schreckens stand, den mir mein Erlebnis in der Kabine eingejagt hatte, war ich wenig erpicht darauf, später wegen Schwarztauschens eingebuchtet zu werden. Außerdem schloss ich nicht aus, dass der Kerl ein Stasi-Heini war, der uns in die Falle locken wollte. Vielleicht litt ich schon unter Verfolgungswahn. Jedenfalls beließen wir es beim offiziellen Zwangsumtausch.

Wir gingen einige hundert Meter durch eine schmale Seitenstrasse, bis wir auf die Vorzeigemeile „Unter den Linden" kamen. Beim Anblick der Gebäude, die wir in der Seitenstrasse passierten, hatten wir das Gefühl, dass sie sich mehr oder weniger noch in dem Zustand befanden, in dem sie nach dem Wiederaufbau nach dem zweiten Weltkrieg gewesen waren. In diesem Augenblick kam es uns jedoch so vor, als wären wir in eine neue Welt eingetaucht.

Es war bereits später Nachmittag. Der Feierabend-Verkehr bewegte sich mit einem Höllenlärm auf beiden Seiten der Vorzeige-Meile der DDR. Die Trabis und Wartburgs stießen stinkende Qualmwolken aus. Das charakteristische Tuckern der Zwei-Takt-Motoren war für uns zumindest gewöhnungsbedürftig.

Als wir uns nach rechts Richtung Brandenburger Tor bewegten, fiel uns auf, dass sich der breite Bürgersteig in tadellos sauberem Zustand befand. In den Seitenstrassen dagegen war uns noch der Kohlestaub in die Augen gedrungen, der die Wege und auch Gebäude in ein deprimierendes Braun eingehüllt hatte.

Nach wenigen Gehminuten standen wir vor dem Brandenburger Tor. Der Platz davor war weiträumig abgesperrt. Vereinzelt standen Grenzer auf der Freifläche zwischen dem Tor und der Mauer, die sich ein ganzes Stück weiter hinten bedrohlich aufrichtete. Sie war kackbraun von Abgasen und Kohlestaub. Weiße Farbe oder gar Graffiti war natürlich nicht zu sehen.

Auf der westlichen Seite hatten die bunten Bemalungen der Mauer in einigen Abschnitten scheinbar ein wenig von ihrer Bedrohlichkeit genommen.

„Hier ist also die Welt zu ende", meinte Alex nachdenklich.

„Tja Alter, stell dir vor du lebst in diesem Teil der Stadt mit dem Wissen, dass alle Wege vor dieser verdammten Mauer enden. Du wirst sie niemals von der anderen Seite betrachten können. Irgendwie hat das Ganze hier doch etwas von einem Gefängnis, findest du nicht?"

Ich empfand ein Gefühl der Beklemmung und konnte meinen Blick gar nicht wieder von der in helles Scheinwerferlicht getauchten Fläche vor der Mauer lösen.

„Bei dem Gedanken, dass es nur ein paar verdammte Meter in eine völlig andere Welt sind, müssen doch diejenigen, die mit der Idee spielen rüber zu kommen, schier verrückt werden," meinte Alex und sprach mir dabei aus der Seele.

„Mensch, ich krieg hier ja Depressionen. Lass uns schnellstens was trinken gehen. Ändern können wir an der ganzen Scheiße ja sowieso nichts", machte ich darauf meinen Emotionen Luft.

Das Gefühl der Ohnmacht angesichts der Situation, die uns hier in ihrer ganzen scheinbaren Endgültigkeit vor Augen geführt wurde, wollte ich nicht länger ertragen. Wir hätten uns zu diesem Zeitpunkt nie träumen lassen, dass in knapp einem Jahr der ganze Spuk schon vorbei sein würde. Deprimiert entfernten wir uns auf der gegenüber liegenden Seite der Allee wieder vom Brandenburger Tor.

Auf unserem Weg kamen wir an Buchläden vorbei, in denen wir gebundene Klassiker für Spott-Preise hätten kaufen können. Irgendwie waren wir jedoch nicht in der Stimmung, uns mit schöngeistiger Literatur zu beschäftigen. Weiter oben an der Strasse gab es einige Tanzschuppen. Es war jedoch noch zu früh für solche Vergnügungen.

Wir kamen an der komischen Oper vorbei und standen dann vor der Humboldt-Universität.

„Wie das hier wohl abläuft", meinte Alex. „Was lehren die hier in Deutsch, Geschichte, Wirtschaft?"

„Ich frage mich auch, wer du sein musst, wie du dich verhalten musst, um hier überhaupt lehren oder studieren zu dürfen", erwiderte ich. „Die Qualität der Professoren will ich gar nicht in Frage stellen, aber unter welchen Voraussetzungen lassen die Kontrolleure hier überhaupt jemanden vor die Studenten treten?"

„Das gleiche kannst du dich auch bezüglich der Studenten fragen", ergänzte Alex. „Auf jeden Fall wirst du hier keinen mit Band und Mütze rumlaufen sehen, da kannst du mal ganz sicher sein." Ich musste ein wenig schmunzeln, zum Lachen war mir aber nicht zumute.

Nach einigen weiteren Minuten Fußmarsch erblickten wir rechts den Palast der Republik.

„Hier sitzen also die Damen und Herren Volksvertreter und planen, was ihren Schäfchen in den nächsten Jahren zuzumuten ist." Ich hatte keine Vorstellung davon, was in diesem hässlichen Kasten wirklich ablief.

„Allzu viel Erfolg haben sie dabei offensichtlich nicht gehabt", meinte Alex lapidar. „Die sehen nur zu, dass sie ihre Ärsche auf den Stühlen platt sitzen und brav applaudieren, wenn Genosse Honecker sie stundenlang voll sabbert. Dann wird artig geklatscht, und für die nächsten fünf Jahre ist wieder alles in Butter."

„Offensichtlich machen sie ihren Job so hervorragend, dass sie mit Mehrheiten wiedergewählt werden, von denen unsere Regierung nur träumen kann", fügte ich sarkastisch hinzu.

„Würde unseren lieben Landsleuten hier bei den Wahlen nicht penibel auf die Finger geschaut, um zu sehen wo sie ihr Kreuzchen machen, sähe die Sache ganz anders aus."

„Schluss mit der Märchenstunde. Wir können hier sowieso nichts ändern, lass uns weitergehen", schlug Alex vor.

Wir kamen am beeindruckenden Berliner Dom vorbei, überquerten die Spree und bogen nach rechts ab zum Rathaus. Das Viertel hinter dem Gebäude war hervorragend hergerichtet. Ich will ja nicht von böhmischen Dörfern sprechen. Zumindest sollte hier wohl demonstriert werden, zu welchen Leistungen die sozialistische Wirtschaft fähig war.

Umso krasser war der Kontrast, den die Plattenbau-Elfgeschosser bildeten, die hinter dem Viertel aufragten und auch den Alexander-Platz umrahmten, den wir anschließend überquerten.

Wir bogen nach links ab in die Karl-Liebknecht-Strasse, die uns zurück zur Strasse „Unter den Linden" führte.

Die Eindrücke, die wir bei unserem Rundgang gesammelt hatten, veränderten unsere deprimierte, auch etwas melancholische Stimmung nicht. Wir waren uns letztlich in dem Gefühl einig, dankbar dafür zu sein, dass wir nicht auf dieser Seite unseres Vaterlandes geboren worden waren. Nach unserem Empfinden hatten wir einfach nur Glück gehabt.

Irgendwo auf dem Weg zurück fanden wir eine Bar, die uns von außen betrachtet recht annehmbar erschien. Wir traten in einen Raum ein, der mit Hilfe bunter Birnen recht spärlich beleuchtet war. Hinter der Theke, die sich am hinteren Kopfende befand, mixte eine ansehnliche Blondine Cocktails.

Die Bude war hauptsächlich mit Geschäftsleuten besetzt, die wahrscheinlich wie wir aus dem Westen kamen. Zumindest nahm ich das an, weil sie mit der Ossi-Knete nur so um sich schmissen.

Außerdem waren sie in dem für Geschäftsleute üblichen Lackaffen-Outfit gekleidet, mit dem sie offensichtlich bei den anwesenden Schnallen Eindruck schinden wollten.

„Wir hätten gern zwei Gin-Tonic", säuselte Alex, der schon mindestens ein interessiertes Auge auf die Schönheit hinter der Bar geworfen hatte. Sie lächelte ihn freundlich an und machte sich an die Arbeit.

„Mensch, wie diese Typen mit ihren Scheinen um sich schmeißen ist ja echt zum kotzen." Ich konnte beobachten, wie drei Anzug-Heinis, die lässig in einer Eckbank saßen, zwei aufgedonnerte Bräute, die sich am Nachbartisch unterhielten, zu sich einluden. Die Beiden ließen sich auch nicht lange bitten. Die Typen spendierten ihnen zwei Gläser Schampus und für sich je einen doppelten Whisky. Um die Angeberei auf die Spitze zu treiben, bezahlte einer der Vögel die Runde gleich in D-Mark.

„So, wie sich die Tussis aufführen, lassen sie sich nicht zum ersten mal von solchen Angebern einladen", meinte Alex.

Wir schlürften unsere Drinks und checkten währenddessen den übrigen Laden. Die drei Angeber waren nicht die einzigen, die hier offensichtlich mal richtig die Sau raus lassen wollten.

Am Fenster, das den Blick auf die Strasse nur teilweise zuließ, da es halbhoch aus undurchsichtigem Milchglas bestand, saßen zwei weitere Typen. Sie steckten ebenfalls in teuren Anzügen und versuchten, Kontakt zu einer Lady aufzunehmen, die in ihrer Nähe allein an einem Tisch saß und einen Kaffee trank.

Neben uns an der Bar unterhielten sich zwei weitere Schätzchen ziemlich angeregt. Sie hatten uns noch gar nicht bemerkt, so sehr waren sie in ihr Gespräch vertieft.

„Hey, wollt ihr was trinken?", versuchte Alex die Aufmerksamkeit auf uns zu lenken. Sie unterbrachen sofort ihr Gespräch und drehten sich zu uns um. Beide waren durchaus flachlegenswert, hatten sich aber für meinen Geschmack ein wenig zu sehr geschminkt. Sie trugen megakurze Röcke, für die sie sicherlich einen Waffenschein beantragt hatten. Das gleiche galt für die Tiefe ihrer Ausschnitte, aufgrund deren ich nicht mehr viel Phantasie brauchte, um mir die Formen ihrer Vorbauten plastisch vorstellen zu können.

„Klar, warum nicht", gab sich die eine von den beiden, die halblange rote Haare hatte, gleich sehr zutraulich.

„Ist Gin-Tonic in Ordnung?", fragte Alex und bekam ein zustimmendes Nicken als Antwort.

Während er die Getränke orderte, kam in mir die Vermutung auf, dass die Damen womöglich aus beruflichen Gründen so aufreizend gekleidet sein könnten.

Die Lackaffen aus dem Westen, die sich in einer Kneipe wie dieser trafen, um mit harter D-Mark um sich zu schmeißen, werden die Vertreterinnen der horizontalen Front mit Sicherheit anlocken wie die Fliegen, dachte ich.

„Wo kommt ihr denn her und was macht ihr so beruflich?", wollte die Zweite wissen, die kurze schwarze Haare hatte und in meiner Vorstellung schon brav die Beine breit machte.

Ich überlegte einen Augenblick, ob ich ihr irgendeine Lügengeschichte auftischen sollte. Vielleicht sollten wir uns als Geschäftsleute ausgeben, gekleidet waren wir ja entsprechend. Das hätte sicher unsere Chancen auf eine gepflegte Paarung erhöht. Bevor ich jedoch den Mund aufmachen konnte, kam mir Alex zuvor und vermasselte die ganze Geschichte.

„Wir sind Studenten aus Bonn und wollten heute nur mal schauen, wie es euch hier so geht", platzte er heraus. Dämlicher hätte er sich wirklich nicht anstellen können. Ich sah die Gesichter der beiden Weiber förmlich im Duett einschlafen.

„Ist ja interessant", meinte die Rothaarige und guckte sich schon gelangweilt nach anderen Typen um, die ihr finanziell potenter erschienen als wir. Trotzdem nippte sie an dem Drink, den wir beiden armen Schlucker ihr spendiert hatten.

„Wie ihr sehen könnt, geht es uns hier blendend", schoss die Schwarzhaarige noch einen verbalen Pfeil auf uns ab. „Dann forscht mal schön weiter, Jungs."

Mit diesen Worten ließen die beiden Schlampen uns stehen wie Schuljungs. Mit den halbleeren Gläsern in der Hand verzogen sie sich in Richtung eines Tisches, an dem sie zwei Kerle ausgemacht hatten, von denen sie sich offensichtlich mehr versprachen als von uns.

„Mensch, du Idiot, das waren mit Sicherheit zwei Professionelle", schnauzte ich Alex an. „Denen kannst du doch nicht mit so einem Studenten-Scheiß kommen. Wie du eben gesehen hast, trauen die Professionellen dir dann noch nicht mal ein paar Ost-Mark in der Tasche zu. Denen musst du als Geschäftsmann kommen, sonst lassen die sich von dir noch nicht mal ein Bier ausgeben."

„Willst du etwa fürs Vögeln bezahlen, oder was", blaffte Alex zurück.

„Natürlich nicht. Wer weiß, was sich noch ergeben hätte, wenn wir sie erst mal an der Angel gehabt hätten. Vielleicht hätten wir was aushandeln können, weil wir doch so schicke Jungs sind." Aufgrund der Tatsache, dass ich in der letzten Nacht nicht eine Minute geschlafen hatte, sorgte schon der erste Gin-Tonic in meiner Birne für einen gewissen Realitätsverlust. Das erkannte Alex sofort glasklar.

„Du redest vielleicht einen Scheiß, Mann. Wenn die wirklich Profis sind, werden sie uns für unsere lumpigen umgetauschten Kröten nicht mal in einer dunklen Gasse einen runterholen."

Ich versuchte die Lage gleich wieder zu entschärfen, bevor wir uns in unserem Frust, der ja nun nicht nur von der üblen Abfuhr herrührte, die wir eben bekommen hatten, gegenseitig an die Gurgel gingen. „Versaufen wir eben die wertlosen Scheinchen. Wir können drüben im goldenen Westen ja sowieso nichts damit anfangen."

„Das ist doch mal ein vernünftiger Vorschlag", war Alex gleich ganz begeistert.

Wir setzten unseren Zwangs-Umtausch in Hochprozentiges um und durften am Ende noch ein paar D-Mark oben drauf legen, weil wir wieder mal nicht genug kriegen konnten.

Wir hatten beide einigermaßen Schlagseite, als wir zurück zum Übergang Friedrichstrasse gingen. Aufgrund unseres nicht unerheblichen Alkoholpegels ließen uns die stechenden Blicke der Grenzer dieses Mal völlig ungerührt. Die Kerle kannten wahrscheinlich den Anblick, den wir boten, zur Genüge. Ohne weitere Komplikationen kamen wir auf die andere Seite zurück und fuhren mit der S-Bahn zum Bahnhof Zoo, wo wir in einen Bus einstiegen.

Wir starrten beide schweigend aus den Fenstern und ließen die Lichter der Großstadt an uns vorbei gleiten. Die Eindrücke des Tages gepaart mit diversen Mixgetränken waren schließlich einfach zu viel für uns. Wir fielen irgendwann während der Fahrt in den Schlaf der Gerechten.

Als der Busfahrer den Motor abstellte, schreckte ich aus dem Schlaf auf. Ich schaute mich noch ziemlich benebelt um und sah, dass wir uns in irgendeinem Vorort befinden mussten.

Die Strasse, in der wir uns wieder fanden, hätte sich auch in meinem westfälischen Heimatort befinden können. Gartenzäune und Hecken wechselten sich entlang des Bürgersteiges ab. Dahinter befanden sich gepflegte Gärten, die Einfamilienhäuser einrahmten.

Alex rieb sich noch den Schlaf aus den Augen, während ich vor zum Buslenker ging, der sich gerade in die BILD-Zeitung vertiefen wollte. Ich fragte ihn, wie weit die Haltestelle entfernt sei, die wir verpennt hatten.

„Das sind nur drei Stationen zurück", kam die etwas schnoddrige Antwort.

„Hey Alex, wir müssen nur drei Stationen zurück. Ein kühler Nachtmarsch wird uns jetzt gut tun", rief ich meinem Kumpel zu.

„Seit ihr völlig übergeschnappt, Jungs. Wo kommt ihr denn her? Das sind locker drei bis vier Kilometer", klärte uns der Busfahrer auf.

Alex und ich schauten uns fragend an. „Mann, bei uns in Bonn leben wir doch auf etwas kleinerem Raum als ihr hier", stellte ich erstaunt fest. „Und was nun?"

„Wartet noch ne Viertelstunde, dann nehme ich euch wieder mit zurück", beruhigte uns der Kerl, der viel netter war, als mein erster Eindruck vermuten ließ.

Wir waren ehrlich dankbar und berichteten ihm über die Verhältnisse in Bonn, für die er sich sehr interessierte. So schlugen wir die Zeit tot, bis er den Motor wieder anlassen musste.

Dieses Mal waren wir penibel darauf bedacht, während der Fahrt nicht wieder einzuschlafen. Als wir dann endlich an der richtigen Haltestelle ausstiegen, bedankten wir uns bei dem Fahrer für seine Hilfe und sein Verständnis für uns Jungs aus der Provinz.

Er lächelte und während sich die Türen seines Gefährtes schon schlossen rief er uns noch etwas zu.

„Grüßt mir die Hauptstadt."

Maueröffnung

Als ich in Bonn auf dem Verbindungshaus saß und mir mit meinen Bundesbrüdern die Fernsehbilder anschaute, traute ich meinen Augen nicht. Wir konnten wie Millionen anderer Landsleute live am Bildschirm verfolgen, dass die Grenzen unseres sozialistischen Bruderstaates zum ersten Mal seit 1961 wieder für alle geöffnet wurden. Überglücklich und gleichzeitig völlig sprachlos waren wir. Keiner von uns konnte zu diesem Zeitpunkt ermessen, was in den letzten Stunden hinter den politischen Kulissen eigentlich passiert war. Den von den Ereignissen anscheinend total überrumpelten DDR-Grenzern ging es offensichtlich genauso. Unsere grenzenlose Freude wurde nur von der Angst getrübt, dass doch noch irgendein borniertes Betonkopf auf die wahnwitzige Idee kommen könnte, die schier unglaublichen Ereignisse mit Gewalt rückgängig machen zu wollen.

An diesem historischen Tag reihte sich in aller Frühe ein hellblauer Trabi in den überdurchschnittlich dichten Verkehr auf der A 9 Richtung Süden ein. Darin saßen eine junge Mutter mit ihrem zweijährigen Sohn und ihr Vater, der den Zweitakter fuhr. Sie waren auf dem Weg zur tschechischen Grenze.

Die Frau war Anfang zwanzig und hatte von der DDR dermaßen die Nase voll, dass sie durch nichts mehr von der Idee abzubringen war ihre Heimat zu verlassen. Sie hatte durch den Erfolg ihrer Landsleute in der Prager Botschaft Mut gefasst. Einige Wochen zuvor hatte der Außenminister der Bundesrepublik vom Balkon des Gebäudes historische Worte gesprochen. Ein unbeschreiblicher Jubel brach unter den seit Tagen auf dem Gelände eingepferchten Flüchtlingen aus. Auch dieses Ereignis verfolgte ich gebannt am Bildschirm. Noch heute läuft mir ein wohliger Schauer über den Rücken, wenn ich an diesen bewegenden Augenblick denke. Als der Zug mit den Prager Flüchtlingen schließlich in Westdeutschland ankam, war das der Anfang vom endgültigen Zusammenbruch des DDR-Regimes.

Die Mitgliedschaft in der jungen Gemeinde in Jena und das non konforme Outfit der jungen Frau hatten vor einiger Zeit die Stasi auf den Plan gerufen. Man legte ihren Eltern dezent nahe, auf ihre Tochter dahingehend Einfluss auszuüben, dass sie sowohl ihr Auftreten, als auch ihren Umgang entscheidend verändern sollte. Andernfalls würde die Genehmigung für eine geplante Auslandsreise ihrer Eltern wieder zurückgezogen. Die junge Frau zeigte sich daher gegen ihre Überzeugung einsichtig. Der Drang, ihrer Heimat endgültig den Rücken zu kehren, wurde durch dieses Ereignis jedoch noch verstärkt.

Hinzu kamen die nach ihrem Empfinden kritiklose Linientreue ihres Ehemannes. Die unüberbrückbaren Gegensätze in der Einschätzung der Verhältnisse in der DDR ließen die Ehe schon nach zwei Jahren scheitern.

Ihre Eltern, die nie mit dem bestehenden System einverstanden gewesen waren, hatten ihr in der Erziehung eine kritische Sicht des sozialistischen Einheitsstaates vermittelt. Daher waren für sie nicht so sehr die sich mit den Jahren immer mehr verschärfenden Versorgungsengpässe das Problem. Vielmehr wurden ihr die Unterdrückung der freien Meinungsäußerung, die auch in der Schule praktiziert wurde, und die damit verbundene Drangsalierung der Andersdenkenden durch die Staatsvertreter immer unerträglicher.

Auf der anderen Seite empfand sie die Heuchelei derjenigen, die heimlich mit dem Staat zusammenarbeiteten, mindestens genauso abstoßend. Letztlich konnten nicht alle, die sich auf diese Weise persönliche Vorteile verschaffen wollten, ihre Hinterfotzigkeit erfolgreich verbergen.

Dazu kam noch die Tatsache, dass der normale Volksgenosse in den Ferien nur in sozialistische Bruderstaaten reisen durfte. Das war ihr umso unverständlicher, als sie mitbekommen musste, dass die Eltern einer Schulfreundin, die hohe Positionen in der Verwaltung bezogen, sich ungehindert Einkaufsfahrten nach Erlangen genehmigten. Erlangen ist heute noch die Partnerstadt von Jena.

Als sie an diesem Morgen die Gelegenheit zur Flucht gekommen sah, überwog die Sehnsucht nach Freiheit letztlich die familiären Bindungen. Beim Abschied von ihren Eltern musste man zu diesem Zeitpunkt davon ausgehen, dass sie sich nie wieder sehen würden. Dass die politischen Ereignisse in nur wenigen Stunden alle bestehenden Verhältnisse über den Haufen werfen würden, konnten sie in ihrem Abschiedsschmerz nicht ahnen.

Zwei Freundinnen der jungen Frau hatten ein paar Tage zuvor versucht, irgendwo bei Görlitz über die Neiße nach Polen zu fliehen. Dann wollten sie über die Tschechei nach Westdeutschland gelangen. Sie hatten gehofft, dass die polnischen Grenzer sie nicht zurückschicken würden. Diese Hoffnung war zu der Zeit nicht ganz unbegründet.

Die Polen waren politisch schon viel weiter und wurden auch nicht mehr von einer Truppe seniler und ewig gestriger Tattergreise regiert, die sich mit einer unbeschreiblichen Sturheit und Borniertheit an ihre Macht klammerten. Die Mädels waren völlig unvorbereitet in ihr Abenteuer gestartet.

Nachts überquerten sie einen flachen Flusslauf und versteckten sich dann eine Weile in einem Waldstück am Ufer. Sie waren klitschnass und froren jämmerlich. Trotzdem warteten sie so lange, bis sie sicher waren, dass niemand sie entdeckt hatte. In der bis dahin durchaus richtigen Annahme, dass sie sich auf polnischem Gebiet befanden, schlichen sie dann weiter durch den Wald. Sie wollten sich möglichst weit von der deutschen Grenze entfernen.

Nach einer Weile kamen sie wiederum an einen Flusslauf, der ihren Weg kreuzte. Sie durchquerten auch diesen und kamen an eine Schneise, die durch den Wald geschlagen worden war. Es dauerte nicht lange, und sie erspähten einen Jeep, der direkt auf sie zufuhr. Völlig entkräftet und durchgefroren winkten sie dem Wagen.

Sie nahmen an, dass es sich dabei um eine polnische Grenzkontrolle oder vielleicht sogar nur um einen Förster handelte. Ihr Schrecken war denkbar groß, als sie dann von zwei Uniformierten auf Deutsch gefragt wurden, was sie hier mitten in der Nacht im Sperrgebiet zu suchen hatten. Wäre diese Geschichte nur ein halbes Jahr früher passiert, wären sie unweigerlich in einem Zuchthaus verschwunden. So aber ließen sich die beiden Grenzer von den Mädels mit einer haarsträubenden Geschichte einlullen.

Die beiden erzählten den Uniformierten, dass sie sich verlaufen hatten und eigentlich hier in dem Wald nur zelten wollten. Auf die Nachfrage der beiden zunächst wenig überzeugten Grenzer behaupteten die verängstigten Mädels, dass sie ihr Zelt in der Dunkelheit beim Marsch durch den Wald verloren hätten.

Die Geschichte in der Prager Botschaft war schon gelaufen und völlig blöde waren die beiden Typen mit Sicherheit auch nicht. Sie wickelten die Mädels in trockene Decken und nahmen sie mit auf die Wache. Dort gaben sie ihnen etwas Heißes zu trinken und setzten sie am nächsten Morgen in einen Zug zurück zu ihren Eltern. Das ganze Abenteuer wäre ein paar Tage später völlig überflüssig gewesen.

Als die junge Frau am Vorabend des entscheidenden Tages ihre Sachen zusammenpackte, war noch nicht ernsthaft daran zu denken, dass schon wenige Stunden später alles gelaufen sein würde. Am darauf folgenden Tag las ein Mitglied des Politbüros auf einer Pressekonferenz vor laufender Kamera völlig unvorbereitet einen Text von einem Zettel ab, den ihm irgendjemand zugeschoben hatte.

Während die obersten Betonköpfe weiter mauern wollten, beendete letztlich eine Farce den sozialistischen Einheitsstaat. Der offensichtlich von dem Text selbst äußerst überraschte Polit-Bonze bestätigte verdutzt auf Nachfrage eines Journalisten, dass ab sofort jeder DDR-Bürger ohne große Formalitäten reisen dürfe wohin er wolle.

Die Ost-Berliner waren nun nicht mehr aufzuhalten. Sie strömten zu Tausenden zu den Grenzübergängen nach West-Berlin um auszuprobieren, ob das ganze nur ein schlechter Witz war oder die Realisierung eines Traumes. Ossis wie Wessis hofften zu diesem Zeitpunkt gleichermaßen, dass der Durchbruch nach den viel versprechenden Ereignissen der letzten Wochen endlich erreicht war.

Das Fernsehen war live dabei, als die Ost-Grenzer von ihren Vorgesetzten jämmerlich im Stich gelassen wurden. Hilflos versuchten die völlig konsternierten Grenzposten, ihren Staat noch ein paar Augenblicke in dem Zustand zu bewahren, in dem er sich seit dem Mauerbau befunden hatte. Die Massen vor den Schlagbäumen verhielten sich friedlich und warteten geduldig ab. Überhaupt war Geduld ja eine Tugend der Ossis, die sie über Jahrzehnte zwangsläufig hatten lernen müssen. Dabei gab ihnen wohl auch das Wissen, dass alle Ereignisse, die sich hier abspielten, live in die ganze Welt übertragen wurden, ein gewisses Gefühl der Sicherheit.

Einige Landsleute versuchten, die augenscheinlich total verunsicherten Grenzer zum Öffnen der Schlagbäume zu bewegen. Lautstark skandierten sie, dass sie wiederkommen würden. Letztlich konnten die Uniformierten dem Druck der Menge nicht mehr standhalten und öffneten die Schranken. Sie wurden regelrecht von der Geschichte überrollt.

Die Gesichter der überglücklichen Menschen, die jubelnd von ihren westdeutschen Landsleuten empfangen wurden, die auf der anderen Seite auf sie gewartet hatten, sind unvergesslich. Im krassen Gegensatz dazu standen die völlig verdutzten Gesichtsausdrücke der Grenzer, die überhaupt nicht verstehen konnten, was in diesen Stunden eigentlich passierte.

Es war noch dunkel, als sich der hellblaue Trabi mit zwei Erwachsenen und einem zweijährigen Kind von Jena aus in Bewegung setzte. Neben einem Kinderwagen war er mit so viel Gepäck beladen, wie es das winzige Gefährt zuließ.

Während der Fahrt wurde schnell klar, dass Hunderte von Landsleuten ebenfalls beschlossen hatten, an diesem Morgen ihrem Staat für immer den Rücken zu kehren. Sie fuhren auf der A 9 bis Schleiz, um von dort über Plauen und Oelsnitz schließlich auf der B 92 hinter Bad Brambach die tschechische Grenze zu erreichen. Vor der Grenze hatte sich bereits eine lange Schlange von voll beladenen Trabis und Wartburgs gebildet.

Als sie endlich einem Zöllner ihre Ausweise reichten, strich er mit einem Stift die Eintragungen in dem Pass der jungen Frau durch und wünschte ihr viel Glück. Ihm war bewusst, dass sie wohl kaum an diesem Morgen nur zum Einkaufen in die Tschechei fuhr.

Ihre Fahrt führte sie nur wenige Kilometer durch das Nachbarland an Cheb vorbei zum westdeutschen Grenzübergang Schirnding. Hier war die Wartezeit mittlerweile so lang, dass das deutsche rote Kreuz schon auf tschechischer Seite an die geduldig wartenden Ossis heiße Getränke verteilte. Es hätte nur noch gefehlt, dass die emsigen Helfer an der Strasse, die in westlicher Richtung kilometerlang verstopft war, Dixi-Klos aufgestellt hätten.

Als sie nach stundenlanger Wartezeit endlich die westdeutsche Grenze passiert hatten, befiel sie ein Gefühl der unendlichen Erleichterung. Ein wenig Wehmut kam allerdings auch hinzu, da bald der vermeintlich endgültige Abschied von ihrem Vater kommen würde.

Am frühen Nachmittag erreichten sie Marxgrün bei Naila. Dort wurde die kleine Fluchtgruppe von einem Bundesbruder von mir, den die junge Frau im Sommer während eines Urlaubes im Harz kennen gelernt hatte, freudig in Empfang genommen. Der Treffpunkt war am Tag vorher telefonisch vereinbart worden.

Ihr Vater verabschiedete sich von seiner Tochter und seinem Enkel in der ihm eigenen trockenen Art. Danach setzte er sich wieder in seinen Trabi.

Auf der A 9 fuhr er Richtung Norden zum Grenzübergang Hirschberg.

Über die Tschechei hätte er nicht zurückfahren können, da er für die Einreise ein Visum gebraucht hätte. Darüber hatten ihn die westdeutschen Zöllner in

Schirnding auf seine Nachfrage hin informiert. Er war wohl beinahe der einzige Ossi, der an diesem Tag in die DDR einreisen wollte.

Als er an den westdeutschen Kontrollpunkt kam, fragte ihn ein recht netter Beamter, ob er wirklich zurück wolle.

„Meinen sie, dass ich drüben Probleme bekomme", wollte er wissen, da er nun doch ein wenig nervös geworden war.

„Auf keinen Fall", beruhigte ihn der Zöllner. „Die sind doch froh über jeden, der wiederkommt. Aber einen riesigen Gefallen könnten Sie uns tun. Wir haben hier so einen verrückten Landsmann von ihnen. Der kam zu Fuß über die Autobahn hierher und wollte zurück in die DDR. Wir dürfen ihn aber nicht ohne Auto weiterlassen. Würden sie ihn vielleicht mit zurück nehmen?"

Er konnte dem Zöllner diesen Wunsch nicht abschlagen und ließ den seltsamen Kerl in seinen Trabi einsteigen.

Zunächst kamen sie an ein Wachhäuschen mitten auf der Autobahn. Zwei humorlose DDR-Grenzer mit Maschinenpistolen im Anschlag schauten sich den blauen Trabbi von außen an und ließen die beiden dann weiterfahren. Nach einigen hundert Metern kamen sie an die eigentliche Grenzanlage. Heute gibt es dort ein Restaurant einer französischen Kette.

„Was wollen sie denn hier", fragte ihn ein ziemlich verdutzter Grenzer.

„Ich habe mich drüben mal ein wenig umgesehen und will nun wieder nach hause".

Der Kerl hinter der Glasscheibe fühlte sich ein wenig verarscht und suchte nach dem Haken bei dieser Angelegenheit. Mit Sicherheit war ihm auch längst bekannt, dass zurzeit Tausende das Land verließen. Warum wollten diese komischen Käuze hier jetzt einreisen?

„Wer ist der Mann da neben ihnen", war seine nächste Frage.

„Der suchte nur eine Mitfahrgelegenheit nach hause. Ansonsten habe ich mit ihm nichts zu tun".

Er hatte mittlerweile von seinem Mitfahrer erfahren, dass dieser auf dem gleichen Weg wie er nach Westdeutschland gereist war und sich ein paar Tage dort umgeschaut hatte. Auch hatte er sich in Hof schon sein Begrüßungsgeld abgeholt.

„Warten sie", befahl der Zöllner kurz und knapp, nachdem er die Ausweise seiner Landsleute einkassiert hatte. Die beiden mussten ungefähr eine Viertelstunde warten. Schließlich kam der Grenzer wieder zurück. „Fahren sie dort drüben zum Kontrollpunkt 13. Da ist der Zoll."

Sie fuhren langsam zu der Stelle, die man ihnen angewiesen hatte.

„Haben sie etwas zu verzollen", wurde von dem nächsten Grenzer gefragt, wie es nun mal dessen Job war. Nachdem die Frage verneint wurde, kam die nächste Routinefrage.

„Haben sie drüben irgendetwas eingekauft, dass sie nun einführen wollen?"

„Ja, einen Florentiner."

Der Kerl schien sich leicht verulkt zu fühlen. Allein die Tatsache, dass hier zwei Landsleute wieder einreisen wollten, irritierte ihn schon über alle Maßen. „Was ist das denn", wollte der Zöllner wissen.

Die Antwort trug nicht gerade dazu bei, dem leicht verunsicherten Staatsdiener seine innere Ausgeglichenheit wiederzugeben. „Na, eine Nussschnitte eben. Meine Frau hatte mich gebeten, ihr eine mitzubringen. Sie steht halt auf Nussschnitten." Dabei hielt er dem verständnislos glotzenden Heini die Papiertüte mit der Leckerei hin.

Der hatte endgültig die Nase voll. „Hauen sie bloß ab Mann", war das einzige, was ihm noch einfiel.

An der Abfahrt Schleiz wollte der Trabifahrer seinen seltsamen Fahrgast wieder loswerden. Er fuhr von der Autobahn ab und erklärte ihm, dass sich jetzt ihre Wege trennen müssten.

Er war ein wenig nervös, denn auf der gegenüber liegenden Seite der Fahrbahn standen zwei Volkspolizisten.

An dieser Stelle begann das Sperrgebiet. Der normale DDR-Bürger, der in Richtung Süden hierher kam, musste die Autobahn spätestens an dieser Abfahrt verlassen. Näher an die Grenze durfte er nur mit Sondergenehmigungen.

Als der seltsame Zeitgenosse die Polizisten sah, war er ganz begeistert. „Mensch, die können mich ja gleich nach hause fahren", rief er aus.

Der Trabifahrer war ziemlich verdutzt und ebenso erleichtert, als der Kerl endlich ausstieg. Bevor er über die Autobahn in Richtung der beiden ebenfalls recht erstaunten Vopos ging, stellte er noch eine Frage.

„Weißt du, warum ich überhaupt diese kleine Rundreise gemacht habe? Ich war immer schon total geil auf richtige Pornos." Dann öffnete er seinen Mantel und zeigte dem verdutzten Fahrer eine Sammlung von bunten Heftchen mit vögelnden Profis darin, die er unter seinen Pullover gestopft hatte. „Ich habe mein Begrüßungsgeld sinnvoll angelegt, was?"

Der Trabifahrer konnte seine Begeisterung nicht ganz teilen, lächelte aber trotzdem tapfer.

Der Kerl grinste über das ganze Gesicht, bedankte sich bei ihm und machte sich auf den Weg zu seiner nächsten Mitfahrgelegenheit.

Die junge Frau erreichte in der Zwischenzeit mit ihrem Sohn das Aufnahmelager für die einreisenden Ossis in Bayreuth. Am Abend des gleichen Tages konnte sie live im Fernsehen mitverfolgen, dass alle Aufregungen des Tages letztlich unbegründet gewesen waren. Die Grenzen waren endgültig geöffnet worden und sollten nie wieder geschlossen werden.

Am nächsten Morgen unterzog sie sich den nötigen Formalitäten für die Übersiedlung in der entsprechenden Stelle in Nürnberg, nahm die 400,– DM in Empfang, die es für Übersiedler zur Begrüßung gab und reiste dann weiter. Einige Tage später lernte ich meine zukünftige Frau und meinen ersten Sohn in Bonn kennen.

Heimkehr

Es fehlten nur wenige Meter und ich hätte den grauen Trabi vor uns, in dem vier junge Leute saßen, voll gerammt.

Meine Frau hatte nach einigen Wochen, die wir zusammen in Bonn verbracht hatten, Heimweh bekommen. Sie wollte unbedingt ihre Eltern wieder sehen, und auch ihre Freundinnen und Kumpels fehlten ihr sehr.

Die Mauer war vor gut drei Monaten gefallen und in ganz Deutschland herrschte rege Reisetätigkeit. Viele Ossis wollten sehen, wie es denn nun im goldenen Westen wirklich aussah. Die Wessis, die Verwandte im Osten hatten oder einfach nur neugierig waren, genossen ebenfalls die neue Reisefreiheit, nur in die entgegen gesetzte Richtung.

Wir befuhren die A5 mit unserem weißen, uralten Opel Ascona, den wir erst vor einigen Tagen gekauft hatten. Auf der Rückbank saß der zweieinhalbjährige Sohn meiner Frau, den ich später adoptieren sollte. Vom Kirchheimer Dreieck aus bogen wir auf die A4 Richtung Osten ab.

Zu dem Zeitpunkt waren wir schon einige Stunden von Bonn aus unterwegs gewesen. Es war ein Freitag, und zu unserem Glück schien die Januarsonne, sodass wir zusätzlich zu dem hohen Verkehrsaufkommen nicht noch mit Schnee oder Glatteis zu kämpfen hatten. In das Straßenbild hatten sich unter die bisher üblichen Fahrzeuge unzählige graue oder hellblaue Trabis, Wartburgs und Skodas gemischt.

Diese Kisten waren in ihrer überwiegenden Anzahl deutlich untermotorisiert. Angetrieben von ihren schmächtigen Zweitakt-Motoren tuckerten sie meist mit nicht mehr als 80 Km/h, an den zahlreichen Hügeln auf dieser Strecke auch oft deutlich darunter, über die Autobahn. Sie stellten eine nicht unerhebliche Gefahr für uns deutlich schneller fahrenden Wessis dar.

Ich musste schon mehrmals kräftig in die Eisen steigen, wenn wieder so eine Ossi-Schleuder direkt vor mir zum Überholen eines LKWs ansetzte. Die Jungs aus der Zone hatten offensichtlich noch keine Erfahrung mit Fahrzeugen, die deutlich schneller fahren konnten als ihre eigenen Pappschachteln. Das hatte zur Folge, dass sie die Geschwindigkeit, mit der ich angerauscht kam, nicht selten maßlos unterschätzten.

Hatten die Ossis sich erst einmal zum Überholen eines LKWs erfolgreich einen Platz auf der linken Spur erobert, gaben sie diesen nur ungern wieder her. Das war eine neue Erfahrung für mich. Wenn nämlich noch ein weiterer LKW auf der rechten Spur zu sehen war, auch wenn er noch Hunderte von Metern entfernt fuhr, blieben sie stur auf der linken Spur. Sie scherten sich in der Regel dabei einen Scheiß um die sich hinter ihnen bildende Schlange von deutlich besser motorisierten Fahrzeugen als ihre eigenen Pappen. Das ist übrigens eine Unart, die viele der ostdeutschen Landsleute bis heute nicht abgelegt haben.

Die Bahn war total überfüllt, sodass an ein zügiges Vorankommen nicht zu denken war.

Um nicht noch mehr Zeit zu verlieren, nutzte ich jede Gelegenheit, die sich mir bot, rechts an diesen Tempobremsen vorbeizukommen.

Bei Alsfeld standen wir fast zwei Stunden in einem Stau. Weiter vorne hatte es ein westdeutscher Landsmann nicht mehr geschafft, mit seinem Mercedes rechtzeitig zu bremsen. Ein grauer Wartburg war direkt vor ihm auf die linke Spur raus gezogen, um einen blauen Trabi zu überholen, der noch langsamer vor ihm gefahren war. Als wir endlich an der Unfallstelle vorbeikamen, konnten wir sehen, dass sich noch zwei oder drei andere Wagen an der Keilerei beteiligt hatten, sodass ein recht ansehnlicher Schrotthaufen entstanden war.

Damals wurde schon der Grundstein für die Tatsache gelegt, dass wir heute immer noch die gleichen Versicherungsprämien zahlen dürfen wie vor dreizehn Jahren, obwohl ich nie einen Unfall gebaut habe.

Als wir den Ort des beeindruckenden Crashs passiert hatten, gab ich ordentlich Gas, weil der Verkehr sich durch den Stau deutlich entzerrt hatte und dadurch die Bahn für eine Weile wieder frei war.

Ich sah den grauen Trabi einige hundert Meter vor mir, als er kurz vor Kirchheim eine lange Steigung hinauffächzte und dabei eine ziemlich imponierende Qualmwolke aus seinem Auspuff ausstieß. In maßloser Unterschätzung der Zeit, die mir noch zum Ausscheren blieb, zündete ich mir eine Marlboro an und konzentrierte mich dabei einige Sekunden darauf, mit der Gasflamme meines Feuerzeugs die Spitze der Zigarette zu treffen. Als ich wieder auf die Fahrbahn vor mir schaute, war es schon fast zu spät. Ich riss gerade noch rechtzeitig das Lenkrad nach links, um damit ein Gemetzel zu verhindern. Das hätte es ohne Zweifel gegeben, wenn ich mit knapp 150 Sachen auf die beinahe stehende Pappe aufgefahren wäre.

Weitere fahrerische Herausforderungen dieser Art gab es während des weiteren Verlaufs der Fahrt nicht mehr, da wir uns die 180 Kilometer ab Kirchheim bis Jena mehr oder weniger im Schritttempo bewegen mussten.

Bei Wildeck-Obersuhl war die Autobahn zu Ende.

Wir reihten uns auf der Landstrasse um den Thüringer Zipfel herum in die schier endlose Schlange der Ost-Reisenden ein. Die provisorische Weiterführung der Autobahn durch das Tal bei Gerstungen gab es noch nicht. An die neue Brücke, die erst viele Jahre später endgültig die Lücke über das Werratal schließen sollte, war zu dieser Zeit überhaupt noch nicht zu denken. Es war schon früher Abend, als wir endlich den Grenzübergang Herleshausen erreichten.

Der Schrecken, den diese Grenzanlage über vierzig Jahre erzeugt hatte, war verschwunden. Trotzdem befiel mich immer noch ein ungutes Gefühl, als wir einem Grenzer in seinem grauen Kontrollhäuschen aus unserem Wagen heraus die Ausweise reichen mussten.

Auch meine Frau schien mir für einen Augenblick noch einmal ein wenig nervös zu werden, obwohl sie genau wie ich wusste, dass wir hier nichts mehr zu befürchten hatten.

An die Holperautobahn, an der wahrscheinlich seit ihrem Bau in der absolut dunkelsten Zeit der deutschen Geschichte nichts mehr getan worden war, musste ich mich erst noch gewöhnen.

Es gab bereits die ersten Baustellen, in denen die übelsten Schlaglöcher provisorisch geflickt wurden. Der seit der Maueröffnung überdimensional angestiegene Verkehr drohte der Bahn in ihrem sowieso schon erbärmlichen Zustand den Rest zu geben. Allerdings liefen wir kaum Gefahr, durch leichte Erhebungen oder Löcher in den Betonplatten in den Graben geschleudert zu werden, da wir uns meist nur im Schneckentempo vorwärts bewegen konnten.

Wenn die Strecke einmal für einige Kilometer frei war, hielt ich mich peinlich genau an die Geschwindigkeitsbegrenzungen. Der Ruf der Zonen-Bullen, beinahe hinter jedem Busch mit Blitzern zu lauern und Temposünder mit empfindlichen Geldstrafen zu belegen, war geradezu legendär. Irgendwie trauten wir dem Frieden noch nicht so ganz.

Es war längst dunkel, als wir nach über 10 Stunden Fahrt endlich herunter in das Saaletal kamen, und ich zum ersten Mal Jena erblickte.

Von der Autobahn aus sah ich nur eine Wand von Plattenbauten, in denen Tausende von Lichtern leuchteten. Ich war von diesem Anblick doch ziemlich geschockt, ohne zu wissen, was ich eigentlich erwartet hatte.

Wir fuhren an der Abfahrt Jena-Lobeda ab und durchquerten zunächst das Ghetto. Ich hatte vorher noch nie in meinem Leben eine Platten-Siedlung in diesen Ausmaßen gesehen. Als wir über die Karl-Marx-Allee fuhren, die heute Erlanger Allee heißt, stellte ich mir einen Augenblick vor, hier leben zu müssen. Die bloße Vorstellung war für mich schon der blanke Horror.

Schließlich erreichten wir unser Ziel, ein Dorf am Rande Jenas. Zu meiner Erleichterung sah es recht ansprechend aus, sodass ich mich auf den ersten Blick dort ein wenig heimisch fühlen könnte.

Ich wurde von den Eltern meiner Frau, Siggi und Ulla, die ich schon von einem Besuch her kannte, den sie bei uns in Bonn gemacht hatten, sehr freundlich begrüßt. Sie waren sichtlich erleichtert, dass wir heile angekommen waren. Als meine Frau vor drei Monaten von hier in eine ungewisse Zukunft aufgebrochen war, hatte ihre Mutti befürchtet, sie womöglich nie wieder sehen zu dürfen.

Wir schafften unsere Klamotten in das Gästezimmer im Keller und begaben uns dann erst einmal in die Küche, wo Ulla für uns ein fürstliches Abendbrot bereitet hatte. Bei dieser Gelegenheit machte ich zum ersten Mal Bekanntschaft mit den Thüringer Wurstspezialitäten, die ich bis heute zu schätzen weiß.

Während des Essens berichtete uns Siggi von seinen Sorgen bei Carl Zeiss, dem größten Arbeitgeber Jenas, der damals rund 30.000 Menschen beschäftigte. Siggi war dort Abteilungsleiter und fühlte sich für das weitere Schicksal seiner Leute persönlich verantwortlich. Durch die politische Unsicherheit in den Ostblockstaaten, aus denen sich die Hauptkunden von Zeiss rekrutierten, blieben die ersten Aufträge aus oder wurden storniert.

Schon zu dieser frühen Zeit nach der Maueröffnung begann sich der end-gültige und auch für viele schmerzhafte wirtschaftliche Umbruch im Osten Deutschlands abzuzeichnen. Die Firmen in der DDR waren personell völlig auf-gebläht und konnten auf dem freien Weltmarkt mit ihren Produkten zumindest in Teilbereichen nicht mehr mithalten.

Die Entlassungswellen, die später folgen sollten, warfen dunkle Schatten vor-aus. Siggi bekam in seiner Position davon als einer der Ersten Wind. An diesem Abend spürte ich, dass die Euphorie, die nach dem Zusammenbruch des DDR-Regimes ausgebrochen war, schon erste Risse bekam.

Auch Siggi und Ulla waren davon erfasst worden, vor allem als sie im vergan-genen Herbst regelmäßig zu dem Montagsdemos nach Leipzig gefahren waren. Es zeichnete sich ab, dass die Sache viel schwieriger werden würde, als wir alle uns das erhofft hatten.

Nach dem Essen führte mich Siggi durch sein Haus. Er hatte viel dunkles Holz verarbeitet. Vor allem die Deckenbalken erinnerten mich ein wenig an den Baustil, den ich in Katalonien kennen gelernt hatte. Nur der graue Putz an den Außenwänden störte das Gesamtbild ein bisschen. Auf dem Weg durch das Dorf hierher hatte ich aber schon gesehen, dass es fast kein einziges Haus gab, dessen Fassaden weiß gestrichen waren, offensichtlich aus Mangel an entspre-chenden Farben.

Siggi erzählte mir, mit welchen Entbehrungen und Problemen er zu kämpfen hatte, um den Bau zu realisieren. Schon die Durchsetzung und Genehmigung des Bauantrages erforderte eine Engelsgeduld, da ihm von allen Ämtern reihen-weise Steine in den Weg gelegt worden waren.

Die Organisation von Baumaterial erforderte immer wieder auch die finan-zielle Unterstützung von Bekannten aus dem Westen mit dem einen oder anderen D-Mark-Schein. Ohne harte Westwährung in bar hätte sich keiner seiner Volksgenossen in seinen LKW gesetzt, um ihm eine Fuhre Steine oder Sand auf den Schafberg zu fahren, wo sich seine Baustelle befand.

Das waren Zustände, von denen ich keine Vorstellung gehabt hatte.

Wenn bei uns in Westfalen ein Haus gebaut werden sollte, wurde zunächst die finanzielle Seite abgeklärt. War das einmal geregelt, musste sich dann kein Bauherr mehr Gedanken darüber machen, wie und woher er das Material für den Bau bekam.

Aufgrund der Entbehrungen, die Siggi bei seinem Hausbau auf sich nehmen musste, konnte ich nun auch ein wenig verstehen, warum er und seine Frau nie ernsthaft darüber nachgedacht hatten, in den goldenen Westen abzuhauen, als sich vor einigen Monaten die Gelegenheit dazu ergab. Wie er mir erzählte, hatten sich schon einige Bonzen in der Stadtverwaltung die Finger nach der Bude geleckt.

Am folgenden Samstagvormittag wollte mir meine Frau ihre Heimatstadt zeigen. Wir fuhren über eine Zufahrtsstrasse in das Lobedaer Ghetto. Auf der rechten Seite gab es ein freies Feld, hinter dem heute das ultramoderne Klinikum steht. Dort sah ich ein riesiges Zelt, in dem einer der ersten Möbelmärkte Alternativen für die bis dahin mehr oder weniger einheitliche Innenausstattung der Plattenbauwohnungen anbot. Von der Tatsache, dass es nicht genug freie Gebäude für viel versprechende Geschäftszweige gab, ließen sich die ersten Unternehmen, die vom Westen aus den neuen Markt erschlossen, offensichtlich nicht abhalten.

Wir bogen nach rechts ab und durchfuhren über ungefähr einen Kilometer den Wald von Sechs- und auch Elfgeschossern, deren Anblick auch bei Tageslicht für mich völlig abstoßend war. Ich konnte mir unmöglich vorstellen, hier einmal selbst leben zu können. Das wurde dann aber schneller Realität, als ich es mir damals hätte träumen lassen.

Die geschlossene Wolkendecke gab der Wintersonne an diesem Tag keine Chance. Die Straßenlampen konnten mit ihrem schäbigen gelblichen Licht auch nicht für eine überzeugende Helligkeit sorgen. Stattdessen verstärkten sie nach meinem Empfinden eher noch den trostlosen Gesamteindruck, den dieses Viertel auf mich machte.

Wir verließen nach einigen Minuten Fahrt den Lobedaer Betondschungel auf der zweispurigen Schnellstrasse Richtung Innenstadt. Mit uns fuhren hauptsächlich stinkende Qualmwolken ausstoßende Zweitakter in die gleiche Richtung. Erstaunlicherweise konnte ich schon das eine oder andere West-Auto mit N-Nummernschildern ausmachen. Der Buchstabe stand für den Bezirk Gera, zu dem Jena gehörte.

Auf einer Wiese am rechten Straßenrand entdeckte ich eine Gebrauchtwagenbude. In den nächsten Monaten wurden alle Karren, die noch einigermaßen fahren konnten und im Westen keine Abnehmer gefunden hatten, in den Osten transportiert. Dann wurden sie den nach ordentlichen Fahrzeugen lechzenden Ossis aufs Auge gedrückt. Was ich hier sah, war erst der Anfang. Zumindest musste nun niemand mehr fünfzehn Jahre auf einen Trabi oder Wartburg warten, obwohl die Dinger mit Sicherheit zuverlässiger waren, als die Kisten, die jetzt hier angeboten wurden.

Wir fuhren am „Paradies" vorbei, dem Jenaer Naherholungsgebiet, das sich über Kilometer entlang der Saale bis zum Stadtzentrum erstreckt. Links auf einem Hügel konnte ich das Zeiss-Hauptwerk sehen, auf dessen Dach eine der ganz wenigen Leuchtreklamen der Stadt mit dem Firmenlogo angebracht war.

Als wir am Ende der Schnellstrasse unter der Eisenbahnbrücke hindurch kamen, erreichten wir das Stadtzentrum.

Rechts auf der Ecke stand ein relativ neuer Plattenbau, dessen Fassade im Gegensatz zu den Gebäuden in Lobeda zumindest in zwei Farben gehalten war. Daneben gab es eine Reihe alter Häuser, die teilweise in einem ziemlich erbarmungswürdigen Zustand waren. Gegenüber stand der „Rote Turm", der einige Jahre später mehrere Bauarbeiter lebendig unter sich begrub. Wie es hieß, sollte ein stümperhafter Statiker sich gewaltig verrechnet haben.

Weil eine viel zu schwere Betonplatte im Rahmen von Sanierungsarbeiten als Zwischendecke eingebaut worden war, brach die Außenmauer plötzlich zusammen. Sie bestand aus roten Klinkern, die dem Bau ihren Namen gegeben hatten.

Mir fiel sofort auf, dass die Gehsteige und Fassaden von dem allgegenwärtigen Kohlestaub bedeckt waren. Die in jeder westdeutschen Großstadt üblichen bunten Reklameschilder, die das Gesamtbild ein wenig auflockern, fehlten hier fast völlig.

Wir mussten aufpassen, dass wir nicht eine Straßenbahn rammten, die wahrscheinlich noch aus der Gründerzeit des Straßenverkehrs stammte. Mit einem Mordsgeschepper rumpelte sie über die Gleise, die nach meiner Schätzung vor Urzeiten in die Strasse eingelassen worden waren. Die Wartungsarbeiten an den altertümlichen Gefährten wurden anscheinend auch nicht immer vorschriftsmäßig durchgeführt. Im Straßenbelag etwas weiter hinten fand sich die Spur eines irgendwann einmal entgleisten Waggons.

Als wir unseren Opel auf dem Platz der Kosmonauten, der heute Eichplatz heißt, im Schatten des Uni-Turmes abstellten, musste ich zunächst einen Brechreiz unterdrücken. Die Luft stank nach Abgasen und war zusätzlich von Kohlestaub geschwängert. An diese eklige Kombination musste sich meine Lunge erst noch gewöhnen.

Wir gingen über den Marktplatz, auf dem eine Reihe von fliegenden Händlern billige Klamotten anboten. Offensichtlich war der Bedarf an neuer Kleidung durchaus gegeben, denn der Platz war ziemlich gut mit Kaufwilligen gefüllt.

Dazu gab es überall asiatische Zigarettenhändler, die offenbar äußerst günstige Schwarzware an den Mann bringen wollten. Sie waren ständig wachsam und jederzeit bereit, mit ihrer Ware in Sekunden das Weite zu suchen, wenn irgendwo ein uniformierter Gesetzeshüter auftauchte.

Darüber hinaus wurde fast an jeder Ecke auf Holzkohlegrills die Thüringer Bratwurst gebraten, die ich in den folgenden Monaten sehr zu schätzen lernte.

Durch eine Gasse, die vom südöstlichen Ende des Marktplatzes wegführte, erreichten wir den Spirituosenladen, den Ulla seit Jahren führte. In dieser Branche brauchte man sich keine Sorgen über mangelnde Kundschaft zu machen. Gesoffen wurde immer schon, unabhängig vom politischen System oder gerade deswegen. Der Laden war mit Kunden gut gefüllt, die sich mit alkoholischem Nachschub fürs Wochenende eindecken wollten.

Von dort gingen wir links durch eine weitere Gasse an der historischen Gaststätte „Zur Noll" vorbei und wandten uns dann wieder nach rechts. Meine Frau wollte mir zeigen, dass aus städtebaulicher Sicht die Maueröffnung gerade noch rechtzeitig gekommen war. Die gesamte historische Altstadt wäre von den sozialistischen Städteplanern dem Erdboden gleichgemacht worden. Einige alte Häuser waren bereits durch schicke Plattenbauten ersetzt worden.

Dem maroden Staat fehlten einfach die finanziellen Mittel, um die alte Bausubstanz sanieren zu können. Die daraus resultierende Abrisswut war durch die politischen Ereignisse im letzten Moment gestoppt worden. Sie sollte auch später nicht wieder aufgenommen werden.

Hinten links sollte schon bald Beate Uhse eine ihrer Filialen eröffnen. Als Vertreterin eines jederzeit florierenden Wirtschaftszweiges hatte auch sie sehr schnell die Zeichen der Zeit erkannt.

Am Mittag besuchten wir die Großeltern meiner Frau in Zeitz. Wir befanden uns mitten im Kohlerevier von Sachsen-Anhalt. Der Zustand der Luft übertraf in seinem Braunkohlegehalt noch einmal um ein Vielfaches den der Jenaer Innenstadt.

Das Mittagessen, selbst gemachte Nudelsuppe, schmeckte mir solange köstlich, bis mein von der eingeatmeten Luft völlig überforderter Magen den Geist aufgab.

Ich schaffte noch mit letzter Kraftanstrengung den Weg die Treppe runter in den Garten, bevor ich das Essen, das für die Rebellion meiner Gedärme nun wirklich nichts konnte, in den Komposthaufen kotzte.

Am Abend fühlte ich mich wieder topfit. Wir wollten ein paar Kumpels meiner Frau in Stadtroda besuchen. Dazu hatten wir uns im Volkshaus verabredet, wo irgendein DJ zum Tanz aufspielen sollte.

Die Bude war rappelvoll. In dem Saal waren eine Reihe von Tischen aufgebaut worden. Vor der Bühne, auf der ein recht bemühter DJ seine mittelalterlich anmutende Anlage aufgebaut hatte, war eine größere Fläche zum Tanzen frei gelassen worden.

Die meist recht jungen Mädchen trugen Klamotten, die mich zuhause hätten vermuten lassen, dass alle aus dem horizontalen Gewerbe stammten. Das störte mich jedoch wenig, ganz im Gegenteil genoss ich den hohen Unterhaltungswert, den der Anblick der Girlys für mich hatte.

Der DJ spielte neben diversem Disco-Schmalz, der bei uns schon vor einigen Jahren die Charts wieder verlassen hatte, verschiedene Zonen-Songs, die ich an diesem Tag zum ersten Mal hörte. Das Publikum flippte dazu völlig aus. Womöglich nahm hier schon die Ostalgie-Welle ihren Anfang.

Wir trafen einige Jungs, mit denen mein Weibchen früher ständig um die Häuser gezogen war. Ich wurde gleich sehr freundlich aufgenommen und wollte mich erst einmal mit einer Runde Bier einführen. Dazu musste ich mich an der Theke in Geduld üben. Sie befand sich in einem Nebenraum und stellte die einzige Möglichkeit für das einige hundert Leute umfassende Publikum dar, sich mit alkoholischem Nachschub einzudecken.

Als ich die Bierpreise sah, die an einer Tafel ausgehängt waren und sich auf 40 Pfennig pro Glas beliefen, ließ ich gleich ein ganzes Tablett mit Gläsern füllen, um nicht in ein paar Minuten wieder anstehen zu müssen.

Wir zischten die Gläschen mit dem etwas labberigen Jenaer Bier in einem bemerkenswerten Tempo weg. Einer der anderen Jungs musste deshalb schon recht bald wieder zur Theke torkeln, um ein neues Tablett mit vollen Biergläsern zu organisieren. So ging das einige Stunden weiter, bis wir alle recht voll waren.

Irgendeiner der Typen, der offensichtlich noch nicht genug hatte, animierte uns zu späterer Stunde, noch in eine private Bar mitzukommen, in der eine kommerzielle Fete gefeiert wurde. Ein paar Kerle hatten in einer Höhle, die in einen Felsen eingelassen war, einen gemütlichen Raum eingerichtet, den sie je nach Laune betrieben. Das Publikum wurde durch reine Mundpropaganda angelockt, da man nie wusste, wann die Betreiber Lust zum arbeiten hatten.

Ich schüttete zum ersten und zum letzten Mal in meinem Leben eine Unmenge widerlich grünen Pfeffis in mich rein, den die Kumpels meiner Frau mir ständig ausgaben. Ich hatte einfach schon zu viel getankt, um noch entschlossenen Widerstand leisten zu können. Irgendwann hatten wir alle genug.

Nun standen wir vor dem Problem, wie wir mitten in der Nacht wieder zurück nach Lobeda kommen sollten. Eine geordnete Taxi-Branche gab es noch nicht, zumindest keine, die nachts noch fuhr.

Wir machten uns auf zum Bahnhof, wobei wir die vage Hoffnung hatten, einen Zug zu erwischen, der früh morgens Richtung Jena fuhr. Notfalls hätten wir die rund sieben Kilometer nach hause zu Fuß zurücklegen müssen.

Wir hatten Glück, dass mein Weibchen auf dem Weg dorthin eine dunkle Russenschleuder erspähte. Sie gab dem Fahrer durch ein Handzeichen zu verstehen, dass wir mitgenommen werden wollten. Ein junger Mann saß darin, der uns für ein paar Mark nach hause brachte.

Die Schwarz-Taxi-Szene, die es hier immer schon gegeben hatte, florierte also noch.

Meine dicke Birne am nächsten morgen war nicht unerheblich, sodass ich das wunderbare Frühstück, das Ulla für uns gezaubert hatte, nicht richtig genießen konnte. Dafür zehrte ich noch von den vielen neuen Eindrücken, die ich am Vortag gesammelt hatte.

Am Mittag luden uns Siggi und Ulla ins „Lugoj" zum Essen ein. Der Schuppen befand sich in einem flacheren Gebäude inmitten der Plattenbauten von Lobeda-Ost. Als wir den Eingang des Restaurants erreichten, traute ich zunächst meinen Augen nicht. Es hatte sich eine Schlange aus Familien und Pärchen gebildet. Wir mussten darauf warten, dass uns ein Kellner einen freien Tisch zuwies.

Die Tür zum Gastraum war geschlossen und wurde nur geöffnet, wenn Gäste ihre Mahlzeit beendet hatten und dadurch wieder einen Tisch frei machten. Erst dann wurden die nächsten Gäste hereingebeten.

Meine Frau klärte mich darüber auf, dass dieses Procedere in der Zone völlig normal sei. Es gäbe halt einfach nicht genug Restaurants, was hier immer schon so gewesen sei.

Mein Blutzuckerspiegel sank zusammen mit meiner Laune von Minute zu Minute, bis wir endlich von einem ziemlich unfreundlichen Kellner, der eine schwarze Hose, ein weißes Hemd und eine bunte Weste darüber trug, einen Tisch zugewiesen bekamen.

Der erste Blick in die Karte gab mir das Gefühl, dass wir uns hier im finanziellen Schlaraffenland befanden. Die Preise für die Gerichte bewegten sich im Rahmen zwischen 1,30 für eine Suppe und knapp unter 3 Ost-Mark für ein Feinschmeckersteak. Bei einem Umrechnungskurs von 1:10 für die harte D-Mark, die ich in der Hosentasche hatte, konnte ich die ganze Familie für ein Taschengeld einladen. Siggi lehnte mein Angebot aber stolz ab und bestand darauf für uns alle zu zahlen.

An die osteuropäisch anmutenden Namen der Gerichte musste ich mich auch erst noch gewöhnen.

Von einer „Soljanka" hatte ich noch nie gehört. Auch musste meine Frau mir erst erklären, dass „Letscho" bei uns in Westfalen die gute alte Zigeunersoße ist. Ich freute mich auch darüber, dass wir uns hier bei Bierpreisen um die 80 Pfennig pro Glas, die in normalen Kneipen sicher noch tiefer lagen, für ganz kleines Geld ordentlich einen nehmen konnten.

Zum ersten Mal in meinem Leben brauchte ich die Karte nicht von rechts nach links zu lesen.

Den Bedienungen merkte man an, dass sie sich in der Vergangenheit nicht allzu viel Mühe im Umgang mit ihren Gästen hatten geben müssen. Das lag daran, dass die wenigen Restaurants, die es gab, eine Art Monopol in der Stadt hatten. Über Mangel an Gästen brauchte man sich also keine Sorgen zu machen.

Die Bestellungen wurden wenig motiviert aufgenommen und genauso lustlos serviert.

Die Gesetze der freien Marktwirtschaft, die zumindest bei uns im Westen zur Folge hatten, dass Gäste einfach wegblieben, wenn der Service nicht stimmte, griffen hier noch nicht. Auch das sollte sich bald ändern.

Am Nachmittag machten wir uns auf den Rückweg nach Bonn. Bei der Überquerung der Grenze nach Hessen hatte nicht nur ich das Gefühl, zurück in eine andere Welt zu kehren. Trotzdem hatte ich für mich längst beschlossen, so oft wie möglich hierher zurückzukommen, um mich an der positiven Entwicklung zu erfreuen, die dieses Land nach meiner festen Überzeugung sehr bald erleben würde.

Während wir uns wieder in den Strom der Rückreisenden gen Westen einreihten, konnte ich aber noch nicht ahnen, dass ich schon bald für immer hierher kommen würde.

Notarzt

Der Spuk war nach vierzig Jahren endlich vorbei. Jetzt sollte in einer offiziellen Feier die Wiedervereinigung begangen werden. Das Volk war aufgerufen in Berlin einen ganzen Tag die Sau raus zu lassen. Nachts stand dann der Schulterschluss mit den Machern des historischen Ereignisses vor dem Reichstag auf dem Programm. Unser neuer National-Feiertag sollte geboren werden. Das wollten wir uns auf keinen Fall entgehen lassen.

Wir starteten am Vorabend mit dem Wagen von Max, einem Bundesbruder von mir, in Bonn, um am nächsten Morgen rechtzeitig in Berlin zu sein. Wir wollten keine einzige Minute dieses Tages verpassen. Alex und Stefan waren natürlich auch wieder mit von der Partie.

Das Wetter an diesem Oktobertag war entsprechend seiner Bedeutung einfach fantastisch.

Wir fuhren am frühen Morgen auf der A 2 Richtung ehemaligem Grenzübergang Helmstedt. Max und ich saßen vorne. Die aufgehende Sonne blendete uns so stark, dass für eine Weile eine Weiterfahrt nur schwer möglich war.

Stefan befand sich noch mehr als wir übrigen im Wiedervereinigungstaumel. „Im Osten geht die Sonne auf", rief er aus und wir stießen mit unseren Hülsen auf die goldene Zukunft an, die wir uns alle für unser Vaterland in den schillernsten Farben ausmalten.

Wir erreichten die alten Grenzanlagen, die von einer weißen Steinsäule angekündigt wurden, in deren Spitze sich ein kreisrundes Loch befand. Darin hatte sich eine Abbildung des Staatswappens der DDR befunden, das längst entfernt worden war.

„Mensch Alter", erinnerte sich Alex, „vor zwei Jahren sind wir irgendwo da drüben in dem Zug noch von so einem Arsch fixiert worden, als wären wir Schwerverbrecher. Jetzt fahren wir hier ganz locker durch, als hätte es nie eine Grenze gegeben, einfach ein geiles Gefühl."

Die ehemaligen Grenzanlagen waren rechts und links der Autobahn zu sehen. Die Reihen von Kontrollhäusern, in denen die Zöllner gesessen hatten, riefen in mir Erinnerungen an das Frühjahr wach, als wir noch am Übergang Herleshausen auf den Fahrten nach Jena formell kontrolliert worden waren.

Damals war es aber schon so, dass mir die Kerle den Eindruck machten, als wüssten sie eigentlich gar nicht mehr, wozu sie noch da waren. Lustlos schauten sie in unsere Ausweise, ohne die stechenden Kontrollblicke in die Augen, die mir immer einen kalten Schauer auf dem Rücken verursacht hatten.

„Stellt euch nur mal vor, welche Dramen sich hier abgespielt haben müssen", dachte ich laut. „Bekannte haben mir erzählt, wie sie hier stundenlang drangsaliert worden sind."

„Vor einigen Jahren haben sie meine Karre mal fast völlig auseinander genommen. Ich war damals auch auf dem Weg nach Berlin", bestätigte Stefan diese Erfahrungen. „Keine Ahnung, was die letztlich gesucht haben. Die Schikane hatte wahrscheinlich einfach nur Methode. Scheiß drauf, die Zeiten sind ja nun endgültig vorbei."

„Das kannst du laut sagen, Alter", freute sich Alex. „Darauf sollten wir trinken." Blech wurde an Blech gestoßen, dann nahmen wir noch einen kräftigen Schluck aus unseren Hülsen.

Das monotone Holpern, das die Reifen unseres Wagens jedes mal verursachten, wenn sie die Übergänge von einer Platte zur nächsten passierten, aus denen die Fahrbahn bestand, schläferte uns alle für eine Weile ein.

Auch der ehemalige Autobahnübergang nach West-Berlin lag in seiner ganzen ehemaligen Bedrohlichkeit noch fast unverändert aber verlassen da.

Wir fuhren durch die Stadt, die nun keine Insel mehr war, zum Verbindungshaus unserer befreundeten Burschenschaft, wo wir auch schon vor einem Jahr zu Gast gewesen waren.

Nachdem wir unsere Taschen in den uns zugewiesenen Schlafräumen abgestellt hatten, fuhren wir sofort ins Zentrum. Wir wollten keine Zeit verlieren und jeden Augenblick dieses Tages genießen.

Es war später Vormittag als wir auf der Wiese vor dem Reichstag standen. Um die Freifläche herum wurden überall Bierwagen für das durstige Volk aufgestellt. Direkt vor dem historischen Gebäude baute ein Rudel Techniker eine Bühne auf. Helmut und Kollegen sollten dort kurz vor Mitternacht erscheinen und zum Volk sprechen. Links neben der Bühne entdeckte ich ein Gestell, an dem Kirchenglocken in verschiedenen Größen aufgehängt waren.

„Mit den Dingern soll heute Nacht um Null Uhr der historische Tag eingeläutet werden", klärte Stefan uns auf.

Überall waren schon Schaulustige Volksgenossen zu sehen, die aus allen Teilen Deutschlands angereist waren. Es passierte hier eigentlich noch nichts Weltbewegendes, trotzdem war ich bereits von einer fast selig zu nennenden Stimmung erfasst, die ich in vollen Zügen genoss.

„Vor zwei Jahren haben wir uns das Brandenburger Tor von der anderen Seite aus angeschaut. Lasst uns mal sehen, was das jetzt für ein Gefühl ist, einfach da durch zu marschieren, Jungs", machte ich einen Vorschlag, dem von den drei anderen gerne zugestimmt wurde.

Wir gingen vom Kopfende des Platzes der Republik rüber zur Strasse des 17. Juni. Auch dort standen bereits in kürzeren Abständen Bierbuden und Fresssstände aller Art. Wir versorgten uns mit einer ersten Runde Bier und schlenderten auf das Tor zu.

Auf der linken Seite erspähte ich das sowjetische Mahnmal. Einige Meter von der Strasse nach hinten versetzt stand das Gebäude, vor dem ein russischer Soldat eine Kalaschnikow vor der Brust haltend reglos da stand. Rechts und links waren zwei russische Panzer auf Steinsäulen aufgestellt.

„Die Knilche passen hier ja nun überhaupt nicht mehr her", meinte Alex. Ich hatte ebenfalls das Gefühl, dass dieses militärische Bild gerade am heutigen Tag völlig deplaziert war.

„Lasst mal, Jungs", versuchte Stefan erst gar keine schlechte Stimmung aufkommen zu lassen. „Wenn Gorbi und seine Genossen nicht endlich vernünftig geworden wären, würden wir heute nicht hier sein. Die senilen Betonköpfe im Palast der Republik hätten niemals freiwillig das Feld geräumt. Erst als die Russen ihnen die Unterstützung entzogen, kniffen sie den Schwanz ein. Vergesst das nicht."

Auf der Strasse vor dem Mahnmal stand ein Mannschaftswagen der Berliner Polizei.

„Offensichtlich schließen unsere Freunde und Helfer nicht aus, dass es Landsleute von uns gibt, die das etwas anders sehen", schloss Max aus der dezenten, aber nicht übersehbaren, Polizeipräsenz.

„Bei aller Euphorie sollten wir auch nicht vergessen, was unsere Väter und Großväter unseren neuen Freunden im Osten angetan haben", gab Stefan zu bedenken. „So lange ist das große Gemetzel ja nun auch noch nicht her, als dass man die Erinnerung daran einfach so wegwischen könnte."

„Mann, du hast ja recht", meinte ich und nahm einen Schluck Bier aus meinem Plastikbecher. „Lasst den Russen ihr Mahnmal und uns unseren Feiertag, dann sind alle zufrieden. Vor zwei Jahren waren Alex und ich da drüben und hätten vor Frust fast geheult. Dafür bin ich heute eigentlich nicht hergekommen."

„Männer, heute ist kein Trauertag", pflichtete mir Alex bei. „Lasst uns endlich durch dieses verdammte Tor gehen. Ich will sehen, wie sich das anfühlt."

Wir näherten uns dem Brandenburger Tor. Die Mauer war verschwunden. Irgendwie kam mir dieser Anblick noch völlig unwirklich vor.

Die Fernsehbilder aus dem letzten November erschienen unwillkürlich vor meinem geistigen Auge. Tausende von Menschen stiegen auf das Symbol der Trennung und des kalten Krieges und versuchten mit Hammer und Meißel das Monstrum zu zerstören. Sekt wurde in Unmengen verkonsumiert und eine unbeschreibliche Freude erfasste nicht nur die Menschen vor Ort, sondern auch uns, die wir das Ereignis vor dem Bildschirm verfolgten. Ein Kran riss im Blitzlichtgewitter der Journalisten aus der ganzen Welt die erste Platte aus dem Monstrum heraus. Das war ein Augenblick, den nicht nur ich niemals vergessen werde.

„Mensch Jungs, ist das nicht irre", konnte ich meine Begeisterung gar nicht mehr zurückhalten. Die Fläche, auf der die Mauer gestanden hatte, war asphaltiert worden und wir standen darauf und tranken Bier.

Mit den Plastikbechern in der Hand marschierten wir durch das Brandenburger Tor.

An der Stelle, an der vor knapp einem Jahr noch uniformierte Zonen-Bullen dezent darauf geachtet hatten, dass niemand der Mauer zu nahe kam, betraten wir die Vorzeigemeile der ehemaligen DDR.

„Unter den Linden" war für den Straßenverkehr gesperrt worden. Schon um diese Mittagszeit waren Hunderte von begeisterten Menschen in beide Richtungen unterwegs. Offensichtlich waren wir nicht die einzigen, die dieses eigentlich nicht fassbare Gefühl der Befreiung in sich aufsaugen wollten.

Auf beiden Seiten der Prachtstrasse waren unzählige Bierwagen aufgestellt worden. Wir steuerten gleich die erste dieser Tankstellen an.

„Wir sind ja nicht zum Vergnügen hier", rief ich aus und bestellte eine Runde für meine Kumpels und mich. Nachdem ich gezahlt hatte, verteilte ich die überschäumenden Becher, die mir von einem außerordentlich gut gelaunten Modell angereicht worden waren, an meine schon leicht angeheiterten Gefährten.

„Mensch Alter, wenn wir so weiter löten, erleben wir Mitternacht nicht mehr", machte sich Alex ernsthafte Sorgen.

„Drauf geschissen Mann", erwiderte Max. „So ein Tag muss gebührend begangen werden. Wir haben so lange darauf gewartet, ungehindert durch dieses verdammte Tor gehen zu können. Da willst du doch jetzt wohl nicht schon schlapp machen."

Max, Stefan und ich nahmen einen kräftigen Schluck aus unseren Bechern, während Alex nur dezent am Plastikrand seines Trinkgefässes nippte.

„Wir sollten dafür sorgen, dass die Wirtschaft hier im Osten zügig in Gang kommt", kam mir ein letztlich fataler Gedanke.

„Wie meinst du denn das nun wieder?", wollte Alex wissen.

„Wir beide sind doch vor nicht allzu langer Zeit diese Strasse mit einem Haufen deprimierter Gedanken in der Birne auf und ab gelaufen und hatten auch noch die Hosen gestrichen voll, oder nicht?"

„Na klar, aber worauf willst du eigentlich hinaus?"

„Heute werden wir jeden Meter feiern, Alter. Wir werden auf dieser Seite der Strasse anfangen und bis zum Palast der Republik jede verfickte Bierbude anlaufen und einen Becher auf die Wiedervereinigung nehmen. Dann machen wir das auf der anderen Seite auf dem Rückweg genauso."

„Ne klasse Idee", meinte Max spontan. „Wie willst du denn sonst die Zeit rumkriegen, bis unsere Staatslenker vor dem Reichstag die Glocken läuten?"

Stefan verdrehte nur die Augen, schüttelte mit dem Kopf und nahm ohne weiteren Kommentar noch einen Schluck aus seinem Becher.

„Ihr beide seid ja völlig irre", war Alex ehrlich verzweifelt. „Wir schaffen ja nicht mal die Hälfte der Strecke, bevor wir besoffen hinter einem der Bierwagen den Rest des Tages im Koma verbringen."

Max und ich konnten uns, da wir bereits leicht angeheitert waren, über das vermeintliche Weichei Alex köstlich amüsieren.

„Also, ihr zwei Schwachmaten, was ist nun, wollt ihr mitmachen oder streicht ihr schon die Segel", wollte ich wissen.

Alex und Stefan schauten sich fragend an. Dann trank Stefan seinen Becher aus und fällte eine Entscheidung. „Ich bin morgen früh auf den offiziellen Festakt eingeladen. Den will ich auf keinen Fall verpassen. Sauft ihr zwei Bekloppten euch doch den Verstand raus. Ich habe keine Lust, den Rest des Tages im Delirium zu verbringen."

„Wenigstens noch ein vernünftiger Mensch unter diesen ganzen Irren", gab Alex sichtlich erleichtert von sich. „Lass uns hier bloß schnell abhauen." Die beiden wünschten uns noch viel Vergnügen und waren schon nach wenigen Augenblicken Richtung Brandenburger Tor in der immer dichter werdenden Menschenmenge verschwunden.

„Auf geht's, Sportsfreund", meinte Max in grenzenlosem Optimismus.

In den nächsten Stunden kämpften wir uns von einem Bierstand zum nächsten. Auf dem Hinweg ließen wir keine Bude aus. Das Gedränge auf der breiten Strasse wurde gegen Abend immer dichter. Vom Suff enthemmt bahnten wir uns energisch unseren Weg durch die euphorisierten Massen unserer Landsleute aus Ost und West.

Irgendwann erreichten wir den Berliner Dom, wo wir die Straßenseite wechselten und den Rückweg antraten. Wir laberten eine Menge alkoholisierten Scheiß über die Zone und die Politik, die nun folgen sollte, um unser Land möglichst schnell voranzubringen.

Gerade wollte ich mich erneut über die roten Socken auf unserer westlichen Seite des eisernen Vorhangs auslassen, die meiner Meinung nach von der Wiedervereinigung bis zum Schluss nichts hatten wissen wollen, als ein mir nicht unbekanntes Gesicht in mein schon mittelschwer benebeltes Gesichtsfeld geriet. Die Figur, die hastig an uns vorbeilief, hatte eine Halbglatze, trug einen blauen Mantel und darüber einen Schal in der Farbe der eben erwähnten Socken.

„Mensch Alter, wenn das nicht der Momper ist", rief ich aus und rannte dem Kerl auch schon hinterher, ohne darauf zu achten, wo mein Kumpel blieb. Was sich in meiner suffgeschwängerten Glocke in dem Augenblick abspielte, kann ich nur vermuten. Wahrscheinlich war ich der Meinung, dass er und seine Genossen nicht wirklich das Recht hatten, sich nun im politischen Erfolg, den dieses historische Ereignis für Deutschland darstellte, zu sonnen. Dabei hatte der rote Schal offensichtlich auf mich gewirkt wie das berühmte gleichfarbige Tuch des Toreros auf den Stier in der Arena.

Zehntausende schoben und zerrten mittlerweile in beide Richtungen der Allee. Ich war sicher auch nicht der einzige, dem langsam der Alkohol in die Birne gestiegen war, sodass ein Fortkommen nur unter größter Anstrengung möglich war. Dadurch verlor ich den Berliner Oberbürgermeister kurzfristig wieder aus den Augen.

„Mensch, bist du total übergeschnappt, du besoffener Sack", hörte ich Max hinter mir. Er war stinksauer. „Wir hätten uns hier nie wieder gefunden, Mann. Das nächste Mal sagst du mir vorher bescheid, wenn du einem von den Politik-Heinis an die Gurgel willst. Was sollte denn der Scheiß überhaupt?"

„Was weiß ich, Alter. Irgendwie habe ich plötzlich rot gesehen", antwortete ich.

Wir schauten uns ein paar Sekunden in die Augen, dann mussten wir beide laut lachen. Wir verzogen uns in eine der Seitenstrassen, um erst einmal in Ruhe an eine Hauswand zu pissen.

„Die Kerle wollten sich die ganzen Jahre mit ihren Genossen in der Zone arrangieren, diesen Staat sogar anerkennen. Jetzt laufen die Heinis hier rum und tun so, als ob sie das ganze Ding geschaukelt hätten. Das kotzt mich einfach an", konnte ich mich noch nicht wieder ganz beruhigen, während wir unsere Blasen entleerten.

„Du magst ja Recht haben. Sicher haben Helmut und Hans-Dietrich die Gelegenheit, die sich bot, glänzend beim Schopfe gepackt. Aber meinst du nicht, dass die Jungs vom anderen Lager über das Ergebnis heute genauso froh sind", versuchte Max mich endgültig wieder auf einen normalen Pulsschlag herunterzufahren.

„Klar sind sie das", antwortete ich und machte den Reißverschluss meiner Jeans wieder zu. „Aber die sollen das Ganze hier nicht als ihren Erfolg darstellen. Das ist alles was ich will."

„Dann sind wir uns ja einig", war Max sichtlich erleichtert, dass ich mich anscheinend langsam wieder beruhigte. „Komm, wir haben noch ein paar Bier vor uns." Mein Zwei-Meter-Kumpel legte einen Arm um meine Schulter, und wir wankten wieder zurück in das Gewühl, um uns ein neues Bier zu holen.

Irgendwann in den darauf folgenden Minuten setzte meine Birne ein zweites Mal aus.

Wir konnten schon die riesige Bühne sehen, die vor dem Brandenburger Tor aufgebaut worden war und auf der irgendwelche Rock-Stars das Volk unterhielten.

Auf unserer Straßenseite entdeckte ich den Herrn mit dem roten Schal zum zweiten Mal.

Neben ihm stand ein langer Schlacks mit blondem, lockigem Haar und hielt dem Kerl mit der Halbglatze ein Mikrofon unter die Nase. Die beiden wurden von einem Scheinwerfer, der auf eine Fernsehkamera montiert war, in gleißendem Licht angeleuchtet.

Fast alle Fernsehsender hatten ihre führenden Moderatoren ausgesandt, um Interviews mit Prominenten zu machen und sie nach ihren Gefühlen an diesem historischen Tag zu befragen. Der überwiegende Teil unserer Landsleute schüttete sich ja nun mal nicht hier vor Ort feiertäglich die Birne zu, sondern machte das im heimischen Fernsehsessel.

„Mensch, da ist der Kerl ja schon wieder", rief ich aus. „Und der Gottschalk gibt ihm auch noch eine Bühne. Das kann ja wohl nicht wahr sein."

Bevor Max mich zurückhalten konnte, sprang ich in einem erneuten Wutanfall an den metallenen Bauzaun, der den Interview-Bereich von den vorbeiströmenden Menschenmassen abschirmen sollte. Deutschlands beliebtester Moderator musste das Gespräch mit dem Berliner Oberbürgermeister aufgrund des scheppernden Geräusches, das meine Turneinlage verursachte, abbrechen.

„Mensch, ich versuche hier ein Interview zu machen", schnauzte Gottschalk in meine Richtung. Er war sichtlich stinkig, konnte mich aber nicht direkt als Verursacher des Lärms ausmachen, da sich eine Traube von Neugierigen um den Zaun herum gebildet hatte.

Er sammelte sich einen Augenblick, lächelte Momper beruhigend an und begann ein zweites Mal mit dem Interview. „Herr Momper, was empfinden sie an solch einem historischen Tag?" wollte er in einem Anfall von besonderem Einfallsreichtum von seinem Gesprächspartner wissen.

Bevor dieser antworten konnte, brüllte ich dazwischen. „Was will der denn schon dazu sagen." Max hielt mir mit einer blitzschnellen Bewegung den Mund zu und zerrte mich von dem Zaun weg. Ich hatte gegen seine Bärenkräfte keine Chance. Beim dritten Versuch soll das Interview dann erfolgreich abgeschlossen worden sein, wie ich am nächsten Tag erfuhr. Leider war es keine Live-Übertragung.

Die letzten Bierbuden bis zum Brandenburger Tor ließen wir aus Gründen der Vernunft aus. Ich regte mich so schnell wieder ab, wie ich mich aufgeregt hatte. Max hatte offensichtlich die Sauferei bisher besser vertragen als ich.

„Der Tag ist ja so schon aufregend genug, Mann. Du willst wohl unbedingt den Rest der Nacht im Knast verbringen, oder wie soll ich deine Ausraster verstehen?" wollte er von mir wissen.

„Du hast ja wieder mal Recht. Ich werde ab sofort schön brav sein. Außerdem habe ich dich dabei. Da kann mir ja gar nichts passieren", zeigte ich mich einsichtig.

Wir gingen durch das Tor und verbrüderten uns mit einer lustigen Damenrunde. Die Mädels, die aus der Nähe von München kamen, hatten einen Karton mit Sektflaschen dabei und wollten an der Stelle auf das große Feuerwerk warten.

Wir nahmen gerne einige Schlücke aus der Flasche, die sie uns freigiebig anboten. Das Blubberwasser muss mir endgültig den Rest gegeben haben. Was in den nächsten zwei Stunden bis Mitternacht folgte, erfuhr ich erst später aus den Berichten meines Kumpels Max.

Der Platz vor dem Reichstag war längst maßlos überfüllt. Daher beschlossen wir, über die Strasse des 17. Juni zurück zum Ausgangspunkt unseres kleinen alkoholischen Rundgangs zu gelangen. Wir wollten uns vom Kopfende des Platzes aus am Rande entlang möglichst weit durch die Massen nach vorne kämpfen. Wir hofften, dadurch die politischen Größen, die um Mitternacht vorne auf der Bühne erscheinen sollten, besonders gut sehen können.

Mein nächster Blackout setzte laut Max ein, als wir wieder an dem russischen Mahnmal vorbeikamen.

„Die Penner sind ja immer noch da", muss ich ausgerufen haben. Dann stürzte ich auch schon unvermittelt los, um dem harmlosen russischen Soldaten, der dort seit Stunden Wache hielt, an die Gurgel zu gehen. Bevor die Berliner Polizei, die dort zum Schutze der Russen postiert war, eingreifen musste, hatte mich Max schon am Kragen meiner Lederjacke gepackt und unsanft zurückgezogen. Seit der Szene beim Interview war er hellwach gewesen, was sich nun zu meinem Glück auszahlte.

Danach waren meine letzten Kräfte beinahe verbraucht. Irgendwie schaffte ich es noch in seinem Schlepptau bis zu unserem Ziel. Wir kamen am Rande des Platzes vor dem Reichstag zumindest so weit voran, dass man noch einen einigermaßen akzeptablen Blick auf die Bühne hatte. Dann brach ich in dem Gebüsch, das den Platz auf unserer Seite begrenzte, endgültig zusammen und verfiel in einen wohlverdienten, komatösen Schlaf.

Rechts und links neben mir sollen ständig irgendwelche Straffmaten ins Gebüsch gepisst haben. Irgendwann während meines Komas muss ich begonnen haben, vor Unterkühlung extrem am ganzen Körper zu zittern. Max erwies sich als fürsorglicher Kamerad und deckte mich mit seiner eigenen Jacke zu.

Das rief wiederum zwei Rettungssanitäter auf den Plan, die das Menschengewühl routinemäßig nach Schnapsleichen durchforsteten. Sie sahen meinen zitternden Körper und riefen über Funk Verstärkung, weil sie sich wohl keine abschließende Diagnose zutrauten.

Wenige Augenblicke später tauchte ein Notarzt auf. Er kniete sich neben mich, schob ein Lid hoch und leuchtete mir mit einer Taschenlampe ins Auge.

„Der reagiert ja überhaupt nicht mehr", soll er gesagt haben. „Wir müssen ihn sofort ins Krankenhaus mitnehmen."

Da reagierte mein Kumpel nicht zum ersten Mal an diesem Tag geistesgegenwärtig. Er riss mich vom Boden hoch, sorgte mit einem Arm dafür, dass ich nicht gleich wieder rückwärts in einen der vielen Pisskanäle fiel und knallte mir eine mit der freien Hand. Ich öffnete eines meiner beiden Augen zumindest zur Hälfte.

„Ihr seht doch, wie er reagiert", rief er den Sanitätern und dem Notarzt zu. „Der ist gleich wieder topfit. Den Krankentransport könnt ihr euch wirklich sparen."

Der Arzt zuckte gleichgültig mit den Schultern. „Wenn sie meinen, aber dann auf ihre Verantwortung", soll er noch gesagt haben.

Offenbar erwartete er in dieser Nacht noch deutlich schlimmere Fälle als meinen.

Ich erlangte mein Bewusstsein in dem Augenblick wieder, als die Glocken zu läuten begannen. Mein erster Gedanke war, dass ich in der Hölle angekommen sein musste.

Quälende Geräusche in meinem Brummschädel nach einem ordentlichen Besäufnis waren ja nichts Neues für mich. Mir wurde aber bald schmerzlich bewusst, dass dieses Geläut real war.

Max hielt mich noch einen Augenblick fest, bis ich meine Orientierung wieder gefunden und langsam aber sicher auf eigenen Beinen stehen konnte.

Das vermeintliche Höllengeläut wurde nun begleitet von permanenten Blitzlichtern am Himmel, die ich erst einige Zeit später, als ich meine Augen wieder vollständig gebrauchen konnte, als das große Feuerwerk zur Begrüßung des Nationalfeiertages realisierte.

„Willkommen zurück im Leben, Alter", brüllte mir Max gegen den Lärm, den die Menschenmenge mit ihren Begeisterungsrufen im Anblick des Spektakels am Himmel verursachte, ins Ohr.

Die Kälte, die mir in alle Glieder gefahren war, ließ mich dann zügig wieder relativ klar in der Birne werden. Vorne auf der Bühne standen einige Herren in langen Mänteln, es waren Helmut und die übrige Politprominenz. Ich meinte auch den mir bereits bestens bekannten roten Schal ausmachen zu können. In diesem Augenblick war ich aber einfach nur froh darüber, das nackte Leben zu haben. Nach erneuter Randale stand mir nun wirklich nicht mehr der Sinn.

„Können die nicht die verdammten Glocken abstellen, das hält ja keiner in der Birne aus", war mein erster Kommentar.

„Na, dir scheint es ja schon wieder gut zu gehen." Max grinste und schüttelte bei meinem Anblick nur den Kopf. „Schau dir mal das geile Feuerwerk an."

Ich konnte mich jedoch wenig für das Spektakel begeistern. Mir war einfach nur kalt. Von der Feierlichkeit dieses Augenblicks bekam ich in meinem Zustand nicht allzu viel mit. Zumindest war ich aber körperlich bei diesem historischen Augenblick anwesend.

„Lass uns abhauen, mir ist arschkalt, Mann." Als das Feuerwerk endlich beendet war, zitterte ich immer noch wie Espenlaub. Zehntausende strömten nach Beendigung des Spektakels in Richtung der Strasse des 17. Juni, wo die Stadt Sonderbusse in ausreichendem Masse bereitgestellt hatte.

Ich war wieder klar im Kopf, und wir mussten höllisch aufpassen, dass wir uns in dieser Völkerwanderung nicht aus den Augen verloren. Es herrschte unter den Menschen eine fröhliche und ausgelassene Stimmung. Die Deutschen waren an diesem Tag einfach nur glücklich. Auch Max bekam sich vor lauter Freude gar nicht wieder ein.

„Mensch, du hättest erleben müssen, wie der Helmut gesprochen hat und auch Hans-Dietrich. Es war fast so ein tolles Gefühl wie im letzten Jahr, als er vom Balkon der Prager Botschaft die erlösenden Worte gesprochen hat."

„Ist schon klar. Ich weiß, dass ich Vollidiot den besten Teil in der Pissrinne verpennt habe. Das brauchst du mir jetzt nicht noch ständig unter die Nase zu reiben." Ich war stinkig und wollte nur noch in einen der warmen Busse.

Wir verschafften uns unter energischem Einsatz unserer Ellenbogen Platz in einem der Gefährte, das uns zurück zum Haus der befreundeten Burschenschaft bringen sollte. In dem Gewühl verlor ich Max aus den Augen.

Ich kam als erster an. Stefan und Alex waren auch schon da und ziemlich voll. Ich hatte einen höllischen Durst von der stickigen Luft in dem völlig überfüllten Bus und holte mir erst einmal ein frisches Bier. Wir werteten unsere Erlebnisse des Tages aus. Langsam kam in mir wieder die Freude über das Ereignis auf, an dem ich teilhaben durfte, wenn auch mit leichten Einschränkungen.

Etwas später erschien auch Max in unserer fröhlichen Runde. Er hatte im vorderen Teil des gleichen Busses, den ich auch erwischt hatte, einen Platz gefunden. Aufgrund des Sauerstoffmangels in der Kiste, hatte er einen kleinen Kreislaufkollaps erlitten und dadurch die Station zum Umsteigen verpasst. Er war immer noch kreidebleich im Gesicht.

Ich reichte ihm ein Glas Bier, das er nur mit einem leichten Zögern annahm. Dabei grinste ich ihn an. Ich fühlte mich einfach wieder gut.

„Das ist doch nun wieder typisch", schmollte Max. „Da bewahrt man diesen Straffmaten mehrfach vor dem Knast und sorgt auch noch dafür, dass er nicht vom Notarzt entführt wird. Wenn man dann selber Hilfe braucht, ist der Kerl nicht da."

Ich legte einen Arm um seine Schulter und sagte nur: „Danke, Mann." Wir stießen mit unseren Gläsern an und lachten beide.

„Vor zwei Stunden lag der Wahnsinnige noch im Koma", informierte Max die beiden anderen, „und jetzt steht er hier, säuft Bier und tut so, als sei nichts gewesen.

„Auf die Wiedervereinigung, Männer", sagte ich. „Das ist ein Tag, den wir nie vergessen werden, ganz sicher nicht."

Als ich am nächsten Morgen aus meinem Schlafsack gekrochen war und in den Aufenthaltsraum kam, um mir eine Tasse Kaffee zu organisieren, saß Stefan schon vor dem Fernseher. Der offizielle Staatsakt zur Wiedervereinigung wurde übertragen.

„Ich denke, du hättest eine Einladung und würdest jetzt auch da zwischen den ganzen Größen der Gesellschaft sitzen", stichelte ich ein bisschen.

„Scheiße Mann, ich habe total verpennt. Siehst du da vorne in der zweiten Reihe den freien Platz? Das ist meiner", gab er kleinlaut zu und nahm völlig frustriert einen Schluck aus seinem Bierglas, das ich bis dahin noch gar nicht bemerkt hatte.

„Man soll ja immer mit dem Gesöff morgens anfangen, mit dem man abends aufgehört hat", kommentierte ich die Tatsache, dass er schon wieder Gerstensaft zu sich nahm.

„Da hast du wohl recht", antwortete er und nahm noch einen Schluck, ohne die Augen von der Glotze zu lassen.

Max und Alex kamen etwas später auch aus ihren Kojen gekrochen. Wir frühstückten ausgiebig und machten dann Pläne für den Tag.

„Auf dem Alex ist heute eine große Fete", wusste Max zu berichten. „Ich hätte nichts gegen eine kleine Nachfeier. Was meint ihr?"

Ich war sofort begeistert. Alex und Stefan hatten keine rechte Lust. Sie wollten sich noch eine Weile von den Strapazen des Vortages erholen und dann sehen, was sich noch ergab. So machte ich mich mit Max auf den Weg zum Alexanderplatz, wo uns ein ganz besonderes Event erwarten sollte.

Was vor einem Jahr noch undenkbar war, gehörte an diesem Tag schon zur Selbstverständlichkeit. Der Bahnhof Friedrichstrasse war keine Endstation mehr, an der sich die Grenze in eine andere Welt befand, sondern eine Haltestation wie jede andere.

Wir passierten ihn mit der S-Bahn und erreichten zwei Stationen weiter den Bahnhof Alexanderplatz.

Einige Fahrgäste saßen ziemlich zusammengesunken auf ihren Bänken und schliefen oder dösten vor sich hin. Offenbar waren wir bei weitem nicht die einzigen gewesen, die in der vergangenen Nacht nicht allzu viel Schlaf bekommen hatten. Es war bereits um die Mittagszeit, als wir aus dem Zug ausstiegen und die Treppe herab zum Alexanderplatz gingen.

Der Platz war schon gut gefüllt. In der Mitte stand eine überdimensionale, runde Bierbude. Um die Trinkstelle herum standen an der Theke nicht wenige Sauflustige, die es mit dem Beginn der Nachfeier noch eiliger gehabt hatten als wir.

„Mal sehen, ob das Zeug schon wieder schmeckt", meinte Max und bestellte zwei Bier für uns.

Während eine durchaus vorzeigbare Vertreterin der Bedienungszunft die Biere zapfte, schaute ich mich ein wenig um. Viele Familien mit Kinderwagen waren zu sehen, dazu verliebte Paare und alte Leute, die einen Feiertagsspaziergang machten. Daneben gab es natürlich auch ganze Gruppen von Kerlen, die wie wir direkt die Bierbude angesteuert hatten und teilweise schon recht lustig waren.

Wir schluckten das erste Bier zügig hinunter, da es erwartungsgemäß noch nicht sonderlich gut schmeckte. Das zweite Glas zischte dann schon wesentlich besser.

„Ich bin doch noch ganz schön geschafft von der Nacht", gab ich zu.

„Meinst du etwa, dass es mir anders geht. Wir tun uns heute schön die Ruhe rein, nehmen noch ein paar Bier und essen später irgendwo was. Auf Gewaltmärsche kreuz und quer durch die City habe ich wahrlich keinen Bock", ging es Max auch nicht anders als mir.

Nach einer Weile fiel mir auf, dass rings um den Platz diverse Polizeiwagen zu sehen waren.

Diese Tatsache alleine hätte ich nicht einmal besonders registriert. Immerhin waren wieder Tausende von Menschen auf den Beinen, um an diesem Feiertag durch das Zentrum der Hauptstadt zu flanieren.

Es soll ja immer mal wieder einzelne Zeitgenossen geben, die aus irgendwelchen unerfindlichen Gründen plötzlich ausflippen. Unwillkürlich kam mir die

Erinnerung an die gestrige Störung des Gottschalk-Momper-Interviews durch meinen kleinen Ausraster. Ich musste grinsen, als ich an die entgleisenden Gesichtszüge des Talk-Masters dachte, der sich sonst vor den laufenden Kameras nie aus der Ruhe bringen ließ.

„Mann, die wütende Fresse von dem langen Blonden gestern war echt zum Schiessen", ließ ich Max an meiner Freude teilhaben.

„Das kannst du wohl sagen. Ich habe den Kerl auch noch nie so sauer gesehen", bestätigte er meine Erinnerung.

Ich wollte gerade die Szene noch etwas weiter auswerten, als ich ein Geräusch in der Ferne ausmachte, dass mich aufhorchen ließ. „Hörst du das auch?" wollte ich von Max wissen.

Er wandte sich von der Torte hinter der Theke ab, mit der er gerade einen kleinen Flirt begonnen hatte. Angestrengt horchte er nach dem Geräusch, auf das ich ihn aufmerksam gemacht hatte.

„Das hört sich an wie Trillerpfeifen", meinte er nach einigen Sekunden.

„Das sind wahrscheinlich die Linken", klärte uns die ansprechende Biene am Zapfhahn auf. „Ich habe gehört, dass die ne kleine Demo gegen die Wiedervereinigung machen wollen, ist aber kein Grund zur Sorge."

„Wenn du das sagst, können wir ja noch in Ruhe einen nehmen", erwiderte ich fürs erste beruhigt und orderte noch zwei Bier.

Während wir auf die nächste Runde warteten, konnte ich jedoch feststellen, dass die Berliner Polizei die Sachlage etwas kritischer einschätzte. Der Lärm der Trillerpfeifen war jetzt deutlich zu vernehmen. Offensichtlich bewegten sich die Demonstranten aus der Richtung des Rathauses über die Rathausstrasse auf den Alexanderplatz zu.

Als Max und ich uns gerade mit den neuen Gläsern zuprosteten, sah ich im Augenwinkel, wie ein dunkelgrüner Wasserwerfer der Polizei auf der westlichen Seite des Platzes aufgefahren wurde. Auf der gegenüberliegenden Seite stand mittlerweile eine Reihe von Mannschaftswagen mit vergitterten Fenstern, deren Eintreffen wir gar nicht bemerkt hatten. Wir standen mit dem Rücken zu dieser Seite an der Theke und schauten nach Süden, wo die Rathausstrasse auf den Alexanderplatz trifft.

Die Menschenmenge auf dem Platz hatte sich von uns bisher unbemerkt schon erheblich reduziert. Neben der Polizei war offensichtlich auch ein Großteil der Berliner Spaziergänger der Meinung, dass es sehr wohl Grund zur Sorge gäbe.

„Lass uns mal schauen, was das für Heinis sind", meinte Max und setzte sich ohne meine Antwort abzuwarten mit seinem Bierglas in der Hand in Bewegung.

Mir war es zwar schon ein wenig mulmig zumute, in Begleitung meines Zwei-Meter-Freundes fühlte ich mich jedoch sicher genug, um mich ebenfalls in seine Richtung zu bewegen.

An der südlichen Ecke des Alex stand ein weiterer Polizeiwagen. Ein Beamter saß darin. Sein Kollege stand am Straßenrand und wartete auf den Demonstrationszug. Wir konnten von unserer Position aus einen Blick in die Rathausstrasse werfen und sahen einen weiteren Polizeiwagen mit eingeschaltetem Blaulicht, der im Schritttempo vor den linken Demonstranten herfuhr. Dahinter wehten vereinzelt rote Fahnen im Wind. Der Lärm der Trillerpfeifen wurde schon jetzt beinahe unerträglich. Der Zug war nur noch ungefähr fünfzig Meter von unserer Position entfernt, als wir die ersten schwarz vermummten Gestalten ausmachen konnten.

„Mann, das ist ja echt unheimlich", entfuhr es mir.

Wir waren nicht die einzigen Neugierigen, die sich an dieser Stelle eingefunden hatten. Solange die Bullen ruhig blieben und auch unsere Gaffer-Kollegen keine Anstalten machten sich zu entfernen, sah ich ebenfalls keine Veranlassung das Feld zu räumen. Der Polizeiwagen, der dem Zug voran fuhr, war nun auf unserer Höhe und bog nach rechts ab in Richtung Alexanderstrasse. Der Blick wurde frei auf die durchgängig in Schwarz gekleidete Horde.

Vorne weg lief ein Heini, der irgendetwas Unverständliches in ein Megaphon brüllte. Wahrscheinlich waren das irgendwelche kommunistischen Parolen. Auch Max konnte mir nicht sagen, was der Kerl eigentlich wollte.

Die kaputten Typen in dem Demonstrationszug trugen ausnahmslos schwarze Lederjacken und Schnürstiefel. Einige von ihnen hatten Tücher um den Hals gewickelt, die Arafat sonst um seinen Schädel trug. Die Haare dieser seltsamen Zeitgenossen leuchteten in allen möglichen ätzenden Farben.

„Die meisten von diesen Pennern haben wahrscheinlich schon seit Jahren keine Dusche mehr gesehen." Max sprach das aus, was ich gerade beim Anblick der in der Mehrzahl völlig zerzausten Haarschöpfe dachte.

Andere trugen einen Irokesenschnitt. „Wenn du kaum noch Haare auf dem Schädel hast, brauchst du sie dir wenigstens auch nicht mehr zu waschen", kommentierte ich den Anblick.

Die ganze Angelegenheit schien friedlich verlaufen zu wollen. Es gab auch eine Reihe von ätzenden Tussis unter den Demonstranten, die an Ungepflegtheit ihren männlichen Gesinnungsgenossen in nichts nachstanden.

„Von denen könntest du mir Jede nackt auf den Bauch binden", sagte ich zu Max. „Da würde sich absolut nichts rühren."

„Da geht es dir nicht anders als mir", bestätigte er meinen Eindruck.

„Komm, wir haben genug gesehen, außerdem ist mein Bier alle."

Wir marschierten zurück zu unserer Bierbude und versorgten uns mit neuer Flüssignahrung. Der Zug war mittlerweile friedlich in der Alexanderstrasse verschwunden.

Wir tranken unser Bier, Max nahm seinen Flirt mit der weiblichen Bedienung wieder auf, und ich machte mir weiter keine Sorgen. Trotzdem fragte ich mich, warum sowohl der Wasserwerfer als auch die Reihe von Mannschaftswagen immer noch nicht abzogen.

Der Platz begann sich langsam wieder mit Menschen zu füllen. Es blieb noch eine Weile ruhig, sodass ich mich wieder ziemlich entspannen konnte. Das Gefühl wurde natürlich auch begünstigt durch die bis dahin schon recht ansehnliche Anzahl von konsumierten Bierchen.

Dann brach der Sturm los.

Aus der Richtung des S-Bahnhofs stürmte eine Horde schwarz gekleideter Gestalten an dem Wasserwerfer vorbei auf den Platz. Die Chaoten wurden von einer Rotte Polizisten verfolgt, die weiße Schutzhelme trugen. In der einen Hand hielten sie durchsichtige Plastikschilde, in der anderen Schlagstöcke. Die Verfolgungsjagd löste eine ansehnliche Panik unter den friedlichen Passanten aus, die in alle Richtungen vom Platz flüchteten.

Die Bierbude, an der wir standen, bildete bald eine einsame Insel mitten auf dem Alexanderplatz. Wir fühlten uns hier noch ziemlich sicher, da die Bude von den in alle Richtungen rennenden Menschen wohl kaum umgestoßen werden konnte. Auch die Süße hinter der Theke und ihre drei Kollegen schenkten in relativer Ruhe weiter Bier aus. Die Säuferfraktion, die wie wir den Tag hier an der Tränke verbracht hatte, machte ebenfalls nicht den Eindruck, als wollte sie gleich in Panik geraten. Obwohl ich innerlich alles andere als ruhig war, orderte ich noch zwei Bier für uns.

„Das ist ja besser als Kino". Mit einem vermeintlich coolen Spruch versuchte ich meine sich langsam steigernde Nervosität zu überspielen.

Max schien dagegen angesichts der sich uns darbietenden Action wirklich begeistert zu sein. „Geile Show", meinte er nur.

Die schwarzen Gejagten hatten sich unter die fliehenden Zivilisten gemischt, sodass die Bullen den Rückzug zum S-Bahnhof antraten, wo sie sich aus unserem Blickfeld entfernten. Der Platz war nun fast leer.

Wir hatten unser Bier noch nicht ganz ausgetrunken, als die zweite Runde der Hatz begann.

Die Chaoten hatten sich offensichtlich irgendwo wieder zusammengerottet und die Bullen in der Bahnhofsunterführung zu einem neuen Tanz eingeladen. Das Schauspiel von vorhin wiederholte sich, nur hatten die Verfolgten dieses Mal nicht die Möglichkeit, sich unter die unbeteiligten Menschen zu mischen.

Ein oder zwei der schwarz Vermummten, die langsamer als die Bullen in ihrer vollen Bewaffnung waren, wurden geschnappt, bekamen eins mit dem Schlagstock auf die ungewaschene Birne. Dann wurden sie in einen der Mannschaftswagen geschleppt.

„Die Asis waren wahrscheinlich schon zu voll, um noch richtig laufen zu können", kommentierte Max das Geschehen.

Auf der anderen Seite des Platzes flogen die ersten Pflastersteine auf die Fahrzeuge der Polizei. Da wir durch die Hetzjagd, die wir aufmerksam beobachtet hatten, von allen anderen Ereignissen abgelenkt worden waren, hatten wir auch nicht bemerkt, dass sich aus der Rathausstrasse heraus eine größere Truppe von Chaoten dem Alex genähert hatte.

Einige der vergitterten Mannschaftswagen der Bullen waren den Angreifern entgegengefahren, was ebenfalls unserer Aufmerksamkeit entgangen war. Aus den Fahrzeugen sprangen Dutzende von Uniformierten und rannten den Randalierern entgegen. Mit ihren Schilden wehrten die offensichtlich in solchen Schlachten erfahrenen Gesetzeshüter die meisten der heran fliegenden Pflastersteine ab.

Die Chaoten zogen sich im Angesicht der Übermacht ihrer Gegner rechtzeitig zurück.

Einer der Polizisten hatte einen Stein an sein Schienbein bekommen und humpelte von einem Kollegen gestützt zu einem der Mannschaftswagen zurück. Die anderen Bullen bildeten eine Reihe und marschierten ebenfalls geschlossen zurück an den Rand des Platzes.

Jetzt begann wie auf Befehl die dritte Runde auf der anderen Seite aus der Richtung des S-Bahnhofs. Wieder kam eine Horde von Vermummten von den Bullen verfolgt auf den Platz gerannt und verteilte sich dann in alle Richtungen, ohne dass dieses Mal einer der Heinis von seinen Verfolgern erwischt worden wäre. Gleichzeitig erfolgte auf der anderen Seite ein weiterer Angriff auf die Fahrzeuge unserer Freunde und Helfer mit Pflastersteinen und vereinzelten Molotow-Cocktails. Die Chaoten waren bei dieser Attacke ziemlich weit auf den Platz vorgedrungen.

Die Bullen wurden nun langsam wirklich böse. Mit einem massierten Gegenangriff trieben sie Teile der Chaoten in die Arme ihrer Randalebrüder, die von unserer Seite aus ebenfalls auf der Flucht vor einer anderen angreifenden Bullenabteilung waren.

Es entstand ein heilloses Durcheinander, in dessen Folge die Jungs von der Polizei eine Reihe von Randalierern mit einer gesunden Härte aus dem Verkehr ziehen konnten. Der Teil der Chaoten, der nicht geschnappt worden war, zog sich abermals zurück. Auch die Bullen formierten sich neu.

„Scheiße, die Sache wird mir langsam doch zu heiß", sagte ich zu Max und nippte nervös an meinem Bierglas.

„Das mag ja sein, aber willst du jetzt quer über den Platz gehen und womöglich zwischen die Fronten geraten, wenn der nächste Akt des Spektakels beginnt?" Max blieb zumindest äußerlich völlig cool. Außerdem musste ich einräumen, dass er völlig Recht hatte.

„Lass uns noch einen nehmen und das Schauspiel genießen." Mit diesen Worten bestellte er noch zwei weitere Bier für uns. Da die Bierbudenbesitzer keine Anstalten machten den Betrieb einzustellen, und auch die anderen Straffmaten, die bis jetzt an der Theke geblieben waren, nicht gehen wollten, fuhr ich mich wieder runter.

Erneut flogen drüben auf der anderen Seite des Platzes Molotow-Cocktails durch die Luft, begleitet von einem Pflastersteinregen, der es in sich hatte. Einer der Mannschaftswagen fing Feuer.

Jetzt war es für die Bullen an der Zeit den Wasserwerfer einzusetzen. Der schwere LKW mit der Spritze auf dem Dach fuhr in dem Augenblick langsam an, als wiederum vom S-Bahnhof her die uns mittlerweile bekannte Horde mit ihren langsam müde werdenden Verfolgern auf den Fersen auf den Platz stürmte. Der erste Wasserstrahl wurde mitten in die rennende Meute abgeschossen. Die getroffenen Chaoten wurden von der Wucht des Strahls von den Beinen gerissen und stürzten klatschnass auf die Platten, mit denen der Platz ausgelegt war.

Ich konnte eine gewisse Schadenfreude in mir nicht ganz unterdrücken. Auch Max amüsierte sich königlich, was ich aus dem Leuchten in seinen Augen und dem Grinsen über sein ganzes Gesicht schließen konnte.

Unsere Freude erhielt jedoch einen jähen Dämpfer, als zwei der Chaoten auf unsere Bierbude zustürmten und unter derselben Schutz suchten. Offenbar hatte der Bulle, der die überdimensionale Spritzpistole bediente, auch schon einen über den Durst getrunken. Der Idiot richtete das Rohr direkt auf unsere Trinkanstalt.

Einer der Kerle hinter der Theke erkannte die Gefahr gerade noch rechtzeitig. Er ließ geistesgegenwärtig die dem Wasserwerfer zugewandte metallene Seitenwand des Bierwagens, die bis dahin nach oben gestellt war, mit einem lauten Scheppern herunter krachen. Das geschah nur wenige Sekunden bevor der Irre an dem Auslöser der Wasserpumpe auf den roten Knopf drückte. Mit voller Wucht traf der Wasserstrahl die herunter gelassene Metallplatte des Bierwagens. Wir hatten uns noch rechtzeitig in den toten Winkel dahinter geflüchtet, sodass wir unversehrt und trocken blieben. Der Wasserwerfer setzte sich wieder in Bewegung und fuhr quer über den Platz in die Richtung des in Brand gesetzten Mannschaftswagens.

„Mann, das war knapp", stöhnte Max erleichtert. „So wie du reagiert hast, scheint das hier ja an der Tagesordnung zu sein", sagte er dann zu unserem Retter hinter der Theke.

Der coole Typ lachte nur, klappte die Lade wieder nach oben, weil sich der Wasserwerfer außer Schussweite entfernt hatte, und fragte uns, ob wir noch ein Bier haben wollten.

„Berlin ist doch immer eine Reise wert", sagte ich zu Max. Ich war jedoch bei weitem nicht so entspannt, wie mein Spruch wirken sollte. Vielmehr dauerte es eine ganze Weile, bis mein Blutdruck wieder Normalniveau erreicht hatte.

Wir stießen noch einige male auf die Wiedervereinigung an. Das Bier schmeckte uns dabei noch ein wenig besser als sonst. Das lag aber weniger an der Qualität des Gesöffs, als viel mehr am Gefühl der Erleichterung.

Jeder begeht halt unseren Nationalfeiertag nach seiner Fasson.

Plattenbau

Der Umzug lief fast perfekt. Auf der Fahrt von Bonn nach Jena platzte nur einer der hinteren Zwillingsreifen des Möbeltransporters. Jan, ein Kumpel meiner Frau, war am Abend zuvor über 400 Kilometer zu uns nach Bonn gekommen, um uns beim Umzug zu helfen. Dafür stellte er einen LKW seiner Baufirma zur Verfügung. Darüber hinaus war er auch noch so freundlich, das ziemlich altersschwache Gefährt für uns zu steuern.

Die Ost-West Hilfsbereitschaft funktionierte von Anfang an. Die elende Kiste war einfach nur ein wenig überladen. Wir mussten einen Ersatzreifen besorgen, da der liebenswürdige Trottel natürlich keinen an Bord gehabt hatte. Mit unserem vierjährigen Sohn auf der Rückbank und dem kaputten Reifen im Kofferraum suchten wir verzweifelt die Landstrasse nach einer Werkstatt ab, die am Samstagnachmittag noch geöffnet hatte. Jan wartete derweil am Pannen-Ort auf unsere Rückkehr.

Die Kollegen von der Kfz-Innung waren aber leider in ihrer überwiegenden Mehrheit im wohlverdienten Wochenende. Wahrscheinlich beschäftigten sich die Schrauber gerade mit der üblichen Samstagspflege ihrer Penisverlängerungen auf vier Rädern. Samstagnacht ist Discotime. Schließlich wollen ihre blonden Hühner standesgemäß in die Pressluftschuppen der ländlichen Umgebung chauffiert werden. Oder die faulen Säcke saßen bei der einen oder anderen Hülse Bier mit ihren versoffenen Kumpels im Garten und lauschten den Bundesliga-Berichten im Radio. Wie dem auch immer war, wir fanden zunächst keine Werkstatt, die sich unseres Problems hätte annehmen können.

Mein Blutdruck stieg mit der Zeit langsam aber beständig an, parallel mit den sich zusehends in Hysterie steigernden Panik-Attacken meiner neben mir sitzenden süßen Frau. Ich hatte natürlich vollstes Verständnis für die Entwicklung ihres nervlichen Zustandes, da sie den ganzen vergangenen Tag Kisten mit unserem gesamten Hausrat verpackt hatte. Sie war sowieso nicht gerade besonders erfreut darüber, dass sie zurück in ihre ostdeutsche Heimat ziehen sollte. Es war erst zwei Jahre her, dass sie Jena voller Optimismus gen goldenen Westen verlassen hatte.

Erschwerend für sie kam noch hinzu, dass ich gestern Abend erst relativ spät in einem nicht ganz akzeptablen Zustand nach hause gekommen war. Ich hatte mich von meinen Bundesbrüdern mit einem kleinen Fässchen verabschiedet, was etwas länger als geplant gedauert hatte.

Die Folge dieses exzessiven Abschiedsumtrunks war, dass mein Weibchen sich während ihrer Packaktivitäten zusätzlich auch noch um unseren Sohn kümmern durfte, der sich hilfreich an ihren vielseitigen Aufgaben zu beteiligen versuchte. Das wiederum hatte leider nicht den von ihm geplanten Unterstützungseffekt für seine Mutti. Vielmehr hatte er ihr Nervenkostüm noch mehr strapaziert.

Wir mussten annehmen, dass Jan, der Umzugsfahrer, alles andere als erfreut darüber war, dass wir uns zwangsläufig über Stunden nicht mehr blicken ließen. Verzweifelt suchten wir einen Werkstattbetrieb, in dem man auch am Samstagnachmittag noch die Möglichkeiten der freien Marktwirtschaft zu schätzen wusste. Immerhin wäre ich nach den Gesetzen von Angebot und Nachfrage durchaus bereit gewesen, einen mehr als marktüblichen Lohn zu zahlen, wenn wir nur endlich weiterkämen. Kurz bevor meine Frau die Scheidung einreichte, weil ich sie zu dem Umzug in den Osten überredet und damit in diese strapaziöse Situation manövriert hatte, fanden wir einen Reifenbetrieb am Straßenrand.

Wir sahen auf dem Hof davor zufällig einen fleißigen Handwerksgesellen, der an seinem Manta herumschraubte. Ich konnte ihn unter Aufbringung überzeugender monetärer Argumente davon überzeugen, uns mit einem Ersatzreifen zum Ort des Missgeschicks zu folgen.

Es zeigte sich, dass unsere schlimmen Befürchtungen bezüglich Jans Geduld gänzlich unbegründet waren. Ein Ossi ist es gewohnt zu warten und lässt sich in seiner Hilfsbereitschaft von keinem noch so großen Problem abbringen. In der volkseigenen Bauwirtschaft war man wohl ganz andere Probleme gewöhnt. Jan ließ es sich auch nicht nehmen, unserem Retter beim Reifenwechsel fachmännisch zur Hand zu gehen.

In dem Wissen, dass ich zwei linke Hände habe, verlangte meine Frau energisch von mir, dass ich mich aus dem handwerklichen Procedere heraushielt. Sie befürchtete, dass der eine Ersatzreifen wohl nicht ausreichen könnte, wenn ich mich einmischte. Ich zog es daher vor, allein durch die konzentrierte Beobachtung des technischen Vorgangs hinzuzulernen.

„Der Gast, der zum ersten Mal Jena von der Autobahn aus erblickt, wird von den neuen Elfgeschossern mit ihren bunten Balkons begrüßt." Tatsächlich fand ich eine ähnliche Formulierung vor einigen Wochen in dem Prospekt eines Hotels im Lobedaer Ghetto.

Dieser sozialistische Reklametext nötigte mir einigen Respekt ab. Immerhin brachte er mir die Erkenntnis, dass man in der Zone perfekt gelernt hatte, aus Scheiße Bonbons zu machen.

Beim Anblick dieses Paradebeispiels für die sozialistische Baukunst blieb dem Wessi in der Realität im ersten Augenblick aber eher die Spucke weg, als dass er sich freundlich begrüßt fühlte. Der spontane Gedanke, möglichst direkt wieder umzukehren, kam einem da schon eher.

Diesen ersten Eindruck hatte ich allerdings schon vor knapp zwei Jahren hinter mich gebracht und war so an diesem Abend darauf vorbereitet.

Meine Frau und ich hatten in Jena wochenlang nach einer Wohnung gesucht, was sich als äußerst schwierig herausstellte. Die Abwanderungswelle der Ossis in den Westen der Republik hatte damals noch nicht eingesetzt. Diejenigen, die schon zu diesem frühen Zeitpunkt nach der Maueröffnung dem Westen ihre

Arbeitskraft zur Verfügung stellten, kamen am Wochenende brav zu Frau und Kind in die heimische Neubauwohnung zurück.

Der sozialistische Wohnungsbau hinkte immer ein gutes Stück hinter dem Bedarf hinterher. Das lag zu einem nicht unerheblichen Teil an der Rammelfreude unserer ostdeutschen Landsleute.

Mir fiel schon bei meinen ersten Besuchen in Jena auf, dass alle Mädels, die mir meine Frau als ihre Freundinnen vorstellte, grundsätzlich mindestens ein Kind und meist schon einen neuen Vater für ihren Nachwuchs gefunden hatten. Der erste Mann war in der Regel bereits zu den Akten gelegt worden.

Alle jungen Männer wurden für mindestens zwei Jahre zur nationalen Volksarmee gerufen. Vorher hatten sie mit ihrer Fruchtbarkeit die liebe Frau mit Nachwuchs versorgt, damit diese ein trautes Heim zugewiesen bekam. Die vom Staat geforderten Mietpreise ignorierten dabei geflissentlich die Gesetze der freien Marktwirtschaft.

Die Wahrscheinlichkeit, eine für sozialistische Verhältnisse angemessene Wohnstatt zu erhalten, wurde durch eine freiwillige Verpflichtung für den Dienst am Vaterland erhöht. Dadurch verlängerte sich die Abwesenheit von Frau und Kind noch einmal um ein bis zwei Jahre. Diese Tatsache verbesserte aber nicht gerade die Chancen auf eine glückliche Fortführung der Ehe nach der Dienstzeit. Hatte der treue Volksarmist sein Vaterland lange genug gegen die Gefahr aus dem Westen verteidigt, konnte er sich bei seiner Rückkehr nicht selten ein neues Weib und neue Kinder suchen.

Irgendein Zivilist fand sich immer, der sich während seiner Abwesenheit an der Heimatfront sehr überzeugend um die Belange seiner Familie kümmerte. Machte solch ein Schmarotzer seine Sache gut genug, wurde er irgendwann von der vernachlässigten jungen Frau dazu eingeladen, endgültig die auf Zeit frei gewordene Stelle einzunehmen.

Die Kinderproduktion wurde vom fürsorgenden Staat auch dadurch angekurbelt, dass eine der schicken Wohnungen oft nur unter der Voraussetzung zugewiesen wurde, dass die Fortpflanzungsfähigkeit der Antragsteller vorher glaubhaft nachgewiesen worden war.

Daher war es durchaus häufig der Fall, dass die weiblichen Landeskinder schon in zartem Alter einen schmucken Kinderwagen vor sich her schoben, in dem die Früchte ihrer Lust die von frischem Kohlestaub und Trabi-Abgasen geschwängerte Luft einatmen durften. Überhaupt hatte ich den Eindruck, mich im Osten in einer sexuellen Enklave zu befinden. Das machte mich schon einigermaßen neidisch.

Bei uns im katholischen Westfalen zeigten sich die Mädels in jungen Jahren nicht selten weniger offen für die Freuden der Lust, wobei es natürlich auch lobenswerte Ausnahmen gab. Zumindest schien mir das Angebot an willigen Exemplaren in meiner Heimat eindeutig geringer zu sein als im offenen Osten.

Das zeigte sich auch im Outfit der weiblichen Stadtbevölkerung. Ich hatte ja noch nie etwas dagegen, wenn Frauen ihre Reize offen zur Schau trugen.

Aber die von einer Mehrzahl der Mädels dem geneigten Betrachter präsentierte Mode, oder was dafür gehalten wurde, hätte der Berufsbekleidung ihrer Geschlechtsgenossinnen auf der Reeperbahn alle Ehre gemacht. Netzstrumpfhosen unter Miniröcken an langen Beinen, die in Stiefeletten steckten, waren an der Tagesordnung. Beim Anblick der meist sehr spärlichen Oberbekleidung der Damenwelt konnte man als gesunder Mann durchaus feuchte Augen bekommen. Dabei musste man davon ausgehen, dass die sparsame Verwendung von Material in der Herstellung von Bekleidungsstücken nicht nur an der sozialistischen Misswirtschaft lag.

Der Initiative und Hartnäckigkeit meiner Frau war es letztlich zu verdanken gewesen, dass wir trotz der akuten Wohnungsnot eine Bleibe in Jena gefunden hatten. Der Plattenbau, in den wir an diesem Tag als erste und vorerst einzige Mieter einzogen, war noch gar nicht endgültig fertig gestellt worden. Wir hatten die Wohnung eines Bauleiters ergattert, der kurz zuvor ausgezogen war. Daher war sie als einzige in dem ganzen Gebäude zu diesem Zeitpunkt bezugsfertig.

In den ersten Tagen in unserem neuen Heim hatten wir das zweifelhafte Vergnügen, den Sechsgeschosser mit einer Horde von Malochern teilen zu dürfen. Sie nutzten die Wohnung direkt über uns als Pausen- und Umkleideraum und demonstrierten uns auf ihre Weise ihre Fähigkeit, vorbildlich auf eine schlafende Familie Rücksicht nehmen zu können.

Jeden Morgen gegen fünf Uhr polterten sie in ihren schweren Schuhen die Treppe vor unserer Wohnungstür hinauf. In der Bude über uns angekommen unterhielten sie sich in einer Lautstärke, die man keinesfalls als gedämpft bezeichnen kann. Dazu drehten sie ihr Kofferradio auf ein Niveau auf, das zumindest leicht über der gebotenen Zimmerlautstärke lag.

Da der Innenausbau des Blocks noch nicht abgeschlossen war, durften wir uns über den Verlauf des gesamten Arbeitstages hinweg vom Fleiß unserer Mitbewohner überzeugen. Wir lauschten den erbauenden Geräuschen von Kreissägen und Bohrmaschinen, die kein Ende nehmen wollten.

Einige Tage verbrachten wir in der irrigen Hoffnung, dass die Baurülpse von sich aus auf die Idee kämen, früh morgens ein wenig rücksichtsvoller ihren Arbeitsplatz zu betreten. Irgendwann wurde es meiner energischen Gattin zu bunt. In einem Furcht erregenden Tonfall überzeugte sie die Kameraden davon, sich in Zukunft so zu verhalten, wie sie es wünschte. Selbst diese Jungs mit ihrer beschränkten geistigen Aufnahmefähigkeit hatten erkannt, dass es einfach gesünder für sie war, sich nicht weiter mit ihr anzulegen. Das war zumindest ein Teilerfolg, der unsere wohlverdiente Nachtruhe um einige Minuten verlängerte. Die Kerle ließen uns so lange schlafen, bis das gewohnte Gekreisch der Baumaschinen uns aus unseren Träumen holte.

Irgendwann waren die Arbeiten an unserem Block endlich abgeschlossen. Das bedeutete allerdings keinesfalls das Ende der allgemeinen Lärmbelästigung in unserem Wohnumfeld.

Als nächstes hatten wir den Krach zu überstehen, den unsere reihenweise einziehenden neuen Nachbarn verursachten.

Sie schleppten zunächst polternd ihre Möbel die Treppen herauf. Dann bearbeiteten sie die Stahlbetonwände mit Schlagbohrmaschinen, um Regale und Bilder anbringen zu können. Schließlich folgte eine wenn auch kurze Zeit der relativen Ruhe.

Die Plattenbauten waren zwar atombombensicher gebaut, dafür aber umso hellhöriger. Dadurch waren wir ständig gut darüber informiert, was sich in den Wohnungen über und neben uns abspielte.

Unser Obermieter war so freundlich, uns durch die Lautstärke seines Fernsehers permanent darüber zu informieren, welches Programm er gerade ausgewählt hatte. Ein Paar, das direkt über ihm wohnte, ließ uns fortlaufend an seiner keinesfalls in ruhigem Ton ausgetragenen ehelichen Konfliktbewältigung teilhaben. Dank der senkrecht durch alle Wohnungen verlaufenden Heizungsrohre konnten wir den emotional vorgetragenen Dialogen der beiden im Detail folgen. Nebenan wurde regelmäßig gevögelt, sodass ich ab und zu schon ein bisschen neidisch wurde. Aus den deutlich zu hörenden Rammelgeräuschen, die sich jedoch nie sonderlich lange hinzogen, konnte ich schließen, dass der Typ offensichtlich einer von der schnellen Sorte war. Seine Henne gab sich also mit wenig Qualität zufrieden. Das war aber nun wirklich ihr Problem.

Auch die verschiedenen Formen der Kindererziehung lernten wir ausgiebig kennen.

Aus einer der Nachbarwohnungen, in der eine nachwuchsreiche Familie hauste, drang ständiges Gekreisch der fürsorglichen Mutti an unsere Ohren. Die lieben Kleinen waren wohl ein wenig schwerhörig.

Weiter oben gab es eine weitere Familie mit einer Reihe von Bälgern. Dort bevorzugte man eindeutig die Variante der antiautoritären Erziehung. Die Früchte ihrer Lust fegten permanent im Laufschritt durch die Bude, was in Form eines dumpfen, gewitterähnlichen Grollens bis zu uns herab drang. Die nervenstarken Eltern waren der Meinung, dass dem regen Treiben ihres Nachwuchses im Interesse der Persönlichkeitsbildung kein Einhalt zu gebieten sei.

Meine resolute Gattin hatte nicht einmal vor einer Horde rücksichtsloser Bauarbeiter kapituliert. Aber selbst sie sah ein, dass eine gleichzeitige Auseinandersetzung mit allen Nachbarn ein Kampf gegen Windmühlen gewesen wäre. Wir ergaben uns in unser Schicksal und wurden auf unsere Art mit dem Problem fertig.

So oft wie möglich besuchten wir Bekannte meiner Frau, um dem heimischen Stress zu entgehen. Yvonne und Jürgen wohnten in einer Platte ein paar Strassen weiter. Er war Malocher in einer Baufirma und sie Verkäuferin in einem Lebensmittelmarkt. Sie hatten einen Sohn, der sich schnell mit unserem Nachwuchs anfreundete.

Als wir zum ersten Mal zu Besuch bei den beiden waren, wurde ich sofort sehr herzlich aufgenommen. Überhaupt stellte ich bald auch bei anderen Gelegenheiten fest, dass die Thüringer ein sehr aufgeschlossenes Völkchen sind. Von Reserviertheit fand ich keine Spur. Ich wurde sofort als Freund angenommen, obwohl ich ein Wessi war. Es soll ja in Deutschland auch Gegenden geben, wo der Umgang mit Zugezogenen ganz anders gehandhabt wird.

Um mich nicht von meinen neuen Landsleuten abzugrenzen, musste ich eine Reihe von landestypischen Eigenarten annehmen. Das fiel mir aber keinesfalls schwer, ganz im Gegenteil.

Wir Männer unterhielten uns über weltbewegende Bereiche wie Wirtschaft, Politik und Fußball. Unsere weiblichen Pendants schnatterten währenddessen über so wichtige Fragen wie die, welche Bekannte von welchem Typen welches Kind bekommen hatte.

Dazu gab es natürlich reichlich Flaschenbier, was mir ja nun nicht ganz unbekannt war.

An den obligatorischen Braunen musste ich mich jedoch erst noch gewöhnen. Es war ein gar nicht mal übel schmeckendes Gesöff, dass in regelmäßigen Abständen zum Bier serviert wurde. Zu meinem Erstaunen bescherte es mir bei den ersten Konsumversuchen nicht die zunächst befürchtete dicke Birne.

Von der thüringischen Brattradition ließ sich das Plattenvölkchen, zu dem ich ja nun auch gehörte, von keinen äußeren Umständen abhalten. Da das Grillen auf den Balkons unmittelbar die Feuerwehr auf den Plan gerufen hätte, wurde der Roster vor den Eingängen der Sechs- und Elfgeschosser positioniert. Der Familienvorstand hatte sich um das fachgerechte Grillen der Würste und Brätel zu kümmern. Die Tatsache, dass der Rest der Gäste oben in der Wohnung auf das Ergebnis des Grillvorgangs wartete, war für mich eine Art von Gemütlichkeit, die nicht so ganz meinem Geschmack entsprach.

Vor allem am Wochenende sah man überall vor den schmucken Platten einsame Männer vor brennenden Rosten stehen, die mit bloßen Fingern Würste wendeten. Warum dabei nicht praktische Zangen benutzt wurden, wie bei uns in Westfalen, konnte mir niemand schlüssig erklären.

Ich fand meine Erfüllung im Kreisliga-Fußball, zumal ich dadurch auch eine Möglichkeit bekam, eine Reihe neuer Leute kennen zu lernen. Nach einigen Jahren der sportlichen Inaktivität ging ich zweimal in der Woche abends zum Training. Der Platz meines neuen Vereins befand sich am Rande des Ghettos von Jena-Lobeda. Nach der körperlichen Ertüchtigung tankte ich mit meinen neuen Kumpels in der anliegenden Kneipe ein paar Pilsener und wunderte mich dann regelmäßig, dass die Waage zuhause trotz intensiver sportlicher Betätigung keine positiven Veränderungen anzeigte.

Der Samstag gehörte dem Punktspiel. Egal ob Sieg oder Niederlage zu Buche stand, anschließend wurde kräftig gelötet. Später kamen unsere Bräute hinzu, die sich dankbar an den Feierlichkeiten beteiligten. Es gab kaum eine Maid, die ins Glas spuckte.

Zu fortgeschrittener Stunde wechselte die ganze ziemlich angetrunkene Truppe in die „Birke". In den Platten-Ghettos wurde eine ganz eigene Art von Kneipentradition gepflegt.

In verschiedenen Kellerräumen gab es eine Reihe von Studenten-Clubs, in denen ich mich bald heimisch fühlte, und zu denen auch die „Birke" gehörte. Die Schuppen waren am Wochenende meist so überfüllt, dass man nicht selten erst in einer Menschenschlange eine Weile warten musste, bis man eingelassen wurde. Wir standen auf einer Kellertreppe vor unserem Lieblingsclub und warteten mit einer Reihe anderer mehr oder minder geduldiger Zeitgenossen darauf, dass die ersten Besoffenen den Schuppen wieder verließen, um uns Platz zu machen.

An die Ossi-Tradition des Schlangestehens konnte ich mich nie wirklich gewöhnen. Erst in späteren Jahren, als die Anzahl der Kneipen in Jena langsam zugenommen hatte, verteilte sich das vergnügungswillige Publikum auf die verschiedenen Etablissements. Lange Wartezeiten vor den gastronomischen Einrichtungen waren dann endlich nicht mehr vonnöten.

Waren wir irgendwann eingelassen worden, mussten wir uns durch die völlig überfüllten Gänge zur Theke durchkämpfen, um uns erst einmal mit dem begehrten Schluckvorrat einzudecken.

Die Räume waren extrem niedrig, sodass man Gefahr lief Platzangst zu bekommen. An eine angemessene Belüftung oder gar eine Klimaanlage war überhaupt nicht zu denken. Da von den meisten Vergnügungssüchtigen gequalmt wurde, was das Zeug hielt, konnte man die Luft beinahe schneiden. War man nicht vom Suff benebelt, dann auf jeden Fall von der allgegenwärtigen Nikotinwolke. Das Publikum wurde also förmlich durch die Rahmenbedingungen dazu gezwungen, im Alkoholkonsum eine zügige Schlagzahl vorzulegen. Hatte man erst einmal einen gewissen Pegel erreicht, ließ es sich in dem Schuppen ganz gut aushalten.

Die Gäste kamen aus allen Gesellschaftsschichten.

In den ersten Jahren traf man eine Reihe von Typen, die noch mit den zonigen, verwaschenen Jeanshosen und Jacken ausgestattet waren. Dazu trugen sie die im Westen schon lange aus der Mode gekommenen Fokuhilas. Gemeint ist damit ein relativ kurz geschorenes Haupthaar auf dem Schädel mit einer ätzenden Matte im Nacken, also vorne kurz und hinten lang.

Es gab auch Kerle, die den Eindruck erwecken wollten, dass sie wirtschaftlich schon ganz gut vorangekommen waren. Sie versuchten, ihre monetären Verhältnisse durch ihr Outfit nach außen zu dokumentieren. Ob sie die teilweise recht teuren Klamotten, die sie zur Schau trugen, auf Pump erstanden hatten oder sich wirklich leisten konnten, war nicht immer eindeutig zu ermitteln. Darüber hinaus lernte ich den einen oder anderen nervenden Loser kennen, der es sich nicht nehmen ließ, ständig eine Kippe oder ein Glas Bier zu schnorren.

Unter den anwesenden Vertretern des schönen Geschlechts gab es neben sehr ansehnlichen Exemplaren, die mir durchaus als flachlegenswert erschienen, auch die langweiligen blonden Friseusen-Einheitstypen mit dem für ihren Stand charakteristischen hoch typisierten Haar.

Ich genoss immer den hohen Unterhaltungswert, den die Betrachtung der verschiedenen Publikumsvarianten darstellte. Besonders amüsierten mich die besoffenen Verlierer, die sich an einem Glas Sprit festhaltend am Rande der Tanzfläche standen. Dabei starrten sie mit glasigem Blick den sich zum Rhythmus der Musik aufreizend bewegenden Torten auf die Titten. Sie wunderten sich, dass keines der in ihrer Phantasie wahrscheinlich schon längst vernaschten Opfer ihnen voller Geilheit um den Hals fiel. Zwangsläufig wird die einzige sexuelle Erfahrung, die diese Spaßbremsen machen durften, aus monotonem Handbetrieb bestanden haben. Sie hatten nicht ein einziges Abschlussgespräch erfolgreich auf die Reihe bekommen.

Es dauerte meist bis in die frühen Morgenstunden, bis wir unser alkoholisches Klassenziel erreichten. Dabei kam es eher selten vor, dass jemand aus der Corona vorzeitig versagte. Schließlich waren auch die Mädels in beständigem Sauftraining.

Die holde Weiblichkeit vergnügte sich anfänglich auf der Tanzfläche. Der Gesprächshorizont meiner Kumpels und mir beschränkte sich auf die Auswertung des gerade absolvierten Punktspiels und die individuellen Leistungen der Mannschaftskameraden. Diese Analyse wurde allerdings weniger durch objektive Aspekte bestimmt, als vielmehr durch die rosarote Brille, mit der jeder seine eigene Leistung darzustellen versuchte. Man wollte ja unbedingt am nächsten Wochenende vom Coach, der fleißig mit soff, wieder aufgestellt werden.

Ging die Dröhnung nicht schnell genug, wurde sie mit der einen oder anderen Runde Kümmerling beschleunigt. Hatten auch die Zechkumpaninnen einen entsprechenden Pegel erreicht, ging die allgemeine Balztätigkeit los.

Die Zutraulichkeit, mit der die weibliche Corona in ihrer überwiegenden Mehrheit ausgestattet war, erfüllte mich stets mit leicht benebelter Freude. Appetit holt man sich woanders, gegessen wird zuhause. Meine Frau und ich hielten uns mehr oder weniger daran. Die Beziehungsallianzen bei unseren Bekannten wechselten allerdings öfters.

In der „Birke" gaben sich ab und zu auch einige Größen des Jenaer Fußballs recht volksnah. Die Profis des FC Carl Zeiss spielten zu der Zeit immerhin in der zweiten Liga und gaben für einige Jahre dort auch ein ziemlich ansprechendes Bild ab.

Die Herren Profi-Fußballer nahmen jedoch ihren Job genau wie ihre Kollegen aus anderen Branchen unterschiedlich ernst. Obwohl sie vielleicht ähnlich talentiert waren, zeigte ihr differierender Werdegang in späteren Jahren, dass ein angemessener Lebenswandel unabdingbar für den sportlichen Erfolg ist.

Einer der Jungs, mit denen wir damals ab und zu an der Theke standen, ist Nationalspieler und schließlich Vize-Weltmeister geworden. Einige seiner Mannschaftskameraden gingen aber von der irrigen Annahme aus, dass alkoholische Exzesse ihren körperlichen Fähigkeiten keineswegs abträglich seien.

Die Tatsache, dass sie in ihrer späteren sportlichen Laufbahn nach dem unrühmlichen Abstieg des FC Carl Zeiss nie wieder über das Regionalliga-Niveau hinauskamen, zeigt, dass sie sich ein wenig verkalkuliert hatten.

Da unsere Nachbarn in unserer heimischen Platte auch nicht gerade rücksichtsvoll mit uns umgingen, beschlossen wir, meinen Geburtstag in unserer Wohnung zu feiern.

Zunächst hatten wir die geladenen Gäste auf die engsten Bekannten beschränkt. Bei einer der Birke-Partys ließ ich mich jedoch in geistiger Umnachtung dazu hinreißen, den größten Teil meiner Fußballmannschaft mit Anhang einzuladen.

Unsere Vierraumwohnung war ja nicht gerade klein. Die beinahe fünfzig geladenen Gäste sprengten letztlich dann doch den Rahmen.

Die Musik-Anlage hatten wir zunächst noch auf Zimmerlautstärke gestellt. Die Geräuschkulisse, die von den Gesprächen der Festgäste verursacht wurde, nahm mit der Zeit beständig zu. Dafür sorgten der kontinuierlich ansteigende Promillepegel und die damit verbundene stetig zunehmende Schwerhörigkeit der Feiernden. In Folge dessen wurde auch der Sound immer weiter aufgedreht. Ob sich irgendeiner der Nachbarn beschwert hat, kann ich nicht sagen, da wir die Klingel sowieso nicht gehört hätten.

Die Bude sah am nächsten Morgen aus wie ein Schlachtfeld. Dafür wurde von der kleinen Festivität noch Monate danach mit größter Bewunderung gesprochen, nachgeahmt wurde sie jedoch in diesem Ausmaß nie. Durch den so betriebenen Aufbau zwischenmenschlicher Beziehungen, fühlte ich mich schon nach einigen Monaten in meiner neuen Heimat wie zuhause.

Zu den Segen der freien Marktwirtschaft, die dem Osten nach der Maueröffnung zügig zuteil wurden, gehörten auch die zahlreich überall aus dem Boden sprießenden Einkaufscenter. In diesen Konsumtempeln wurde dem Ossi nach vierzig entbehrungsreichen Jahren erstmals wieder die lang entbehrte Produktvielfalt des Westens feilgeboten. Wir hatten das zweifelhafte Vergnügen, die Entstehung eines solchen Einkaufsparadieses direkt vor unserer Haustür in allen Bauphasen verfolgen zu dürfen.

Zunächst wurde eine enorme Baugrube für die geplante Tiefgarage ausgehoben. Dazu mussten mit Hilfe eines riesigen Kettenfahrzeugs meterlange Stahlstreben in den Boden gerammt werden. Sie sollten die fertig gestellte Grube vor dem Einsturz der Seitenwände schützen. Die Eisenketten des tonnenschweren Fahrzeugs zerstörten die nagelneue Strasse vor unserer Haustür vollständig. Das war aber noch nicht das Schlimmste an der Angelegenheit. Das hämmernde Geräusch des Rammvorgangs brachte uns an den Rand des Wahnsinns und die Gläser in unseren Schränken zunächst zu einem klirrenden Konzert und dann zum Umsturz.

Als danach die acht Baukräne aufgebaut waren und das Gebäude langsam in die Höhe wuchs, konnten wir in unserem Schlafzimmer den Strom sparen.

Rund um die Uhr wurde malocht, und das starke Licht der zahlreichen Baulampen erleuchtete unser Ehebett taghell.

Wir wollten aber auf keinen Fall über Monate auf die Freuden des Beischlafs verzichten. Um zu verhindern, dass wir den Kollegen von der Kran führenden Zunft durch den Anblick unserer verschiedenen Turnübungen unfreiwillig Nachhilfeunterricht in der ehelichen Zweisamkeit erteilten, versahen wir das Schlafzimmerfenster mit einem undurchsichtigen Rollo.

Das surrende Geräusch der unablässig betätigten Kranwinden und das wenig erbauende Konzert der übrigen bautechnischen Nebengeräusche veranlassten uns in der Regel dazu, das Liebesspiel solange auszudehnen, bis wir völlig erschöpft in einen komaähnlichen Schlaf verfielen. Dadurch nahmen wir den erbärmlichen Krach nicht mehr wahr.

Leider waren auch unsere körperlichen Reserven nicht unerschöpflich, sodass wir über Monate nicht zu einer angemessenem Ruhezeit kamen. Auch die Mietminderung von dreißig Prozent, die ein gewitzter Anwalt für unseren gesamten Block durchsetzte, konnten uns dafür nicht entschädigen.

Als das verdammte Einkaufscenter endlich fertig gestellt war, wurde der Baulärm durch das Summen der Kühlanlage ersetzt, die alle Vorräte des neuen Lebensmittelmarktes im Erdgeschoss frisch hielt. Dazu kam der Motorlärm der auch in der Nacht zahlreich ankommenden LKWs, die die verschiedenen Märkte des Centers mit Nachschub versorgten. Zu unserem persönlichen Glück gehörte es, dass sich die Laderampe direkt vor unserem Schlafzimmerfenster befand.

Das Maß war voll, und wir schauten uns nach einer anderen Wohnung um.

Jan stellte uns wieder einen seiner LKWs zur Verfügung, nur fuhr ich dieses mal das Ding selbst. Ich hätte jedoch beim Beladen des Fahrzeugs jemanden fragen sollen, der sich mit so einer Tätigkeit auskennt. Ich hatte die Kraft des Fahrtwindes deutlich unterschätzt, der auf die Möbel einwirkte, die wir so gut wie möglich auf der offenen Ladefläche verstaut hatten.

Bei einer der zahlreichen Fahrten von der alten zu unserer neuen Wohnung beobachtete ich im Rückspiegel, wie sich die Platte unseres Küchentisches selbstständig machte. Sie segelte von der Ladefläche auf die zweispurige Schnellstrasse, die wir gerade befuhren. Dabei verfehlte sie nur knapp die Motorhaube des hinter uns fahrenden Autos.

Ich sammelte das verlorene Stück wieder ein, das durch die unsanfte Landung auf dem Asphalt einige tiefe Kratzer abbekommen hatte. Diese kaschierten wir dann, indem wir die Tischplatte mit einem schicken Deckchen versahen.

Die neue Wohnung lag in einem anderen Platten-Ghetto relativ abseits von der Hauptstrasse.

Direkt gegenüber von unserem Bau befand sich eine Reihe von Sechsgeschossern, die uns vor dem Verkehrslärm der Erlanger Allee schützten.

Vor den Eingängen unserer neuen Heimstatt befand sich eine großflächige

Wiese. Die Eingangsfront zu den gegenüberliegenden Blocks lagen zur Hauptstrasse, sodass wir auf deren Rückseite schauten und von unserem Küchenfenster aus das Treiben auf den Balkons gegenüber bestens beobachten konnten.

Dabei fiel mir in der Folgezeit besonders ein Rentnerehepaar auf, das fast den ganzen Tag damit verbrachte, auf dem Balkon sitzend in die Gegend zu starren. Diese sicher abwechslungsreiche Freizeitgestaltung wurde nur alle paar Tage von dem gemeinsam ausgeführten Ritus unterbrochen, die Wäsche auf oder abzuhängen. Dazu spannte der alte Herr akkurat eine Wäscheleine zwischen den in die Wiese eingelassenen Eisenstangen und reichte dann seiner Frau die Kleidungsstücke an, die diese penibel an der Leine befestigte.

Offensichtlich konnten sie das Gefühl der Langeweile nicht ganz verhindern. Um sich ein wenig Abwechslung zu verschaffen, traktierten sie unsere Söhne und deren Kumpels mit lautstarken Hinweisen darauf, dass das Fußballspielen auf dem Rasen sie stören würde und außerdem verboten sei.

Ich sagte den Jungs, dass sie das senile Gequatsche getrost ignorieren könnten. Das brachte mir zwar Sympathiepunkte bei der Jugend ein, löste aber das Problem für die Kids nicht, ganz im Gegenteil. Der verbitterte alte Sack hatte nichts Besseres zu tun, als eine Eingabe bei der Hausverwaltung zu machen. Damit erreichte er, dass ein offizielles Schild aufgestellt wurde, auf dem Ballspiele aller Art auf dem Rasen verboten wurden.

Später fiel mir auf, dass unsere Jungs in anderen Blocks durchaus Leidensgenossen hatten, denn das Schild war in den Plattensiedlungen nicht das einzige seiner Art. Offenbar war man von offizieller Seite der Meinung, dass unser Nachwuchs seine Ballspiele in die elterlichen Wohnungen, in denen ja ausreichend Platz dafür vorhanden war, verlegen sollte. Hatte ich in der ersten Zeit noch einiges Mitgefühl mit den einsamen alten Leuten aufgebracht, änderte sich das durch dieses Ereignis schlagartig. Dabei schwor ich mir, dass ich nicht auch so enden wollte, wie die beiden unsympathischen Vertreter der Seniorenkaste. Wer mangels ausreichender Rente gezwungen wird, sein Dasein bis zu seinem Ableben in einer Ghetto-Wohnung zu fristen, kann offensichtlich auch ein wenig böse werden.

Unser Balkon lag auf der Rückseite unseres Blocks, von dem man einen herrlichen Blick auf die schöne Autobahn hatte. Außerdem konnten wir von dort den Verkehrslärm in vollen Zügen genießen.

Am frühen Abend hatten wir alle Möbel und Kisten eingeräumt. Als ich mir gerade eine Flasche Bier aufgemacht und mich auf dem Sofa im Wohnzimmer niedergelassen hatte, um mir zur Entspannung im Fernsehen ein Fußballspiel anzuschauen, machte ich eine erste Bekanntschaft mit einem unserer neuen Nachbarn.

Ich schaute zufällig zu der offen stehenden Balkontür, als ich meinte, eine Begegnung der dritten Art zu erleben. Ein bebrillter Schädel lugte um die Mauer herum, die unsere Balkons voneinander trennte. Ich habe ja grundsätzlich nichts gegen gute Nachbarschaft, aber wenn ich in meiner Intimsphäre gestört werde, sehe ich mich gezwungen, rechtzeitig Grenzen aufzuzeigen.

Herr Schulze, ein älterer Herr, der sich später noch als recht nett herausstellen sollte, begann ungefragt sich mir vorzustellen. Ich beendete seine Rede abrupt mit einem Wutanfall, der sicher auch aufgrund meiner durch den Umzug überstrapazierten Nerven etwas zu heftig ausfiel. Unser Verhältnis normalisierte sich aber ein paar Tage später wieder, als er sich mit einem Fläschchen Braunen als Präsent bei mir entschuldigte.

Die übrigen Nachbarn schätzten wir anfänglich als recht akzeptabel ein.

Auf der vor unserem Eingang liegenden Wiese feierten wir eine Einweihungsparty. Dazu bauten wir einige Biergarnituren auf und löteten ordentlich, nachdem wir uns die landestypischen Bratwürste einverleibt hatten. Zu fortgeschrittener Stunde fasste ich in einem Anfall von alkoholisierter Enthemmung einer der Nachbarinnen im Beisein ihres Mannes an ihre monströsen Melonen. Das zunächst viel versprechende Verhältnis zwischen den Mietparteien kühlte sich aufgrund meiner manuellen Entgleisung in der Folgezeit doch merklich ab.

Über uns wohnte eine Prolo-Familie, mit der wir mehrfach empfindlich aneinander gerieten.

Es begann damit, dass die Vorsteherin des Clans, die selbstredend blond war, am Tag mehrfach die Badewanne voll laufen ließ. Eigentlich wäre das ihre Sache gewesen. Da wir aber den Wasserverbrauch aller Wohnungen anteilig bezahlen mussten, trieb uns ihr Badeverhalten eine beachtenswerte Zornesröte ins Gesicht.

Als meine Frau sie darauf ansprach, reagierte sie mit wenig Einsicht. Wir waren machtlos und ergaben uns in unser Schicksal. Das Verhältnis zu ihr, das sowieso schon nicht das Harmonischste gewesen war, wurde daraufhin noch frostiger.

Eine weitere Eskalation des nachbarschaftlichen Miteinanders erlebten wir an einem Sonntagmorgen, nachdem wir am Vorabend in der „Birke" wieder bis in die frühen Morgenstunden gefeiert hatten. Die Sonne schien herrlich. Ich ging auf unsere Balkontür zu, um die frisch gewaschene Wäsche abzunehmen, die meine Frau am Vortag auf einen Trockenständer aufgehängt hatte. Als ich die Flecken auf der Glasscheibe der Balkontür entdeckte, glaubte ich zunächst, dass ich noch vom Suff benebelt unter Halluzinationen litt. Ein genaueres Hinsehen ließ mich jedoch schnell das gesamte Ausmaß der Sauerei erkennen.

Wie sich kurz darauf herausstellte, hatte der sechzehnjährige Sohn unserer Obermieterin am Vorabend mit einigen Kumpels seinem zarten Alter unangemessen exzessiv gezecht. Offensichtlich hatte er die Kontrolle über seinen Mageninhalt verloren. Statt ins Klo zu kotzen, wie es jeder erfahrene Säufer zu tun pflegt, hatte er von dem über uns liegenden Balkon aus eine nicht unbeachtliche Menge unverdauter Speisereste auf unsere Balkonbrüstung erbrochen.

Die Kotze muss beim Aufprall noch ziemlich resistent gewesen sein. Aus der Tatsache, dass die Sauerei sich nicht nur über unsere gesamte Wäsche verteilt, sondern bis an die Balkonscheibe gespritzt war, schloss ich, dass sie förmlich explodiert sein musste. Unter anderen Umständen hätte ich das für eine reife Leistung gehalten.

Als mein Weibchen die Schweinerei erblickte, schoss sie wie eine Furie die Flurtreppe hoch und hämmerte gegen die Wohnungstür unserer Intimfeindin. Diese hatte von dem ganzen Drama natürlich keine Ahnung gehabt. Aus den blumigen Schilderungen der Sauerei durch meine Frau schloss sie aber sofort messerscharf, dass der Verursacher nur ihr missratener Sohn gewesen sein konnte. Trotzdem bekam sie die komplette Breitseite von meiner aufs Äußerste erregten Gattin ab.

Da es ihr unmöglich war, ihren versoffenen Sohn aus dem komatösen Zustand aufzuwecken, in dem er sich zu dem Zeitpunkt immer noch befand, blieb ihr selbst der Gang nach Canossa vorbehalten. Unter den hämischen Kommentaren meiner sich nur langsam abregenden Gattin versuchte sie, den Balkon und die Scheibe der Tür wieder einigermaßen in den Urzustand zu versetzen. Danach brach endgültig die Eiszeit in unserem nachbarschaftlichen Verhältnis an.

Im Familienrat beschlossen wir einstimmig, dass unsere Zeit in den Jenaer Ghettos so schnell wie möglich ein Ende haben musste. Die Freuden des nach- barschaftlichen Miteinanders wollten wir in Zukunft dann doch auf einem etwas höheren Niveau genießen.

Strukkis

Das Studium lief schleppend.

Ich saß in den Seminaren an der altehrwürdigen Jenaer Uni und bekam vor Staunen den Mund nicht wieder zu. Hier kam ich mir vor, als wäre ich aus der Grundschule direkt an die Hochschule gekommen. Das Studium, das ich in Bonn nach dem Minimalprinzip betrieben hatte, konnte ich getrost in die Tonne treten. Die Kommilitoninnen in den Grammatik-Seminaren führten mir durch ihr Wissen vor Augen, dass ich ein ganz kleines Licht war.

In Bonn hatte ich mich hauptsächlich um eine ausgewogene Freizeitgestaltung gekümmert. Hier büffelten die alten Jungfern offensichtlich stattdessen lieber in ihren Wohnheimen.

Bei der grammatikalischen Analyse von für mich völlig unverständlichen Schachtelsätzen musste ich kapitulieren. Angesichts der Tatsache, dass meine hervorragend vorbereiteten Kommilitoninnen keinerlei Probleme mit den von den Dozenten gestellten Aufgaben hatten, steigerte sich mein Frust von Woche zu Woche.

Die Maueröffnung war erst knapp zwei Jahre her. Die Mädels, die hier saßen, hatten sich noch zu Zonenzeiten mit absoluten Bestnoten das Abitur und die Studienberechtigung erstreiten müssen. Diese vorbildliche Einstellung zu konzentrierter und kontinuierlicher Lernarbeit konnte ich einfach nicht aufbringen. Ich war durch das Lotterleben in Bonn völlig versaut.

Jeder Plattenbaubewohner machte früher oder später die Bekanntschaft mit unseren Freunden von der Zunft der Versicherungsverklopper. In der Anfangsphase der neu erlebten freien Marktwirtschaft schwemmte aus dem Westen neben durchaus qualifizierten Verkäufern auch eine Horde von Versagern über die offene Grenze in die Ghettos im Osten. Wer im Westen keinen Erfolg gehabt hatte, fuhr dafür jetzt die Geld bringenden Unterschriften der unerfahrenen Ossis auf den bunten Formularen gleich stapelweise ein.

Hatte der Ossi am Vormittag noch einen Vertrag bei der Hagen-Mülleimer abgeschlossen, wurde er am Nachmittag vom netten Herrn der Viktualia davon überzeugt, dass er mit dessen Tarif viel besser bedient sei. Der gutgläubige Trottel von Kunde widerrief seinen Vertrag vom Vormittag und ritzte bei der neuen Truppe den nächsten Kontrakt.

Die netten Herren aus dem Westen suchten sich unter der ostdeutschen Stadtbevölkerung schnell hervorragend qualifizierte Fachkräfte. Die fleißig rekrutierten neuen Mitarbeiter zeichneten sich in erster Linie dadurch aus, dass sie dem schnell wachsenden Heer der Arbeitslosen angehörten. So kamen Großküchenhilfskräfte genauso wie Ingenieur-Ökonomen oder Diplom-Philosophen in die Welt der Hochfinanz. Sie sollten dabei helfen, die nach neuen Versicherungen lechzenden Ossis zu befriedigen.

Um dem angehenden Star-Verkäufer aus dem Osten zu demonstrieren, wie man seine Landsleute rhetorisch zu dem gewünschten Ergebnis bringt, musste sein westdeutscher Ausbilder es erst einmal vormachen. So kam es nicht selten vor, dass zwei völlig unterschiedliche Gestalten unangekündigt vor der Tür standen.

Der eine hatte das ewige Grinsen im Gesicht, beherrschte jede Labertechnik perfekt und malte das Bild einer goldenen Zukunft für alle Ossis. Er trug in der Regel einen korrekten schwarzen Anzug mit weißem Hemd und modischem, knallbuntem Binder.

Der andere stand nicht selten mit eingefallenen Schultern da, quetschte sich gequält ein Lächeln aus der Visage und machte eher den Eindruck, als müsse er sich für seine Anwesenheit entschuldigen. Seine Bekleidung bestand nicht selten aus einem rosa, lila oder hellgrünen Jackett mit buntem Hemd und Lederkrawatte.

Wer einigermaßen klar im Kopf war, ließ diese Schiessbudenfiguren ganz schnell wieder abtreten. Die meisten Ossis waren aber anfänglich nicht in der Lage, das auch zu erkennen.

Das Haustürgeschäft mit den unangemeldet klingelnden Verkaufsgenies florierte nur in den ersten Monaten relativ reibungslos. Je öfter der Ossi in seiner Ruhe gestört und von neuem darüber aufgeklärt wurde, welchen Scheiß er einige Stunden zuvor abgeschlossen hatte, je genervter wurde er. Hatte er anfänglich noch bereitwillig die Tür geöffnet und die freundlichen Herren sogar ins Wohnzimmer vorgelassen, ließ er sich jetzt immer häufiger verleugnen oder machte die Wohnungstür erst gar nicht mehr auf.

Eine regelrechte Panik vor den Klingelmännchen griff um sich. Sie wurde auch dadurch verstärkt, dass man sich auf der Arbeitsstelle oder am Wochenende im Garten bei der obligatorischen Bratwurst über seine Erfahrungen mit dem neuen Segen aus dem Westen austauschte. In Folge dieses Emanzipationsprozesses stagnierten die Verkaufszahlen schließlich. Man musste sich in den Führungsetagen der Versicherungskonzerne etwas einfallen lassen, um das lahmende Pferd wieder zum Rennen zu bringen.

Da trat der Ossi-Verkäufer auf den Plan. Er wurde zu dem Zweck rekrutiert, um sein näheres Umfeld voll zu labern. Ein unangemeldeter Überfall auf die Plattenbaubewohner war nun nicht mehr nötig. Der neue Verkäufer lebte ja selbst in einer dieser Wohnungen. Mit dem entsprechenden Vertrauensvorschuss, dessen er sich sicher sein konnte, war es für ihn kein Problem, in die Wohnzimmer derer vorgelassen zu werden, die ihn gut kannten. Eine neue Runde im Verkaufskarussell war eingeläutet.

Iris war eine Freundin meiner Frau. Die beiden hatten sich in der Stadt beim Einkaufen getroffen. Bei der Gelegenheit erzählte sie meinem Weibchen von einer fantastischen Firma, die überhaupt nichts mit dem herkömmlichen Versicherungsverkauf zu tun habe. Vielmehr sei dieses Unternehmen völlig unabhängig und könne dem Ossi den finanziellen Segen und die optimale Absicherung verschaffen, die dieser verdient habe. Im Westen kämen die Leute schon seit Jahren in den Genuss dieser hervorragenden Dienstleistung.

Da man den Ansturm williger Kunden überhaupt nicht mehr bewältigen könne, würden dringend intelligente und redegewandte Mitarbeiter gesucht. Iris selber sei seit einiger Zeit dabei und verdiene mittlerweile einen Haufen Kohle und das bei relativ wenig Zeitaufwand.

An einem der nächsten Abende würde eine Unternehmensvorstellung in der Jenaer Niederlassung dieser Firma stattfinden. Dazu käme der Chef aus dem Westen extra angereist. Wir sollten uns das auf keinen Fall entgehen lassen. Völlig begeistert berichtete meine Frau mir von dem viel versprechenden Gespräch mit ihrer Freundin.

Viel Kohle, wenig Arbeit, genau das Richtige für mich, dachte ich spontan. Zum Studium war ich sowieso nur noch mittelmäßig motiviert, sah aber durchaus die Möglichkeit zweigleisig zu fahren. Also warum sollten wir uns den Laden nicht mal von Innen zu Gemüte führen?

Wir schmissen uns an dem Abend des Events erwartungsvoll in Schale. Der Branche entsprechend trug ich eine dunkle Kombination mit weißem Hemd und passender Krawatte. Meine Gattin erschien in einem schicken Kostüm.

Den Eingang zu dem Büro, in dem die Veranstaltung stattfinden sollte, konnten wir nicht auf Anhieb finden, da er sich ziemlich versteckt in einem Hinterhof befand. Unerfahren wie wir nun mal waren, dachten wir uns dabei weiter nichts. Als wir unsere Suche schließlich erfolgreich abgeschlossen hatten, stiegen wir eine schäbige, uralte Treppe in den ersten Stock des baufälligen Kastens hinauf. Die knarrende Steighilfe hätte dringend einer Grundreinigung bedurft.

Wir wurden freudig von Iris begrüßt, die uns dann ihrem Führungs-Heini vorstellte. Herr Köchel kam auch aus dem Westen und hatte diese Außenstelle seit der Maueröffnung akribisch aufgebaut.

Ich schaute mir erst einmal die übrigen Gestalten, die hier erschienen waren, etwas näher an.

Ein älteres Ehepaar, Herr und Frau Unger, drückten sich jeweils mit einem Glas Orangensaft in der Hand in einer Ecke herum und beobachteten unsicher das Geschehen. Sie waren so gekleidet, wie sie es offensichtlich für angemessen hielten.

Der Rock und die Bluse, die sie für diesen Abend ausgewählt hatte, entsprachen zwar nicht der neuesten Mode, passten aber noch einigermaßen hierher. Dagegen trug er nach meiner Vermutung seinen Jugendweihe-Anzug, der ihm mindestens zwei Nummern zu klein war. Auch die Krawatte, die er unfachmännisch um den Kragen eines Polo-Hemdes geknotet hatte, stammte aus grauer Vorzeit.

Herr Greifer war wie Herr Unger nur noch wenige Jahre vom Rentenalter entfernt. Er trug ein mit allerlei bunten Blumen verziertes, völlig ätzendes Hemd.

Für ein Jackett hatte er offensichtlich nicht das nötige Kleingeld aufbringen können. Dafür hatte er irgendwo noch eine schmale Lederkrawatte aufgetrieben, die sein Erscheinungsbild noch fataler gestaltete.

Unter seinem rechten Arm klemmte eine uralte Aktentasche, in der er wahrscheinlich eine Thermoskanne und ein Pausenbrot verstaut hatte. Er nippte beständig an einem Sektglas.

Als ich ihm zur Begrüßung die Hand gab, roch ich eine beeindruckende Standarte, die darauf schließen ließ, dass der Sekt nicht das erste alkoholische Getränk des Tages für ihn gewesen sein konnte. Sein völlig schlaffer und leicht feuchter Händedruck verursachte mir eine Gänsehaut.

Außer diesen traurigen Gestalten, die uns doch ziemlich an den blumigen Schilderungen von Iris zweifeln ließen, gab es hier aber auch eine Reihe von jung-dynamischen Verkäufertypen. Ihr entschlossenes und offenes Auftreten ließ mich wieder etwas optimistischer werden.

Friedel war ein etwas zu kräftig gebauter, hoch aufgeschossener Kerl mit blonden Locken. Er war schon eine Weile dabei und hatte einige der anwesenden viel versprechenden Verkaufstalente eingeladen. Er wollte sie in seine eigene Struktur einbauen, um an deren Umsätzen mitzuverdienen. Schon vor Beginn der Veranstaltung schwärmte er von den phantastischen Verdienstmöglichkeiten, die uns in diesem tollen Unternehmen erwarten würden.

Herr Papenheim war der so genannte Direktor des ganzen Vereins. Er war in der Hierarchie noch ein paar Stufen über Herrn Köchel und wurde von allen nur Papi genannt, weil er so ein väterlicher Typ war. Er verbreitete schon im Vorfeld des mit viel Spannung erwarteten Ereignisses beste Laune unter den kommenden Millionären. Er lachte viel und munterte die alten Hasen, die sich um ihre neu geworbenen Schäfchen scharten, mit allerlei Zoten auf.

Wir standen bei Iris, als Papi zu uns herüberkam.

Er trug einen teuren schwarzen Anzug mit einem weißen Hemd, dessen Kragenspitzen unter dem Knoten der knallbunten Krawatte mit einer goldenen Nadel zusammengehalten wurden. In der Brusttasche des Jacketts leuchtete ein Einstecktuch im gleichen Muster wie das der Krawatte. Er war ein Kerl wie ein Baum und strahlte vermutlich nicht nur wegen seiner überragenden Statur ein unerschütterliches Selbstbewusstsein aus.

„Ich habe gehört, dass Sie wie ich auch nicht von hier sind," sagte er, während er meine Frau und mich mit einem entschiedenen Händedruck begrüßte. Ohne dass mir klar war, worauf er hinaus wollte, bestätigte ich seine Äußerung.

„Na, dann wollen wir unseren Landsleuten hier im Osten mal helfen, die Wirtschaft wieder in Schwung zu bringen. Sie werden hier einzigartige Möglichkeiten haben, wenn sie wirklich wollen", ließ er uns noch viel sagend wissen. Dann wandte er sich auch schon wieder von uns ab, um die nächsten erwartungsfrohen Verkäufer der Zukunft zu begrüßen.

Der Schulungsraum war mit länglichen, cremefarbenen schmalen Tischen ausgestattet, die in sechs Reihen hintereinander aufgestellt waren. Wir nahmen in einer der hinteren Reihen auf bequemen Stühlen Platz, die bestimmt nicht billig gewesen waren. Der Raum füllte sich langsam.

Als Herr Köchel die gespannten Zuhörer begrüßte, waren aber noch einige Stühle unbesetzt.

Dann übernahm Papi das Ruder. Reden konnte der Kerl, dass merkte ich sehr schnell.

Er berichtete von der rasanten Entwicklung der Firma, zu der wir ab heute gehören würden. Dann verkaufte er uns Anfängern, dass wir hier im Osten einen völlig unterversorgten Markt mit enormen Wachstumschancen hätten. Unsere zukünftigen Kunden würden nur auf unsere Heil bringende, unabhängige Beratung warten. Die gewissenlosen Verklopper aus der Ausschließlichkeit der Versicherungsbranche hätten hier verbrannte Erde hinterlassen, sodass wir mit unseren fantastischen Auswahlmöglichkeiten, die wir mit Hilfe unserer Firma hätten, unseren Kunden optimale Produkte anbieten könnten. Für alle hätten wir nur das Beste zu bieten. Meine zukünftigen Kollegen schienen genauso überzeugt zu sein wie wir. Bis dahin herrschte gespannte Stille im Publikum.

Papi setzte dann noch einen drauf, indem er auf die horrenden Verdienstmöglichkeiten zu sprechen kam, die uns in den nächsten Wochen und Monaten erwarteten. Er warf mit Hilfe eines Tageslichtprojektors Bilder an die Wand hinter ihm, auf denen Provisionszahlen standen, die mir ein gewisses Schwindelgefühl verursachten. Diese Einkommenszahlen wurden dann noch einmal potenziert durch den von uns anzustrebenden Strukturaufbau, der uns dazu anhalten sollte, neue Mitarbeiter zu werben, an deren Umsätzen wir reichlich mitverdienen könnten.

„Wenn ich mit meiner Frau in den Urlaub fliegen will", ließ er uns faszinierte Ossis wissen, „dann packe ich überhaupt keine Klamotten mehr ein. Wir fahren einfach zum Flughafen und lassen uns von den Zielen auf der Flugtafel inspirieren. Dann frage ich meine Frau, wohin sie gerne möchte. Nachdem wir uns für ein Ziel entschieden haben, werden die Sachen neu eingekauft, die wir dort benötigen werden. Warum soll ich Bergsteigerschuhe einpacken, wenn wir letztlich nach Hawaii fliegen. Das ist finanzielle Unabhängigkeit, meine Damen und Herren", tönte er.

Für meinen Geschmack klang das schon ein wenig bescheuert. Warum soll ich mich bei jedem Urlaub neu einkleiden, fragte ich mich und beobachtete die Reaktion meiner Frau.

Sie schaute mich an und zog eine Augenbraue leicht hoch. Wir waren uns in dieser Angelegenheit offensichtlich einig.

Vielleicht war die Story etwas dick aufgetragen. Wenn aber die Verdienstmöglichkeiten, die er uns hier in den buntesten Farben ausmalte, nur annähernd realistisch waren, dann stand unserer goldenen Zukunft nichts mehr im Wege.

„Ja, aber was ist, wenn die Kunden nicht wollen?" Mit diesem unaufgeforderten Einwand drohte eine ältere Schachtel aus der zweiten Reihe die von Papi so professionell erzeugte Wallfahrtsstimmung im Raum zu kippen.

„Das ist eine gute Frage." Papi blieb ganz ruhig und demonstrierte eindrucksvoll seine perfekte Beherrschung der Einwandbehandlung, die wir erst noch lernen sollten. „Glauben Sie im Ernst, dass irgendjemand hier in Jena nicht weniger für seine Versicherungen bezahlen möchte, wenn Sie ihm zeigen, wie das geht?"

Das Thema war durch. Die Alte bereute offenbar schon den Zweifel an ihrem Erfolg, dem eigentlich nichts mehr im Wege stehen dürfte. Sie sackte in ihrem Stuhl ein wenig zusammen und hielt sich in der Folgezeit geschlossen.

„Ja, aber woher sollen wir denn unsere Kunden bekommen?" Jetzt war es Herr Greifer, der sich ein Herz fasste.

So wie du aussiehst, kannst du maximal im Sozialamt auf Suche gehen, dachte ich bei mir. Das wäre allerdings eine wenig professionelle Reaktion gewesen.

Papi zeigte uns allen, dass es immer eine passende Antwort gab. „Sie kennen mehr Leute, als sie glauben. Ihre Führungskräfte werden sie dabei unterstützen, so erfolgreich zu werden, wie sie es sich erträumen."

Der Prolet gab sich aber damit noch nicht zufrieden. „Ja, aber wie soll ich denn jemanden ansprechen?"

Ich war schon ein wenig angenervt, da für mich doch alles völlig einleuchtend war. Wenn der Schwachmat weiter in Asi-Klamotten rumlaufen will, soll er das gerne tun, aber uns hier nicht den Abend versauen. Gleichzeitig war ich jedoch gespannt, ob Papi nun ebenfalls eine erste Reizung seiner Nerven durchblicken lassen würde. Das war jedoch überhaupt nicht der Fall.

Später lernte ich, dass diese Fragen sich bei jeder Veranstaltung dieser Art wiederholen. Papi war aufgrund seiner Erfahrung darauf vorbereitet.

„Das können sie heute Abend natürlich noch nicht wissen. In den nächsten Wochen werden sie intensiv ausgebildet werden. Dann werden sie sehen, dass es genug Möglichkeiten gibt, mit Menschen ins Gespräch zu kommen. Ihre Führungskraft, die sie heute hierher eingeladen hat, wird ja sowieso in den nächsten Tagen noch ein Einstellungsgespräch mit ihnen führen. Dann werden sie gemeinsam entscheiden, ob sie überhaupt zusammenarbeiten wollen."

Das fand ich nun einfach klasse. Papi hatte dem Penner durch die Blume zu verstehen gegeben, dass er hier mit Sicherheit nichts zu suchen hatte. Der Rest der Truppe hatte keine weiteren Fragen.

Papi wandte sich mit seinem Schlussplädoyer an die zum großen Teil bis in die Zehen motivierte Zuhörerschaft. „Sie befinden sich in einem Wachstumsmarkt ohne Grenzen. Sie sind Pioniere in einer Entwicklung, deren fantastische Ausmaße sie noch gar nicht erahnen. Sie befinden sich in einem Unternehmen, dass seines gleichen sucht. Sie werden Geld verdienen, wie sie es sich immer erträumt haben. Der einzige, der sie jetzt noch stoppen kann, sind sie selbst. Strengen Sie sich an! Glauben Sie an sich! Dann werden Sie reich belohnt werden!"

In den nächsten Wochen strengten wir uns an, wir glaubten an uns, und wir wurden recht ordentlich belohnt. Wir probierten die auswendig gelernten Kontaktgespräche zunächst an unseren Bekannten aus und hatten auch schnell erste Erfolge. Die Provisionen flossen zwar nicht in Strömen, aber wir konnten uns schon bald mehr leisten, als je zuvor. Iris nahm uns an die Hand und führte mit uns die ersten Verkaufsgespräche bei den von uns akquirierten Kunden durch.

Die Termine fanden hauptsächlich in Plattenbauwohnungen statt. Das Umfeld sagte damals noch nichts über den Status oder die Berufe der Bewohner aus. In den Ghettos wohnte der Sozialhilfeempfänger mit dem Uni-Professor Tür an Tür. Das lag einfach daran, dass es in den ersten Jahren nach der Maueröffnung noch wenig repräsentative Wohnungen oder gar Häuser gab. Die Zeit der aus dem Boden sprießenden Einfamilienhaussiedlungen kam erst einige Jahre später.

Ich war davon überzeugt, meinen Kunden wirklich helfen zu können. Daher lernte ich schnell die zu jedem möglichen Thema entwickelten Verkaufsgespräche und konnte bald alleine losziehen. Meine Gattin arbeitete zwar teilweise mit, musste sich aber zuhause auch noch um den lieben Nachwuchs kümmern.

Das Studium vernachlässigte ich immer mehr. Irgendwann entschied ich, es ganz aufzugeben, da ich der Überzeugung war, in dieser Branche schnell und reichlich Geld verdienen zu können. Wozu da noch Jahre lang die Schulbank drücken, zumal die Berufschancen für Akademiker nicht sonderlich viel versprechend waren.

Ich baute auch einige Mitarbeiter an, sodass ich bald mit meinen Umsätzen so weit in der Hierarchie vorangeschritten war, dass der Ausbildungsgang zur Führungskraft auf dem Programm stand. Für ein komplettes Wochenende wurde ich in ein Nobel-Hotel geladen, das sich in einer Großstadt im Süden der Republik befand. Mit fast hundert anderen Kollegen meines Standes aus Ost und West sollte ich den letzten Schliff für die höheren Aufgaben erhalten, die auf mich warteten.

Ich schnupperte die Luft der großen, weiten Welt. Schon die Lobby des Megakastens war vom allerfeinsten. Dicke Teppiche sorgten für eine gedämpfte Atmosphäre. Lederne Club-Sessel waren überall um flache Tische mit dicken Glasplatten gruppiert. Darin saßen vereinzelt Managertypen in teuren Anzügen, die Zeitungen lasen oder Zigarre rauchend sich mit Geschäftskollegen besprachen. So ein Leben könnte ich mir auch vorstellen, dachte ich gleich beim Betreten des Hotels.

Auch mein Zimmer war äußerst beeindruckend. Schwere Vorhänge umrahmten das riesige Panoramafenster, von dem ich einen herrlichen Blick aus dem achten Stockwerk über die Stadt hatte. Ein Schreibtisch von erheblichen Ausmaßen, auf dem eine dezente Lampe stand, befand sich in einer Ecke des Raumes. Das Bad war fast vollständig verspiegelt. An den Wänden hingen Drucke großer Meister.

In dem riesigen Doppelbett hätte ich es gerne meiner Frau ordentlich besorgt. Da das aber leider nicht möglich war, da sie zuhause die Kinder hütete, musste ich in der Nacht nach dem ersten Schulungstag mit dem Porno-Kanal vorlieb nehmen.

In meinem schicken schwarzen Anzug, den ich mir extra für diese Veranstaltung neu gekauft hatte, und einer hellgrünen Krawatte mit dunkelrotem Micky-Maus-Motiv ausgestattet, fuhr ich mit dem gläsernen Fahrstuhl in den ersten Stock des Hotels, wo sich die Schulungsräume befanden. Ich versorgte mich erst einmal mit frischem Kaffee, der auf Beistelltischen in silbernen Kannen bereit stand.

Die Kollegen, die aus allen Teilen Deutschlands angereist waren, hatten sich ähnlich in Schale geschmissen wie ich. Von Zonis mit Polohemden oder Leder-Krawatten war hier nichts zu sehen.

In den nächsten drei Tagen bekamen wir angehenden Führungskräfte eine Gehirnwäsche der aller ersten Güte verpasst. Verschiedene Führungskräfte erzählten uns ihre Erfolgsstorys. Umsatzzahlen aus den diversen Strukturen in ganz Deutschland wurden uns um die Ohren gehauen, dass mir beinahe schwindelig wurde. Visionen wurden entworfen, die so fantastisch waren, dass ich sie nur zu gerne glauben wollte.

Am ersten Abend wurden wir mit einem Buffet verköstigt, das ich in solcher Vielfalt noch nicht gesehen hatte. Dazu schwirrten um die runden Tische, an denen jeweils zehn Personen Platz hatten, Horden von Kellnerinnen herum, die dafür sorgten, dass unsere Weingläser immer gut gefüllt waren.

Vom Alkohol zunehmend benebelt, steigerten wir uns in unseren Gesprächen, die sich hauptsächlich um Umsätze und Verkaufserlebnisse in unseren Heimatbüros drehten, in Ergebnisse hinein, die letztlich nicht ganz der Realität entsprachen. Jeder wollte den anderen noch übertrumpfen, sodass wir uns gegenseitig mit Fantasiezahlen zu übertreffen versuchten.

Einigermassen besoffen schwankte ich zu fortgeschrittener Stunde zum Fahrstuhl, um mich in mein Luxuszimmer zurückzuziehen. In dem riesigen Fernseher schaute ich mir an, was die Porno-Schnallen auf dem Kasten hatten, bevor ich selig entschlummerte.

Der Wein am Vorabend war von so guter Qualität gewesen, dass ich beim Frühstück keine nennenswerten Probleme in der Birne verspürte. Einige Kollegen hatten sich an der Bar offensichtlich doch noch den einen oder anderen Whisky in die Glocke geschüttet. Die zu Sehschlitzen verengten Augen der maßlosen Trinkerfraktion sprachen Bände.

Den ganzen Tag über hatten wir diverse schriftliche Prüfungen zu absolvieren, in denen wir nachweisen mussten, dass wir alle Verkaufsgespräche und Einwandbehandlungen perfekt beherrschten. Dazu wurden auch mit verschiedenen Prüfern Mustergespräche durchgeführt, die mir aber keine sonderlichen Probleme bereiteten. In der Praxis in den heimischen Plattenbauten hatte ich sie ja oft genug durchexerziert.

An diesem zweiten Abend stand Motivation auf dem Programm. Wir tauschten unsere schwarzen Anzüge gegen dezente Freizeitkleidung und wurden in mehrere Busse verladen. Wir fuhren hinaus aufs Land zu einem Bauernhof, der zu einer Gaststätte im Stil des 18. Jahrhunderts umgebaut worden war. Die prallen Kellnerinnen umsorgten uns in bäuerlichem Outfit. Dabei gewährten die Ausschnitte ihrer Kleider überaus motivierende Einblicke in tiefe Täler zwischen hohen Hügeln. Sie versorgten uns mit zünftiger Kost auf die lockere Art, die vor zweihundert Jahren üblich war.

Grosse Fleischstücke wurden haufenweise auf Holzbrettern aufgefahren. Kartoffeln wurden einfach auf die Tische gekippt. In Holzbechern wurde Met serviert, dessen ungehemmter Konsum durch die Mehrzahl der lieben Kollegen die Veranstaltung bald eskalieren ließ.

Der Lärmpegel, der durch angeregte Gespräche und die mittelalterliche Musik einer Live-Combo verursacht wurde, stieg von Minute zu Minute an.

Mir gegenüber saß eine recht ansehnliche Schnecke, die vom Suff besäuselt eindeutige Blicke in meine Richtung schickte. Wir tauschten einige alkoholisierte Sprüche aus, soweit das akustisch überhaupt noch möglich war.

In der Zwischenzeit hatte sich der Unternehmensgründer in Freizeitklamotten, die nach meiner Einschätzung schon ein halbes Vermögen gekostet haben mussten, unter seine zukünftige Führungsriege begeben. Allerdings benahmen wir uns in der überwiegenden Mehrheit nicht mehr als solche.

Es fehlte natürlich nicht an Schleimscheißern, die sofort seine Nähe suchten. Sie wollten die einmalige Gelegenheit nutzen, die Geheimnisse des Erfolges aus erster Hand zu erfahren.

Die nicht unerhebliche Menge von Kohle, die wir mit unseren bundesweiten Umsätzen in die Tasche des Chefs spülten, ließ ihn die vom Suff forcierte Schleimerei der lieben Kollegen, die Arbeit von Vergnügen nicht mehr unterscheiden konnten, geduldig ertragen. Mit süffisantem Lächeln um seine Mundwinkel ertrug er auch die eine oder andere Speichelfontäne, die ihm von den besoffen sabbernden Schleimern ins Gesicht spritzte.

Ich beschäftigte mich lieber mit meiner Kollegin, die von unserem Chef genauso wenig Notiz nahm wie ich.

Er hätte für mich sowieso keinen Umsatz in Jena schreiben können. Trotzdem hätte ich ihn gerne mal auf einem Sofa in einer der Plattenbauwohnungen im Verkaufskampf mit unseren genervten Ossis erlebt.

Auf der Rückfahrt im Bus kam es zu einer vorbereitenden Knutscherei mit meiner willigen Kollegin. Bis zur Ankunft am Hotel wurden wir uns einig, in meinem Luxus-Zimmer die von den Profis im Porno-Kanal vorgeführten Kopulationsübungen als Laien nachzuspielen.

An diesem letzten Tag stand uns ein Erlebnis ganz besonderer Art bevor. Der Chef höchstpersönlich betrat die Bühne und erzählte uns seine Lebensgeschichte als Beispiel für eine schier unglaubliche Erfolgsstory.

Er berichtete uns, dass er eigentlich nur durch eisernen Willen und Disziplin zu den Millionen gekommen war, die wir nun auch für uns erhofften. Natürlich trug auch sein Verkaufstalent, für das er einige Praxisbeispiele zum Besten gab, zu seinem einzigartigen Erfolg bei.

Seine Motivationsrede verfehlte ihre Wirkung nicht. Am Ende erhielt er stehende Ovationen, während er die Reihen der von ihm Bekehrten abschritt und jedem einzelnen die Hand schüttelte. Dabei wünschte er uns allen viel Erfolg auf dem Weg nach ganz oben.

Auch an mir ging seine Erfolgsvita nicht spurlos vorüber. Als wir wieder in die Realität entlassen wurden, fühlte ich mich wie ein Tiger in seinem Käfig, der nach Jahren der Gefangenschaft in die Freiheit entlassen wird.

Die Wirkung dieses Wochenendes ließ jedoch bald nach. Durch die tägliche Tretmühle des nicht immer von Erfolg gekrönten Verkaufsalltags wurde ich schnell wieder auf den Boden der Tatsachen zurückgeholt. Die lieben Kunden wollten oft einfach nicht kapieren, welch Heil bringende Botschaften ich zu verkünden hatte. Es kam leider nicht selten vor, dass ich abgewiesen oder auf einen späteren Zeitpunkt vertröstet wurde.

Zusätzlich machten mir meine überaus geschätzten Kollegen von den Versicherungen das Leben schwer, indem sie immer wieder meine bestehenden Kunden verunsicherten und sie zu Kündigungen der bei mir abgeschlossenen Verträge überredeten. Die Folge war, dass ich bereits erhaltene Provisionen zurückzahlen musste. Langsam bauten sich erhebliche finanzielle Probleme auf.

Papi und Herr Köchel machten mir zusätzlich die Hölle heiß. Ständig erhielt ich Anrufe, weil sie wissen wollten, warum alles so schleppend lief. Ich durfte regelmäßig Berichte über meine Tätigkeit schreiben und mich darin rechtfertigen. Außerdem zogen meine in den letzten Monaten angeworbenen Mitarbeiter nicht mit. Ständig hörte ich mir Ausreden an, warum sie wieder nicht beim Kunden waren und daher auch den erwarteten Umsatz nicht abliefern konnten. Ich hätte halt nicht eine Horde von Schiffsschaukelbremsern und Schiessbudenfiguren einstellen sollen.

Zur Krönung des ganzen Dramas durfte ich auch noch einen großen Teil der Büromiete abdrücken, die Herr Köchel auf mich abgewälzt hatte. Die Kostenspirale drehte sich immer schneller nach oben.

Der Mensch ist nun mal von Natur aus träge. Hatte ich mal eine erfolgreiche Phase, ruhte ich mich schnell auf meinen Lorbeeren aus. Im Hinterkopf hatte ich den Gedanken, dass die eingenommenen Gelder eine Weile halten würden. Schon ließ ich meine Aktivitäten schleifen. Der nächste Einbruch war vorprogrammiert.

Als Folge einer recht erfolgreichen Umsatzphase gewann ich zusammen mit meiner Frau einen firmeninternen Wettbewerb, der für jedes Quartal neu ausgeschrieben wurde.

Wir reisten mit Papi, einigen anderen Führungskräften und einer Pappnase aus meiner Mannschaft, die durch ein Zufallsgeschäft den nötigen Umsatz eingefahren hatte, nach Tunesien.

Wir bezogen mit der ganzen Truppe ein recht luxuriöses Hotel direkt am Meer.

Am ersten Morgen wollten wir uns in die kühlen Fluten des gigantischen Swimmingpools stürzen. Dabei machten wir gleich Bekanntschaft mit dem Handtuchkomment der deutschen Urlaubsspießer. Fast alle um den Pool gruppierten Liegen waren mit Handtüchern schon in den frühen Morgenstunden reserviert worden. Es gab in diesem Kasten einen Haufen von Spinnern, die wohl nichts Besseres zu tun hatten, als sich im Urlaub in aller Frühe den Wecker zu stellen, um rein rechtlich gar nicht vorhandene regionale Besitzansprüche geltend zu machen.

Da ich aus Erfahrung wusste, dass es zum deutschen Volkssport gehört, sich gegenseitig zu verklagen, hielt ich es für opportun, den Zustand als gegeben hinzunehmen. Der Deutsche kümmert sich zwar nicht gerne um seine Rentenvorsorge oder Kapitalanlage, weil er meint, dazu nicht das nötige Kleingeld zu besitzen. Für eine Rechtsschutz-Versicherung hat aber noch jeder Sozialhilfeempfänger die entsprechende Prämie parat.

Tagsüber unterzogen wir uns Papis Gehirnwäsche in einem Seminarraum des Hotels. Abends ging dann in diversen Restaurants und Discotheken die Post ab.

An einem Abend wurde in einem größeren Lokal während des Essens eine Schwuchtel-Show geboten. Mir verging erst einmal der Appetit bei dem tuntigen Gehopse der männlichen Möchtegern-Mädels. Immerhin waren sie so gut gebaut und überzeugend verkleidet, dass Jürgen bis zum Schluss nicht glauben wollte, dass er einen Steifen beim Anblick von tanzenden Männern bekommen hatte.

Bei einer anderen Gelegenheit mussten wir uns für die abendliche Verköstigung in einen Kaftan schmeißen und eine zur Landestracht gehörende rote Kappe auf den Schädel setzen, was für meinen Geschmack ziemlich albern aussah. Ich empfand die ganze Angelegenheit als recht zweifelhaftes Vergnügen. Papi war dagegen total begeistert.

Überhaupt war er während der gesamten Woche, die dieser nicht immer amüsante Trip dauerte, der große Spaßmacher. In der Mittagspause zwischen den Seminarsitzungen durften wir uns für zwei Stunden an den Strand legen. Papi genoss es dabei sichtlich, mit den nervenden Kamel-Treibern, die uns allerlei Tinnef andrehen wollten, stundenlange Preisverhandlungen zu führen.

Die ganze Reise war letztlich immer noch besser als in Jena im Büro zu hocken.

Meine gesamte Vertriebstruppe hatte sich während meiner Abwesenheit auf die faule Haut gelegt. Ich musste mir eingestehen, dass man nicht jeden Losverkäufer zu einem Vertriebsprofi machen kann, auch wenn die Verdienstmöglichkeiten noch so verlockend sein mögen.

Als ich den Mut aufbrachte, auch einmal über den Tellerrand zu schauen, erfuhr ich schnell, dass sich Papi und Konsorten einen nach meinem Ermessen allzu großen Anteil der Provisionen, die durch unsere Arbeit eingefahren wurden, abzweigten. Die Vertriebsmannschaft kostete mich mehr als sie einbrachte, und das Büro war auch nicht unbedingt nötig, um die zum Leben notwendigen Geschäfte zu tätigen. Ich hatte mir genug Selbstbewusstsein und Wissen erarbeitet, um das Abenteuer Strukturvertrieb beenden zu können.

Wir stellten unser Unternehmen noch rechtzeitig auf eigene Füße, bevor wir endgültig in den finanziellen Abgrund gerissen wurden.

Aufbau Ost

Die nächste Flaute ließ nicht lange auf sich warten. Über einige Monate lief das Geschäft ganz ordentlich, doch dann blieben die Neuabschlüsse fast gänzlich aus. Die Minuszahlen auf unseren Konten nahmen schon bedrohliche Ausmaße an. Die Goldgräberstimmung der Nachwendezeit war längst verklungen. Die Ossis in ihrer überwiegenden Mehrheit meinten, dass sie versicherungstechnisch alles geregelt hätten. Vielleicht hatten sie von uns und unseren Kollegen auch einfach nur die Schnauze gestrichen voll. Immerhin war doch in den letzten Jahren ein gehöriger Haufen verbrannter Erde von einigen unserer Standesvertreter hinterlassen worden.

Wie dem auch immer war, wir mussten uns dringend etwas einfallen lassen, wenn wir nicht bald zum Sozialamt gehen oder uns von der Jenaer Tafel versorgen lassen wollten. Nun kam mir die Tatsache zugute, dass ich damals in Hannover bei der Bundeswehr den LKW-Führerschein machen durfte. Das war letztlich der einzig positive Effekt der fünfzehn Monate, die ich dem Vaterland opfern musste.

Ich hatte einen guten Kumpel, der in unserer Anfangszeit im Vertrieb für eine Weile versucht hatte, unter meiner Anleitung Versicherungen zu verkaufen. Er war ein Kerl wie ein Baum und flößte seinen Kunden, wenn er im schwarzen Anzug vor der Tür stand, wohl eher Respekt als Vertrauen ein. Zweifelsfrei stand ihm das gediegene Outfit recht gut, nur wirkte er darin im Empfinden der Kunden mehr wie ein Bodyguard als ein Geschäftsmann, was sein nur mäßiger Verkaufserfolg auch zu bestätigen schien. Gerd hatte letztlich eingesehen, dass er seine Talente in anderen Branchen zur vollen Entfaltung bringen konnte. Das war drei oder vier Jahre her. Seit dem fuhr er eine Betonkutsche für eine Mischanlage am Hermsdorfer Kreuz.

Der Bedarf an Sanierungen alter Bausubstanz war genauso groß wie der am Neubau von Wohnungen und Einfamilienhäusern. Wer es sich leisten konnte, zog aus den Plattenbauten aus und suchte sich neuen Wohnraum in einer angenehmeren Umgebung.

Die Regierung hatte eine Reihe von Förder-Programmen aufgelegt, die dem Ossi oder dem westdeutschen Kapitalanleger die Investition in den neuen Bundesländern erleichtern sollten.

Die ostdeutschen Strassen und Autobahnen wurden saniert oder neu gebaut. Hinzu kamen die unzähligen Einkaufszentren auf der grünen Wiese, die wie Pilze aus dem Boden schossen. Einige standen schon ein paar Jahre nach ihrem Entstehen wieder leer. Der Investor sparte zunächst Steuern und dann die Einnahmen, was ja auch kein Wunder war, wenn für alle paar Ossi-Familien ein Konsumtempel gebaut wurde.

Mein Anruf bei Gerd fiel in eine Zeit, in der es für die Baubranche genügend zu tun gab. Mein Glück war es, dass zu dem Zeitpunkt gerade ein Fahrer aus

Krankheitsgründen ausgefallen war, sodass eine Betonkutsche für mich zur Verfügung stand. Aufträge gab es für die Mischanlage nach Gerds Einschätzung mehr als genug. Ich war unendlich erleichtert.

Als an meinem ersten Arbeitstag um halb fünf Uhr morgens der Wecker klingelte, dachte ich zunächst, dass alles nur ein böser Traum war. Ich wankte schlaftrunken ins Bad. Spätestens als ich das kalte Wasser, das ich mir ins Gesicht spritze, auf meiner Haut spürte, wusste ich, dass ich mich in der bitteren Realität befand.

Meine Frau hatte mir am Vorabend einige Stullen geschmiert, die ich in eine Tasche verstaute, zusammen mit einer Thermoskanne Kaffee.

Es war schon hell und ich befuhr fast alleine gegen die aufgehende Sonne die A4. Auf dem Weg zum Hermsdorfer Kreuz musste ich an Karl-Heinz, den Baggerfahrer denken, mit dem ich vor ungefähr zehn Jahren zusammen in einem Krankenzimmer lag. Ich habe mir damals seine Geschichten vom Bau angehört und mich dabei köstlich amüsiert. Dabei hätte ich mir nie träumen lassen, dass ich einmal selbst in seiner Branche tätig sein würde und das auch noch im goldenen Osten.

Ich verließ am Kreuz die A4 und kam auf die A9 in Richtung München. Nach einigen hundert Metern fuhr ich von der Autobahn ab. Ich überquerte den Parkplatz des alten Rasthofs und kam um 5.15 Uhr zur Toreinfahrt der Mischanlage. Ich war pünktlich wie ein Maurer.

Als ich Gerd zuletzt sah, was schon einige Monate her war, hatte er noch einen Korea-Kampf-Schnitt und war glatt rasiert. Nun begrüßte er mich fröhlich, und ich erkannte ihn fast nicht wieder. Er hatte einen relativ ungepflegten Vollbart und eine schulterlange Matte, die er zu einem Zopf im Nacken zusammengebunden hatte. Er trug eine blaue Latzhose mit dem Firmenlogo auf der Brust und ein weißes T-Shirt darunter.

„Du könntest dir auch mal wieder eine Schere ins Haar fallen lassen," begrüßte ich ihn und kaschierte mit dem lockeren Spruch die Tatsache, dass ich ein wenig aufgeregt war. Es war Jahre her, dass ich zuletzt einen LKW gefahren hatte. Jetzt sollte ich eine Kiste bewegen, die mit sechs Kubikmetern Beton beladen war und an die vierzig Tonnen wog.

Gerd lachte nur und stellte mich zunächst den Kollegen vor.

Heinz war an die fünfzig Jahre alt und saß in seinem fleckigen Blaumann mit einem Base-Cape auf dem Schädel an einem staubigen Tisch im Aufenthaltsraum. Er las die BILD-Zeitung, und vor ihm stand ein dampfender Pott Kaffee.

Andy biss gerade herzhaft in ein Käsebrötchen, als ich ihm die Hand schüttelte. Er war vielleicht um die dreißig Jahre alt, also ungefähr in meinem Alter. Sein Blaumann sah aus, als wäre er gerade aus der Reinigung gekommen. Ich machte sogar Bügelfalten an seinen Hosenbeinen aus. Später sollte ich feststellen, dass sich sein LKW in dem gleichen vorbildlich sauberen Zustand befand wie seine Klamotten. Ein Reinlichkeitsfanatiker auf dem Bau passte überhaupt nicht in die Vorstellung, die ich bisher von den Jungs aus dieser Branche gehabt hatte. Ich war aber gerne bereit dazuzulernen.

Gerd, Heinz, Andy und ich fuhren die Betonmischer. Dann gab es noch Horst, den Pumpenfahrer. Er war schon etwas älter und guckte ziemlich verschlafen aus der Wäsche. Er quetschte sich ein Grinsen aus dem Gesicht, als ich ihn begrüßte. Dann stierte er wieder wortlos auf die Reste einer Schinkenstulle, die vor ihm auf dem Tisch lag. Offensichtlich hatte er Mühe, nicht auf der Stelle einzuschlafen. Wahrscheinlich hatte er gestern einen gehoben, vermutete ich in meiner klischeehaften Vorstellung, die ich von den Jungs vom Bau hatte.

Wir setzten uns zu den Kollegen an den Tisch, und Gerd packte sein Frühstück aus. Ich merkte schnell, dass mich hier gar nichts wundern sollte, denn er machte sich doch tatsächlich über ein dampfendes Eisbein her. Als er meinen fassungslosen Blick sah, klärte er mich darüber auf, dass es auf seinem Weg hierher einen Fleischer gab, der ihn jeden Morgen mit seinem Lieblingsessen versorgte. Ich schüttelte nur mit dem Kopf und gönnte mir ein Brot mit Leberwurst und einen Becher Kaffee, bevor wir loslegen mussten.

Gerd führte mich in die Umkleidekabine, wo für jeden Kollegen ein metallener Spind für die Klamotten bereit stand. Ich erhielt eine blaue Latzhose und eine Jacke in der gleichen Farbe. Die würde ich aber an diesem Tag nicht brauchen, da es draußen zu dieser frühen Stunde schon ziemlich warm war.

Als ich mich umzog, griff Gerd in einen offen stehenden Spind und zog ein buntes Heftchen hervor. „Das ist der Schrank von Porno-Horst", teilte er mir verschwörerisch grinsend mit und hielt mir das Heftchen hin.

Auf den ersten Blick erkannte ich, warum der Pumpenfahrer so genannt wurde. Ich habe ja nichts gegen eine gepflegte Nummer vor dem Aufstehen. Als ich aber eine beliebige Seite aufschlug und einer alten Schachtel dabei zusehen musste, wie sie sich selbst einen riesigen Dildo rein schob, drehte sich mir doch für einige Augenblicke der Magen um.

Das Gefühl, in einem Blaumann durch die Gegend zu laufen, war für mich recht gewöhnungsbedürftig. Ich hatte aber keine Zeit, mir weitere Gedanken über mein Aussehen zu machen, denn die erste Fuhre stand bald an, und Gerd wollte mich noch in meine Kutsche einweisen.

Wir gingen über den Hof an der Mischanlage vorbei zu den LKWs, die akkurat in einer Reihe an einem Maschendrahtzaun, der das Firmengelände begrenzte, abgestellt waren.

„Das ist deine Karre", sagte Gerd und zeigte auf einen uralten IVECO.

Das Führerhaus war knallgelb angestrichen und die Trommel zierten blaugelbe Streifen. Mein Vorgänger hatte eine Südstaatenflagge ins Heckfenster gehängt, mit der ich mich nicht unbedingt identifizieren konnte. Ich hatte aber jetzt ganz andere Probleme, als mir Gedanken über die Beflaggung meines Arbeitsgerätes zu machen.

„Klemm dich mal hinters Lenkrad, Alter", befahl Gerd.

Ich kletterte rauf ins Führerhaus. Er stieg von der anderen Seite auf den Beifahrersitz.

Vom Handschuhfach aus lächelte mich eine nackte Schönheit auf einem abgerissenen Kalenderblatt an. Ich wollte gerade einen passenden Kommentar abgeben, als Gerd aber schon mit der Einweisung begann.

„Ganz normale Schaltung, kennst du ja sicher. Hier ist der Fahrtenschreiber, nicht vergessen jeden Morgen eine neue Scheibe einzulegen. Wenn du zu schnell fährst, ist das dein Problem. Hier ist der Hebel für die Trommel, rechts rum heißt rauslassen, links rum heißt mischen. Pass auf, dass du dich nicht vertust, sonst betonierst du mit deiner Ladung die Autobahn neu und die Kollegen auf der Baustelle glotzen blöd, wenn du mit einer leeren Trommel ankommst." Gerd lachte sich schlapp über seinen Witz, während sich mir alles im Kopf drehte.

Ich versuchte zu verinnerlichen, was er mir gerade erklärt hatte. „Rechts raus, links mischen, hört sich ganz einfach an", murmelte ich, um mich ein wenig zu beruhigen.

„Ich sehe schon, du kapierst schnell", ermunterte mich Gerd. „Na, dann ist hier ja alles klar. Jetzt zeige ich dir noch die Rutschen und dann müssen wir los." Er setzte einfach voraus, dass ich keine weiteren Fragen hatte, und sprang elanvoll vom Bock. Ich stieg etwas vorsichtiger aus dem Führerhaus, weil ich mich erst noch an die Höhe gewöhnen musste.

Auf den Schutzblechen über den Zwillingsreifen am Heck der Betonkutsche waren die Eisenrutschen mit Metallfedern festgeklemmt.

„Je nach Bedarf kannst du die Rutschen hier abklemmen und ineinander verhaken, ist ganz einfach", erklärte mir Gerd meine Aufgabe. „Probier es mal aus."

Ich versuchte, die Feder hochzuziehen, um die Rutsche freizubekommen und brach mir dabei fast die Finger, weil das Scheißding sich keinen Millimeter bewegen wollte. Gerd lachte und meinte, dass es dabei einen einfachen Trick gäbe. Er zeigte mir einen bestimmten Handgriff, und schon war die Feder gelöst.

„Ist ja ganz einfach", sagte ich erleichtert und rieb mir die schmerzenden Finger.

„Nimm mal so ne Rutsche und klemm sie hinten dran." Offensichtlich wollte Gerd nun sicher gehen, dass ich wenigstens zu so einem vermeintlich einfachen Handgriff unfallfrei in der Lage war.

Ich wollte mir keine weitere Blöße geben und versuchte die Rutsche möglichst cool aus ihrer Halterung zu heben. Das Gewicht ließ mich fast in die Knie gehen. Nur ein beherzter Zugriff von Gerd verhinderte, dass das verdammte Teil mir aus der Hand rutschte und meine Füße zerschmetterte.

„Immer locker Mann, aller Anfang ist schwer, beim nächsten Mal weißt du Bescheid."

Gerd schien ernsthaft zu befürchten, dass ich schon das Handtuch schmeißen könnte, bevor ich auch nur einmal den Motor der Karre angelassen hatte, womit er nicht ganz falsch lag.

Ich spielte für den Bruchteil einer Sekunde mit dem Gedanken alles hinzu-
werfen. Dann sah ich aber vor meinem geistigen Auge meine Frau mit meinen
Kindern an der Hand für einen Teller Suppe bei der Armenspeisung anstehen
und riss mich zusammen.

„Alles klar, Mann, wird schon schief gehen", versuchte ich Gerd von meiner
Entschlusskraft zu überzeugen.

Er klopfte mir aufmunternd auf die Schulter. „Pass mit der Rutsche auf der
anderen Seite auf. Die Feder ist etwas locker, habe sie aber erst vor ein paar
Tagen repariert. Also, auf geht's. Fahr deine Karre mal rückwärts unter die
Anlage. Der Trichter muss genau unter dem Füllrohr sein, das siehst du dann
schon in deinem Rückspiegel."

Nun gab es kein Zurück mehr. Ich ließ den Motor an und brachte das
schwere Gefährt überraschend problemlos ins Rollen. Mit dem Rückwärtsgang hatte ich noch ein paar Probleme, schließlich bekam ich ihn mit einem
schönen Gruß vom Getriebe doch noch eingelegt.

Beim zweiten Versuch schaffte ich es, meine Betonkutsche so zu postieren,
dass sie beladen werden konnte. Ich drehte den Hebel für die Trommelbewe-
gung korrekt nach links, dann rauschte die schwere Masse aus dem Füllrohr
mit einem mörderischen Krach durch den Trichter in die Trommel meines
Fahrzeugs.

Während des Ladevorgangs kam Gerd zu mir rüber. „Na, klappt doch alles
wunderbar. Wenn deine Karre voll ist, fährst du zur Toreinfahrt und wartest da
auf mich. Ich lasse eben noch meine Schleuder vollaufen und dann fahre ich
vor dir her. Wir haben die gleiche Tour, eine Kellerdecke von einem Einfami-
lienhaus in einem Kaff ungefähr fünfzehn Kilometer von hier muss gegossen
werden. Porno-Horst ist mit seiner Pumpe schon eine Weile unterwegs zur
Baustelle."

Als die Trommel voll war, fuhr ich vorsichtig an und hatte dabei das Gefühl,
dass der Wagen unter dem Gewicht seiner Ladung fast zusammenbrach. Der
Motor heulte auf, eine schwarze Wolke quoll aus dem Auspuffrohr, aber er fuhr
brav an, so wie ich das haben wollte.

Gerds Wagen sah aus wie eine Tuntenschleuder. Er war mit rosa und lila
Streifen lackiert. Welche Schwuchtel wohl auf so eine unmögliche Farbkom-
bination gekommen war, fragte ich mich, während ich darauf wartete, dass es
endlich losging.

Ich fuhr hinter Gerds Karre auf einer ziemlich schmalen Landstrasse,
die parallel zur A9 verlief. In den ersten Kurven hatte ich Angst davor, dass
meine Betonkutsche wegen ihrem extrem hohen Schwerpunkt umkippen
könnte. Daher fuhr ich dermaßen langsam, dass Gerd immer wieder auf mich
warten musste. Außerdem kam ich mit der Schaltung noch nicht so recht
klar. Ich übersprang beim Hochschalten ständig ein paar Gänge, sodass der
schwere Bock nur sehr zögernd Fahrt aufnahm. Ich fühlte mich alles andere als
sicher und war bald vor Aufregung schweißnass. Als wir schließlich viel später

als geplant aber unversehrt die Baustelle erreichten, war ich zwar schon völlig erschöpft aber auch heilfroh, dass bisher alles gut gegangen war.

Wir befanden uns in einem neu erschlossenen Wohngebiet am Rande eines Dorfes, einige Kilometer von Jena entfernt. Vereinzelte Einfamilienhäuser waren bereits fertig gestellt, andere befanden sich noch im Rohbau. Weiter hinten wurde gerade ein Fertighaus aufgestellt.

Unsere Baustelle befand sich am Rande des Baugebietes. Porno-Horst hatte seinen Pumpenwagen schon in Position gebracht und erwartete uns seit einiger Zeit voller Ungeduld.

„Ich dachte schon, ihr Penner kommt heute gar nicht mehr", rief er uns entgegen, als wir aus unseren Böcken ausgestiegen waren und zu ihm rüberschlenderten.

„Halt mal schön den Ball flach", ließ sich Gerd überhaupt nicht aus der Ruhe bringen. „Ist doch noch alles im grünen Bereich." Dann wandte er sich an mich. „Pass auf, du wendest da vorne und fährst dann rückwärts an die Pumpe ran, alles klar?"Ich nickte nur und stieg wieder in mein Führerhaus.

Die neu gebaute Strasse war extrem schmal und mit frisch gesetzten Bordsteinen begrenzt. Um mein Gefährt in die benötigte Position hinter der Pumpe zu bringen, musste ich rückwärts links um eine beinahe rechtwinklige Biegung fahren. Ich holte nicht weit genug aus und zermalmte mit den Zwillingsreifen ein oder zwei der schicken neuen Begrenzungssteine.

Der erste Schaden, den Gerd auf ungefähr 150,– DM schätzte, war perfekt.

„Drauf geschissen, Mann," war sein einziger Kommentar, als er den Schaden sah. Der Rest des Rangiermanövers verlief ohne weitere Komplikationen.

Indem ich den Hebel, mit dem ich die Drehgeschwindigkeit der Trommel steuern konnte, etwas zu heftig nach rechts drehte, unterlag ich dem Irrglauben, damit etwas von der verlorenen Zeit wieder aufholen zu können. Leider schoss ich mit dieser Maßnahme leicht über das Ziel hinaus.

Porno-Horst hatte seine Pumpe aber noch gar nicht angeschmissen. Der Trichter am Heck des Pumpenwagens konnte die Betonmassen, die ich rein laufen ließ, bevor ich meinen Fehler bemerkte und den Hebel panisch wieder nach links rum riss, nicht komplett aufnehmen. Einige Kilo von dem nassen Zeug schwappten über den Rand des Trichters auf die schöne, neue Strasse.

„Halb so schlimm", meinte Gerd, als er meinen entsetzten Gesichtsausdruck sah. „Hol dir ne Schaufel und befördere das Zeug einfach wieder in den Trichter von der Pumpe, schon ist der Fall erledigt."

„Alles klar", sagte ich nur und war unendlich froh, dass Gerd die Nerven behielt und mich nicht zusammenschiss.

Die Trommel meiner Kutsche war leer. Da ich 6 D-Mark pro gelieferten Kubikmeter bekommen sollte, hatte ich meine ersten 36 D-Mark verdient. Auf der Rückfahrt zur Mischanlage kam ich mit der Schaltung schon wesentlich besser zurecht. Die Kutsche ließ sich ohne Ladung deutlich einfacher handhaben. Die nächste Fuhre verlief ohne Zwischenfälle.

Am frühen Nachmittag hatte ich eine Tour nach Jena und war auf der A4 unterwegs.

Kurz vor der Abfahrt Lobeda geriet ich in einen Stau, den die Idioten von Antenne Thüringen nicht angesagt hatten. In der folgenden halben Stunde konnte ich beim ständigen Stopp and Go schalten üben bis meine Oberschenkel vor Anstrengung zitterten.

Zwischenzeitlich kam ein Gedanke in mir auf, der eine mittlere Panik in mir auslöste. Was würde passieren, wenn sich der Stau länger hinzog und die ganze Ladung in der Trommel hart wurde? Das Zeug wurde zwar beständig durchgequirlt, ewig blieb es aber nicht flüssig.

Gerd hatte mir erzählt, dass er mal einen Tag mit einem Presslufthammer in der Trommel seiner Tuntenschleuder verbracht hatte, weil er auf der Autobahn in eine Vollsperrung geraten und die Ladung darin steinhart geworden war.

Meine Befürchtungen erwiesen sich aber letztlich als unbegründet.

Ich befuhr die Schnellstrasse Richtung Jena-Innenstadt. Als ich vor der roten Ampel auf der Höhe des Fußball-Stadions stand, klopfte es plötzlich an meine Fahrertür. Ein junger Mann rief mir zu, dass ich weiter hinten etwas verloren hatte. Ich schaute in den Rückspiegel und sah, dass die Rutsche, die von der lockeren Feder gehalten wurde, nicht mehr da war. Gerd hatte sie ja angeblich fachmännisch repariert.

Mir rutschte vor Schreck das Herz in die Hose. Irgendwo hinter mir lag die Eisenrutsche womöglich mitten auf der Fahrbahn. Jeden Augenblick konnte ein Unglück passieren, wenn es nicht schon zu spät war.

Ich bedankte mich bei dem Kerl, bog nach rechts ab, drehte auf dem großen Parkplatz vor dem Stadion und fuhr die Schnellstrasse bis Lobeda-West zurück. Dabei holte ich alles aus der alten Mühle raus, was mit der schweren Ladung noch möglich war. Nach zwei Kilometern, die mir wie eine Ewigkeit vorkamen, erspähte ich die gelbe Rutsche. Sie lag zum Glück ziemlich weit rechts am Straßenrand.

In Lobeda-West wechselte ich über die Brücke wieder in die entgegen gesetzte Fahrtrichtung, in der meine Rutsche auf mich wartete. Ich betete zum Himmel, dass jetzt nur kein Bullen-Wagen auftauchte, bis ich das in seiner Position lebensgefährliche Eisenteil wieder eingesammelt hatte. Der Himmel erhörte meine Gebete.

Als ich mich der Rutsche näherte, schaltete ich die Warnblinklichter ein. Ich hielt auf der rechten Spur, sprang in einem Satz vom Bock, ohne an mögliche Verletzungen zu denken, schnappte in Rekordzeit das schwere Ding mit Bärenkräften, die mir die nackte Angst verlieh, und schleuderte es von der rechten Seite des LKWs auf den Beifahrersitz. Die Ursache des Dramas konnte ich auch noch auf der Baustelle in Erfahrung bringen. Jetzt wollte ich nur schnell weg von hier, bevor doch noch die Bullen auftauchten.

Auf dem Weg zur Baustelle in der Nähe der Karl-Liebknecht-Strasse fuhr ich mich langsam wieder runter. Dabei half mir die Vorstellung, Gerd ganz genüsslich die Gurgel umzudrehen.

Als ich mein Ziel erreichte, war ich wieder relativ entspannt. Dieser Zustand hielt aber nur einige Sekunden an. Als mir ein Baurülps, der mich schon ungeduldig erwartete, die Stelle zeigte, zu der ich meine Kutsche rangieren sollte, erhöhte sich mein Blutdruck wieder schlagartig. Es war eine extrem enge Seitenstrasse, in der rechts und links Autos parkten.

Hier wurde eine riesige Wohnanlage gebaut.

Meine Ladung sollte in kleinen Portionen in einen Trichter gefüllt werden, der mit einem Kran zu den Jungs oben im vierten Stock gehievt wurde. Aus dem Trichter wurde das Zeug dann in Schalen gegossen, woraus die Wände des Gebäudes entstehen sollten.

Der Angstschweiß lief mir den Rücken runter, als ich mein Gefährt hypervorsichtig zwischen den Autoreihen durchmanövrierte. Auf der Hälfte der Strasse bog eine genauso enge Seitenstrasse in rechtem Winkel ab, in die ich auch noch rückwärts reinsetzen musste.

Die fahrerische Herausforderung war die gleiche wie heute Vormittag, nur dass ich hier keine relativ billigen Bordsteine zermalmt hätte, wenn ich einen Fehler gemacht hätte, sondern ungleich teurere Pkws.

Keiner der lieben Kollegen machte irgendwelche Anstalten, mich einzuweisen, sodass ich auf mich alleine gestellt war. Ich zwang mich zu äußerster Ruhe. Nach einigem Hin und Her schaffte ich es ohne Blechschäden, meine Kutsche in die geforderte Position zu bringen.

Die nächsten zwei Stunden verbrachte ich damit, jeweils ungefähr einen dreiviertel Kubikmeter in den Trichter am Kranseil zu lassen und dann darauf zu warten, dass die Jungs hoch oben das Zeug in die Schalen füllten.

Ich stellte fest, dass die vermeintlich von Gerd reparierte Feder gebrochen war. Ich hatte weder das technische Geschick noch das Werkzeug, um eine Behelfslösung herzustellen. Gerd würde sich was einfallen lassen müssen. Ich beschloss, die Rutsche bis dahin weiter auf meinem Beifahrersitz zu transportieren.

Während ich neben meinem Gefährt stand und wartete, dass der Trichter für die nächste Fuhre zu mir heruntergelassen wurde, kam mir der Gedanke, dass mich einer meiner Versicherungskunden, der mich nur in dezenten Klamotten kannte, hier im Blaumann stehen sehen könnte. Sicher hätte er mich nicht ganz zu unrecht für einen der unzähligen in der Branche gescheiterten Heinis gehalten, die nur ihren Bekanntenkreis mit neuen Versicherungen eingedeckt hatten und dann wieder in der Versenkung verschwunden waren.

Solche Typen hatte ich immer verachtet. Jetzt war ich selber so einer. In diesem Augenblick schwor ich mir, dass ich mich wieder voll in meine alte Tätigkeit reinhängen würde, sobald ich in diesem Job so viel verdient hatte, dass in der Haushaltskasse wieder Ruhe eingekehrt war.

Es war doch allemal angenehmer und auch Nerven schonender, bei den lieben Kunden auf dem Sofa zu sitzen, als in staubigen Klamotten und vor

Schweiß stinkend über die Schnellstrasse zu rennen und verlorene Eisen-rutschen einzusammeln.

Auf dem Rückweg zur Mischanlage hatte ich das Gefühl, meine Karre schon recht ordentlich im Griff zu haben. Ich fuhr elanvoll rückwärts unter das Rohr und traf es mit meinem Trichter beim ersten Versuch. Noch ein paar Fuhren und ich erledigte das Manöver blind, dachte ich, als ich entspannt auf meinem Sitz in eine Käsestulle biss, während die Trommel hinten vollgeladen wurde.

Ich hatte heute noch eine letzte Fuhre nach Stadtroda, wo Privatleute eine Garageneinfahrt gießen wollten. Relativ sicher lenkte ich meine Kutsche durch die engen Strassen des Kaffs und überfuhr zwei Brücken, die eigentlich für das Gewicht, das ich bewegte, gar nicht zugelassen waren. Das war mir aber jetzt scheißegal. Ich wollte endlich Feierabend haben.

Kurz vor dem Ortsausgang Richtung Neustadt bog ich rechts ab und musste noch eine alte Holzbrücke überqueren, um meine Lieferadresse zu erreichen.

Die Brücke sah nicht besonders Vertrauen erweckend aus und war auch nur bis 9 Tonnen zugelassen, was ich einem entsprechenden Schild entnahm. Trotzdem überfuhr ich sie so langsam wie es ging in der Hoffnung, dass ich nicht einbrach und unten in dem Bach landete. Ich hatte Glück, denn die Brücke war stabiler als sie aussah.

Um meine Kunden zu erreichen, musste ich rückwärts einige hundert Meter einen Feldweg entlang fahren. Als ich die Baustelle erreicht hatte, klemmte ich zwei Rutschen aneinander und ließ den Beton langsam in die vorbereiteten Schalungen laufen. Ich musste den Wagen ab und zu ein paar Meter vorfahren, um die Ladung möglichst gleichmäßig zu verteilen.

Die Jungs, die in ihren Gummistiefeln in dem nassen Beton wateten, waren nach kurzer Zeit in Schweiß gebadet, weil sie mit ihren Schaufeln die zähflüssi-ge Masse möglichst glatt ziehen mussten.

Die Trommel war nur teilweise gefüllt, trotzdem blieb noch ein Rest übrig, da die Deppen sich bei der Bestellung in der benötigten Menge total verrechnet hatten. Ich wollte einige Meter vorfahren, um dann in Ruhe die Rutschen mit dem Wasserschlauch, der am Heck angebracht war, zu säubern.

In Gedanken war ich wohl schon bei meiner Frau, denn ich vergaß, den Hebel für die Trommel von rechts nach links zu stellen, sodass sich die Reste des Betons in einem sauberen Streifen, den ich hinter mir herzog, auf den Feldweg ergossen. Das merkte ich allerdings erst, als ich anhielt und mich zum Heck meiner Kutsche begab. Zum Glück handelte es sich hier nicht um eine asphaltierte Strasse. Außerdem waren die Malocher noch damit beschäftigt, den Beton glatt zu ziehen, sodass sie die Sauerei, die ich hier veranstaltet hatte, gar nicht bemerkten.

Ich holte mir eine Unterschrift von einem der Heinis auf meinem Liefer-schein und sah zu, dass ich so schnell wie möglich verschwand.

Am Ende des Arbeitstages musste die Trommel noch gründlich gesäubert werden. Dazu musste ich den Wagen an eine entsprechende Vorrichtung heranfahren, aus der Wasser und kleine Steine in das Innere des sich drehenden Eisenbehälters gefüllt wurden. Dann ließ ich die Trommel sich einige Minuten mit maximalem Tempo drehen. Danach legte ich den entsprechenden Hebel nach rechts um, damit der ganze Inhalt sich wieder in ein dafür vorgesehenes Bassin ergoss. Eine erhebliche Menge Wasser wurde so lange zusätzlich eingelassen, bis alle Betonreste durch ein grobes Sieb entsorgt waren. So weit die Theorie.

Über Funk wurde mir von einem Kollegen mitgeteilt, dass ich zu diesem Vorgang die Mischanlage in Kahla anfahren sollte, da die Reinigungsanlage in Hermsdorf defekt war.

Ich war stinksauer, weil ich kurz vor meinem Feierabend noch einen erheblichen Umweg auf mich nehmen musste.

Mein Nervenkostüm war von den Aufregungen des Tages nicht mehr das Beste und ich war körperlich ziemlich am Ende. Also fuhr ich schneller als es erlaubt war. Das wurde zwar von meinem Fahrtenschreiber fein säuberlich dokumentiert, war mir aber zu dem Zeitpunkt völlig egal.

Endlich erreichte ich die Anlage in Kahla und machte alles so, wie Gerd es mir erklärt hatte, zumindest dachte ich das.

Als ich den Inhalt meiner Trommel nach dem Reinigungsvorgang abließ, lief das Wasser in Unmengen in das Bassin. So sollte es ja auch sein, nur hatte ich nicht damit gerechnet, dass die Wasserzufuhr gar nicht wieder aufhörte. Das Becken füllte sich langsam bis zum Rand, ergoss sich schließlich auch darüber und flutete dann den ganzen Hof.

Es war niemand da, der mir helfen konnte, und ich wusste gar nicht, was ich falsch gemacht hatte. Ich fluchte vor mich hin, bekam langsam die Panik und fand schließlich eine Eisenstange, die neben dem Bassin herumlag.

In der Hoffnung, den offensichtlich verstopften Abfluss wieder freizubekommen, stocherte ich mit der schweren Stange in dem dreckigen Wasser herum. Dabei saute ich mich mit dem brackigen Zeug völlig ein. Alle Bemühungen waren vergebens, sodass die scheiß Anlage immer mehr Wasser auf den Hof pumpte.

Ich stand kurz vor einem Nervenzusammenbruch, als Porno-Horst mit seinem Pumpenwagen auf den Hof gefahren kam. Ich war noch nie so froh gewesen, einen Perversen anfahren zu sehen.

Er sah die Sauerei und sprang von seinem Bock herunter. „Was machst du denn hier für eine Scheiße, Mann", brüllte er mich an. Bevor ich irgendetwas zu meiner Entschuldigung vorbringen konnte, riss er mir die Eisenstange aus der Hand. Dann sprintete er eine Eisentreppe an der Anlage hinauf und drückte auf einen Knopf, worauf der Wassernachschub augenblicklich gestoppt wurde. Den Knopf hatte ich natürlich nicht gesehen.

„Hast bestimmt zu schnell abgelassen, du Penner, da musste schon ein bisschen mehr Geduld aufbringen. Hat der Gerd, dieser Vollidiot, dir das denn nicht gesagt?"

Ich schüttelte nur noch kraftlos den Kopf, während er mit der Eisenstange in wenigen Augenblicken den Abfluss freibekam. Daraufhin senkte sich der Wasserspiegel in dem Bassin langsam wieder.

Ich musste eine ziemlich Mitleid erregende Figur abgeben haben, wie ich völlig verdreckt und durchnässt in meinem Blaumann dastand. „Nichts für ungut, Mann. Beim nächsten Mal weißt du ja bescheid", war Porno-Horst auf einmal wieder lammfromm. „Fahr jetzt deine Karre nach Hermsdorf und dann nix wie heim zu Mutti."

Das ließ ich mir nicht zweimal sagen. Ich bedankte mich bei ihm noch für seine Hilfe und fuhr beinahe wie in Trance zu unserer Mischanlage zurück.

Als ich endlich wieder zuhause war, schloss ich aus dem entsetzten Blick meines Weibchens, dass sie meinte, einen Fremden vor sich zu haben. Ich versicherte ihr, dass sie sich täuschte, und dann musste sie lachen. Ich fand meinen erbärmlichen Zustand eigentlich gar nicht witzig. Letztlich war ich aber nur froh, dass ich meinen ersten Arbeitstag heile überstanden hatte.

Nach einem ausgiebigen Abendessen ließ ich mich todmüde ins Bett fallen. Morgen früh um vier würde der Wecker wieder klingeln. Als meine Frau zu mir ins Bett kam, war ich längst eingeschlafen. Selbst zum Vögeln war ich an diesem Abend zu kaputt.

Teil II
Heute (2002/2003)

Erholung

Wir sind wie fast jeden Sonntag auf dem Weg zum See. Ganz Jena ist eine Baustelle. Wir schwitzen bei einer Affenhitze im Stau auf der Schnellstrasse Richtung Innenstadt. Als wir an der roten Ampel auf der Höhe des Stadions stehen, beschließe ich keine weitere kostbare Badezeit unnötig zu verplempern.

Unangeschnallt biege ich ohne zu blinken über die geschlossene gelbe Linie nach links ab. Kein Bulle ist zu sehen. Die Aktion spart uns locker eine Viertelstunde.

Der See liegt mitten in der Stadt in einer natürlichen Grünanlage, die sich über mehrere Kilometer an der Saale entlang erstreckt. Wir fahren am schmukken Fußballstadion des FC Carl Zeiss, der auch schon bessere sportliche Zeiten erlebt hat, vorbei. Ich freue mich riesig darüber, dass die Fahrradfahrer meinen, ihnen gehöre die schmale Zufahrtsstrasse alleine.

Die Konsistenz ihrer Gliedmassen maßlos überschätzend schlängeln sie sich zwischen der sich langsam fortbewegenden Autoschlange hindurch. In grenzenlosem Optimismus spekulieren die Radler darauf, dass keiner von den übrigen Autofahrern so viel Restalkohol vom Vorabend in der Birne hat wie ich.

Wir fahren in einem Benz, der bereits zu den Oldtimern zählt. Ich bin für einige Sekunden versucht, einen von den nervenden Heinis auf dem Stern aufzuspießen, der vorne in der Mitte der Motorhaube unseres Luxusgefährtes in der Sonne blinkt. Gerade noch rechtzeitig besinne ich mich aber eines besseren. Bei über dreißig Grad im Schatten habe ich wirklich wenig Lust ellenlange Unfallberichte auszufüllen.

Der Autokonvoi zum kühlen Nass wird garniert mit pessimistischen Fußgängern. Sie haben ihre Wagen für meinen Geschmack viel zu weit vom See entfernt am Ende der ziemlich imponierenden Reihe von geparkten Fahrzeugen abgestellt. Ich bin doch nicht hergekommen, um mir mit der schweren Badetasche über der Schulter einen Wolf zu laufen.

Der Weg entlang der Halle des Leichtathletikvereins ist so schmal, dass neben den bereits abgestellten Fahrzeugen gerade noch mein Wagen vorbei passt.

Ich muss mich wirklich konzentrieren, um nicht einer Muster-Mutti, die einen Kinderwagen vor sich herschiebt, der mit einem geschlossenen Plastikverdeck ausgestattet ist, in die Hacken zu fahren.

Ich fluche ein wenig unangemessen, weil ich wegen der Mutti wieder einen Augenblick anhalten muss. Gleichzeitig frage ich mich, was sie sich dabei gedacht hat, ihren bedauernswerten Nachwuchs bei dieser Hitze in eine Plastikglocke zu sperren.

Ich verfolge diesen Gedanken aber nicht zu Ende, weil es mir eigentlich egal ist.

Stattdessen gebe ich etwas zu viel Gas, um die verlorene Badezeit wieder aufzuholen, nachdem die Mama sich mit ihrem seltsamen Kinderquälergefährt in eine Lücke zwischen zwei geparkte Wagen verdrückt hat.

Von dem allgemein verbreiteten Irrglauben, dass Frauen die besseren Auto-
fahrer sein sollen, kann ich mich im Anschluss überzeugen.

Zwei Tussis in mittlerem Alter kommen mir in einem Kleinwagen entgegen.
Selbst wenn hinter mir nicht mehrere weitere Fahrzeuge aufgefahren wären, die
mir ein Zurücksetzen sowieso unmöglich gemacht hätten, wäre ich stur stehen
geblieben. Ich will doch mal sehen, wie es um die Fähigkeit der Fahrerin bestellt
ist, über hundert Meter einen äußerst schmalen Weg rückwärts zu fahren.

Sie hat eine Sonnenbrille auf, weshalb ich ihre Augen nicht sehen kann. Ich
bin aber trotzdem relativ sicher, dass sie die Panik in denselben hat, als sie rea-
lisiert, dass ich auf keinen Fall zurücksetze. Aus ihrer Grimasse und der Bewegung ihrer Lippen entnehme ich, dass sie wenig damenhafte Flüche ausstößt.
Ihre Beifahrerin steht ihr in der Reaktion auf meine Sturheit in nichts nach.

Zu meinem Vergnügen ergibt sich die völlig verunsicherte Wagenlenkerin
schließlich in ihr Schicksal und legt mit einem laut hörbaren Krachen des
bedauernswerten Getriebes verzweifelt den Rückwärtsgang ein.

Wäre sie etwas entschlussfreudiger gewesen, hätte sie nun nicht auch noch
an der Kinderquälermutti vorbei rangieren müssen, die uns während des Ent-
scheidungsprozesses der entnervten Autofahrerin wieder überholt hat.

Mit völlig unangemessenen Lenkbewegungen fährt sie unter Fortsetzung
ihres Fluchkonzertes in Schlangenlinien rückwärts bis zur Abbiegung, die endlich zum Eingang des Bades führt. Den Gefallen, dabei auch noch eines der am
Rande des Weges abgestellten Fahrzeuge zu rammen, tut sie mir leider nicht.

Als sie endlich den Weg freigemacht hat, biege ich um die Ecke und
spähe nach einem freien Parkplatz auf den letzten hundert Metern bis zum
Kassenhäuschen.

Tatsächlich fährt gerade ein lila Golf rückwärts aus einer Lücke heraus. Aus
der Gegenrichtung kommt ein weiteres Fahrzeug, das weiter vorne gewendet hat.
Der Fahrer spekuliert offensichtlich auch auf den frei werdenden Abstellplatz.

Zu meinem Glück setzt der Golf in seine Richtung zurück und nicht in mei-
ne. Bevor mein Gegner wieder anfahren kann, sprinte ich in die frei gewordene
Lücke. Während ich aussteige, amüsiere ich mich köstlich über die frustrierte
Fresse des Verlierers.

Wir gehen entspannt die fünfzig Meter bis ans Ende der Schlange, die sich am
Kassenhäuschen gebildet hat.

Mein Blutdruck steigt wieder leicht an, weil diese Penner von der Stadt zu
geizig sind, eine zweite Kasse zu öffnen, um dem Ansturm der Erholungssu-
chenden einigermaßen gerecht zu werden. Wie soll es denn mit der Wirtschaft
wieder bergauf gehen, wenn selbst in offensichtlich florierenden Bereichen keine neuen Leute eingestellt werden?

Als wir schließlich die Familienkarte gelöst haben, steht dem Vergnügen
nichts mehr im Weg.

Wir marschieren an der Pommesbude vorbei, in welcher der Inhaber und
seine Alte wieder einmal logistisch versagen. Ich rechne hoch, dass der letzte

Hungernde in der Menschenschlange, die sich davor gebildet hat, seine frittierten Kartoffelspalten frühestens in einer halben Stunde in Empfang nehmen kann. Das Warten in der prallen Sonne schadet seiner beachtlichen Wampe auf jeden Fall nicht.

Würde der Pommes-Fritz noch eine weitere Tante zur Fressalienverteilung organisieren, könnte er deutlich mehr von seinem fettigen Zeug, welches allerdings hervorragend schmeckt, unter das Volk bringen.

Ich bin mit Sicherheit nicht der einzige unter den paar Tausend Menschen im Bad, der gewillt wäre, auf seinen Cholesterinspiegel zu pfeifen. Dafür bin ich aber nicht bereit, stundenlang die Tätowierung auf dem Rücken meines Vordermannes in der Warteschlange zu bewundern.

Auf dem Weg, der mit Betonplatten ausgelegt ist, die sicher noch aus Zonenzeiten stammen, latsche ich mit meinem Gummischlappen in einen heruntergefallenen Haufen Pommes rot-weiß. Schade um das leckere Zeug.

Mit erhöhter Aufmerksamkeit setzen wir den Marsch zur Liegewiese am See fort.

Wir kommen an den Umkleidekabinen und Fäkalienentsorgungseinrichtungen vorbei. Tatsächlich entdecke ich einige Meter weiter noch eine breitgetretene Portion frittierter Leckereien, nur dieses mal ohne Mayo.

Warum stellt sich jemand stundenlang an, um Geld für Nahrungsmittel auszugeben, wenn er sie anschließend als Tretminen auf dem Fußweg platziert?

Der Plattenweg endet kurz vor der Liegewiese. An der Stelle liegen hauptsächlich Großfamilien, die mit dem Gekreisch ihres Kindersegens für wenig Lebensqualität sorgen.

Einige Meter weiter links liegt das neue Pissbecken für die lieben Kleinen, von dem ein unerträglicher Lärm herüberschallt. Bloß weg hier.

Wir gehen am Seeufer entlang.

Links von uns stehen einige uralte Bäume, die zu den wenigen Schattenspendern im Bad gehören. Auf der begrenzten kühlen Fläche darunter liegen die Weicheier zusammengepfercht wie die Ölsardinen in ihrer Dose.

Es wird gelabert, geraucht, Sound aus Ghetto-Blastern gehört, gesoffen, Karten gespielt, geflirtet, geknutscht, gespannt, gedöst, geschlafen, geschwitzt, gestunken, gegessen, gelesen und wahrscheinlich auch gefurzt. Diese Konzentration allzu menschlicher Geräusche und Gerüche ist nichts für uns.

Wir suchen uns einen der wenigen freien Plätze in der Nähe des Wassers, damit wir zum Abkühlen keinen Gewaltmarsch auf uns nehmen müssen.

Hier ist es nicht ganz so voll wie im Schattenbereich, sodass wir wenigstens nicht Gefahr laufen, uns beim Wenden unserer müden Körper auf dem Handtuch des Nachbarn wieder zu finden.

Ich breite unsere Badetücher aus und checke dabei schon mal das Tittenangebot in meinem Sichtfeld. Ich bin zufrieden und freue mich schon darauf, später in aller Ruhe durch meine Sonnenbrille die Inspektion der weiblichen Attribute zu intensivieren.

Meine Frau entblößt wie die meisten anderen Damen hier im Bad ebenfalls ihre herrlichen Exemplare. Dann legt sie sich auf ihrem Handtuch auf den Rücken und schläft schon bald ein.

Es ist gestern Abend wieder exzessiv gewesen.

Mein zwölfjähriger Sohn trollt sich mit seinem Ball sofort ins Wasser und findet bald eine Horde kreischender Spielkameraden.

Zunächst lege ich mich auf den Rücken und stütze mich auf beide Ellenbogen, damit ich das Geschehen im Wasser besser beobachten kann.

Einige gehirnamputierte Volltrottel malträtieren eine Luftmatratze. Zwei von den drei Heinis halten sie einige Meter entfernt vom Ufer fest, damit sie sich nicht wehren kann. Jeweils der dritte im Bunde springt dann mit Anlauf und den Füssen voran auf das harmlose Badeutensil.

Nach jeder neuen Sprungeinlage glotzen die Spinner verstohlen in die Richtung dreier barbusiger Junghühner, die schräg rechts vor mir liegen.

Offensichtlich hoffen sie, dass die Girlys ihnen auch noch applaudieren. Ich halte es eher für wahrscheinlich, dass sich einer von den Dreien früher oder später seinen hohlen Schädel auf dem mit allerlei Steinchen übersäten Grund des Sees einrammt. Das Wasser ist nämlich an der Stelle ihrer hirnlosen Darbietung noch recht flach. Meinen Applaus hätten sie dann allerdings sicher.

Zwei blonde Schönheiten schlendern am Ufer entlang. Sie lutschen genüsslich an ihren Wassereisstangen, als würden sie gerade jemandem einen blasen.

Kurz bevor ich einen ansehnlichen Ständer bekomme, beleidigt der Anblick eines fetten Schlachtrosses meine Augen, das sich gerade aus dem Wasser wälzt. Mein kleiner Freund regt sich schlagartig wieder ab.

Ich beobachte meinen Sohn dabei, wie er gekonnt seinen Ball wenige Zentimeter neben zwei recht ansehnlichen Schnecken auf die glatte Wasseroberfläche klatschen lässt. Die beiden waren gerade dabei, vorsichtig ihre Füße ins Wasser zu tauchen, um die Temperatur zu checken. Die fiesen kleinen Wassertropfen spritzen ihnen bis zum Bauchnabel, wo es am gemeinsten ist. Sie quieken vor Schreck. Der Bengel hat gut von seinem Vater gelernt.

Der Nichtschwimmerbereich wird durch eine Kette begrenzt, die von roten Plastikschwimmern über Wasser gehalten wird. Einige Meter dahinter treibt eine Doppelluftmatratze auf dem Wasser. Auf ihr liegt eine überaus attraktive Brünette auf dem Rücken.

Ihre Beine sind so weit auseinandergespreizt, wie ich es anatomisch für fast unmöglich halte. Ihre mehr als überzeugenden Ballons ragen trotz ihrer Liegeposition steil in die Höhe, wahrscheinlich dank einer ordentlichen Portion Silikon darin.

Nach einer Weile suche ich wieder den Teich gegen die blendenden Sonnenstrahlen nach der Silikon-Torte ab. Statt der gespreizten Beine entdecke ich einen Frauenkopf mit hochgesteckten Haaren, der rhythmisch auf und ab wippt. Mehr kann ich nicht erkennen, da unmittelbar davor eine Horde wild gewordener Schwachmaten einen Kampf veranstaltet. Er wird nicht nur von tierischem Gebrüll, sondern auch von gehörigen Wasserfontänen begleitet.

Ich will gerade meine verschlafen blinzelnde Gattin fragen, ob wir nicht auch mal ins Wasser gehen wollen, da bekomme ich einen Volleyball an die Birne.

Diese rücksichtslosen Sportfetischisten spielen auch noch auf einem Bierdeckel, wenn es sein muss. Dabei ist es denen scheiß egal, dass sie einem mit ihrem unfachmännisch gehandhabten Sportgerät die wohlverdiente Sonntagmittagserektion versauen. Mein Halbständer, der sich noch in der Aufbauphase befindet, zieht sich zum zweiten Mal in den letzten zehn Minuten enttäuscht zurück. Zur Strafe schleudere ich den verdammten Ball so weit ins Wasser wie ich kann. Das haben die Arschlöcher nun davon.

Ich versuche den wippenden Haarschopf wiederzuentdecken. Zu meinem Bedauern scheint die Nummer schon beendet zu sein. Stattdessen kommt von links ein Vertreter der Nudistenfraktion in mein Blickfeld. Sein Profil entspricht dem eines Bierfasses. Sein Minipimmel baumelt zwischen seinen Eiern, die ich nur erahnen kann. Sie werden fast vollständig von seinem mächtigen Bär verdeckt.

Jetzt habe ich erst mal die Schnauze von der Realität gestrichen voll. Ich lege mich auf den Bauch und schließe die Augen. Dabei stelle ich mir vor wie ich zu der Silikonbraut auf die Matratze steige und entspanne mich.

Während ich in meiner Phantasie ihre mächtigen Möpse massiere, belausche ich das Sprachengewirr in meiner näheren Umgebung.

Zwei Prolos machen sich in bestem Thüringisch, das ich mittlerweile ganz gut verstehe, über den schwarzen Bär einer Tante lustig, die im Nacktarschbereich zeigt, was sie hat.

Das Gespräch, das zwei südamerikanische Studentinnen einige Handtücher weiter führen, kann ich wegen meiner begrenzten Spanischkenntnisse nur noch teilweise verstehen. Ich fühle mich an einen Mittelmeerstrand in meinem Lieblingsurlaubsland versetzt. Da ich aber nun mal nicht in der Zone aufgewachsen bin, verstehe ich keine Wort von dem, was die Russen direkt hinter uns lautstark besprechen.

Direkt hinter den lamentierenden Osteuropäern sitzt eine alte Schachtel in einem Badeanzug und starrt in eine Tageszeitung. Ihre mächtigen, bloßgelegten Euter liegen auf ihren nicht minder umfangreichen Oberschenkeln auf. Ich habe ja nichts gegen große Dinger, aber irgendwo hört der Spaß auf.

Die zwei Süßen, die sich mit coolen Spiegelsonnenbrillen ausgestattet haben und braun gebrannt sind, haben Musterexemplare von Igelschnuten, einfach klasse. Ich muss meinen Arsch leicht anheben, damit mein kleiner Freund, der gerade wieder zu einem ganz Grossen wird, nicht an Blutmangel leidet.

Weiter hinten macht eine offensichtlich paarungswillige Zeitgenossin Kopulationstrockenübungen. Sie liegt mit ihrem Bauch auf dem Rücken ihres beneidenswerten Partners. Dabei reibt sie ihre Muschi an seinem Hintern. Sie hat formvollendete nahtlos braune Pobacken.

Halb rechts liegt eine Braut, die ungeniert zu mir herüberschaut. Da ich eine Sonnenbrille trage, kann ich ihrem Blick problemlos standhalten. Sie lächelt mich herausfordernd an. Ich lächle zurück, nachdem ich mich mit einem Seitenblick davon überzeugt habe, dass meine Weibchen noch brav schläft.

Wenn mir nicht gleich einer abgehen soll, muss ich mir einen anderen Anblick suchen.

Ich spähe nach rechts, wo sich der Nackt-Arsch-Bereich befindet. Bei dem sich mir darbietendem Anblick brauche ich nicht lange, um meinen Hintern wieder in eine entspannte Position bringen zu können.

Auf einer frei gebliebenen Fläche spielt eine Gruppe gänzlich Unverhüllter Volleyball. Den Anblick von wippenden Brüsten lasse ich mir ja gerne gefallen. Bei jeder Bewegung baumelnde Klöten sind aber nicht unbedingt meine Geschmacksrichtung.

Völlig bedient wende ich meinen Fokus nach links, in der Hoffnung erfreulichere Anblicke genießen zu können.

Eine größere Fläche, die soeben eine Clique von Teenies frei gemacht hat, wird von einer Primatensippe in Beschlag genommen.

Die Rolle des Silberrückens übernimmt ein grauhaariger alter Sack mit einem runden, mächtigen Bierbauch, dessen Umfang dem des Chefs der Gorillafamilie im Leipziger Zoo alle Ehre gemacht hätte. Er setzt sich auf ein Handtuch und beobachtet die beiden Weibchen bei der Herrichtung des Lagers.

Die eine von beiden ist fett wie ihr Chef. Sie trägt einen Badeanzug, den sie bestimmt noch in einem Konsum zu dunkelsten Zonen-Zeiten erworben hat.

Die andere ist beängstigend dürr, hat eine beeindruckende Reihe von Zahnlücken in ihrer Kauleiste aufzuweisen. Fettige strähnige Haare fallen ihr ins Gesicht.

Der Stecher der Fettel ist so hager wie die Hässliche. Seine Haut hat offensichtlich seit Jahren keine Sonne gesehen, sie ist schneeweiß. Ich freue mich schon auf den Megasonnenbrand, den er sich heute einhandeln wird.

Der Typ, der perverser Weise offensichtlich die Hässliche geschwängert hat, trägt stolz eine Wampe vor sich her. Sein ganzer Körper ist knallrot von einem überzeugenden Sonnenbrand. Wahrscheinlich konnte er sich von der Sozialhilfe, die er von meinen Steuergeldern bezieht, keine Sonnencreme mehr leisten. Die hat er mit Sicherheit lieber in Dosenbier umgesetzt.

Wie auf mein Stichwort hin zieht die Hässliche drei Hülsen eines billigen Gerstensafts aus einer Aldi-Plastiktüte und reicht sie dem Primaten.

Die vier dazu gehörenden Sprösslinge in verschiedenen Altersklassen sind erstaunlicher Weise mehr als wohl genährt. Offenbar legen die weiblichen Erziehungsberechtigten aber wenig Wert auf eine ausgewogene Ernährung.

Sie ziehen aus einer anderen Plastiktüte mit dem Logo des gleichen Feinkostgeschäfts, von dem sie die eben verteilte Flüssignahrung bezogen haben, Chips- und Flips-Tüten hervor. Damit stellen sie den Nachwuchs ruhig, der sich sofort dankbar über den schmackhaften aber ungesunden Inhalt hermacht.

Ich habe genug gesehen und wecke meine Frau. Sie stimmt meinem Vorschlag sofort zu, einen Kaffee an der Pommes-Bude einzunehmen. Mein Sohn signalisiert sein Interesse an einem Eis.

Wir gehen am Seeufer entlang und sind einigermaßen benebelt von der unglaublichen Hitze. Ich vernehme die durch ein Megaphon verstärkte Stimme des Bademeisters, der irgendwelche Idioten öffentlich zusammenscheißt, weil sie den abgegrenzten Schwimmbereich des Sees verlassen haben.

Bei unserem Marsch über die Steinplatten können mich die beiden mittlerweile von unachtsamen Badegästen völlig platt getretenen Pommesrationen nicht mehr überraschen. Dankbare Insekten paaren sich darauf.

Vor der Pommesbude ist die Schlange der hungrigen Gäste seit unserem Betreten des Bades nicht kürzer geworden. Da wir nur Kaffee bestellen wollen, die meisten von den Heinis aber Pommes verlangen, deren Frittierung wie ein gut gezapftes Bier nun mal ihre Zeit braucht, gehe ich direkt vor an die Theke.

Der Chef kennt mich gut, da ich seit Jahren durch meinen regelmäßigen Frittenkonsum seinen Lebensunterhalt finanziere. Ich bestelle bei seiner Angestellten, die für die Getränke zuständig ist, zwei Becher Kaffee mit Milch. Sofort echauffiert sich eine Proletin in der Schlange. Sie meint, dass ich doch wohl genauso viel Zeit hätte wie alle anderen.

Das Gemecker tangiert mich nur peripher.

Mein Blick fällt auf eine Mutti, die maximal dreizehn Jahre alt ist. Ich traue zunächst meinen Augen nicht. Sie hat zwar recht fette Oberschenkel, wozu eine entsprechende Wampe gepasst und mich auch nicht weiter verwundert hätte. Der Kugelbauch, den sie stolz vor sich herträgt und der unter einem nur halblangen von Flecken übersäten T-Shirt hervor lugt, rührt allerdings keinesfalls von übermäßiger Fresserei her.

Hinter ihr steht ein hageres Bübchen, dass nicht viel älter ist als die werdende Kindermutti. Er hat seine Hände um ihre Hüftringe gelegt.

Offenbar haben die beiden Schwachköpfe das im Bio-Unterricht frisch erworbene Fachwissen über die menschliche Fortpflanzung erfolgreich in die Tat umgesetzt. Womöglich passierte das Debakel auch noch, während sie die Schulstunde geschwänzt haben, in der es um Verhütung ging.

An unserem Nachbartisch sitzen vier Proleten, die sich lautstark übers Ficken auslassen. Ihre Birnen sind nicht nur von der Sonne knallrot. Vor ihnen stehen jeweils halbleere Biergläser. Einer erhebt sich gerade mit einiger Mühe und wankt zum Bierstand, um schon mal eine neue Runde zu organisieren.

Doppelkinn und Wanne, mit denen alle vier ausgestattet sind, lassen auf den Beruf des Profi-Säufers schließen. Ich bin überglücklich, ihnen mit meinen Steuergeldern einen sorglosen Tag im Bad finanzieren zu dürfen.

Es ergießt sich immer noch ein Strom von Erholungssüchtigen am Kassenhäuschen vorbei ins Bad.

Ich entdecke zwei weibliche Teenies, die trotz schon recht beeindruckender Wampen bauchfreie T-Shirts tragen. Zumindest haben sie ein gesundes Selbstbewusstsein.

Ein Typ von der ewig jung gebliebenen Sorte mit graumeliertem Haar, wahrscheinlich ein Anwalt oder Urologe, schiebt in perfektem Radfahreroutfit sein nagelneues Rennrad vor sich her. Das Mitbringen von Fahrrädern ins Bad ist hier wie ein Dutzend anderer Verhaltenweisen strengstens verboten. Irgendwie hat er sein Gefährt an dem Kassenhäuschen vorbeigeschmuggelt.

Der Bademeister wird ihn schon entdecken und dann genauso zusammenscheißen wie alle anderen Schwachmaten, die sich nicht an die klar definierten Regeln in dieser kommunalen Einrichtung halten wollen. Wer die überall angebrachten Verbotsschilder geflissentlich ignoriert, wird halt öffentlich an den Pranger gestellt.

Ein Rentnerpaar kommt vorbei. Offenbar konnten sie sich in den letzten dreizehn Jahren noch nicht das nötige Kleingeld für eine neue Badetasche vom Munde absparen. Sie tragen ihre Badeutensilien in völlig vergilbten Jute-Taschen, die in unserem sozialistischen Vorgängerstaat zur Standardausrüstung eines jeden Bürgers gehörten.

Ich registriere, dass die hässlichen Dinger zumindest länger halten als jede moderne Tragehilfe, die heute für harte Euros von diversen Markenfirmen erworben werden kann.

Einer von den unvermeidlichen Waschbrettbauchheinis stolziert vorbei wie ein Auerhahn. Sofort kommt mein schlechtes Gewissen durch, weil ich seit Wochen zu faul fürs Fitness-Studio bin. Ich spüre schmerzhaft meinen Bauchansatz über dem Rand der Badehose.

Unwillkürlich setze ich mich gerade hin und spanne meine Bauchmuskeln an. Zum Glück trage ich ein T-Shirt, sodass meine Frau den Vorgang nicht mitbekommt. Stattdessen gafft sie bewundernd zu dem Angeber rüber.

Ich werde durch die Megaphonstimme des Oberaufsehers ein wenig für den Frust entschädigt, der gerade in mir hochkommt. Wie von mir nicht anders erwartet, schickt er den Radfahrer zurück zum Ausgang, wo er sein Sportgerät ordnungsgemäß abstellen soll. Ich grinse schadenfroh vor mich hin. Wir haben unseren Kaffee ausgetrunken und machen uns auf den Weg zurück zu unseren Handtüchern.

Der Radler kommt uns auf halbem Weg entgegen. Seiner verkniffenen Miene entnehme ich, dass er stinksauer ist. Ich grinse ihn an, verkneife mir aber einen passenden Kommentar.

Am Himmel mache ich einige bedrohlich wirkende Turmwolken aus, die ein Gewitter ankündigen. Wir bleiben jedoch stur und legen uns erst einmal wieder auf unsere Badetücher.

Einige Nacktärsche verlieren beim Anblick der immer dunkler werdenden Wolken schon langsam die Nerven. Sonnenschirme und Strandmuscheln werden überall abgebaut. Wer seinen vollständigen Hausrat und die Campingausrüstung mit ins Bad schleppt muss halt eher mit den Aufräumarbeiten beginnen.

In einiger Entfernung sitzt eine Gruppe Twens. Einer von ihnen spielt sich als Alleinunterhalter auf. Mit einer Flasche Bier in der Hand, dessen Inhalt ihn offensichtlich schon relativ schwerhörig gemacht hat, gibt er lautstark einen Witz nach dem anderen zum Besten.

Die Hühnchen in der Gruppe scheinen genauso wenig begeistert zu sein wie ich. Die Pointen seiner Sketche sind so flach, dass sie ihnen gerade mal ein müdes Grinsen entlocken, was den Witzbold aber nicht entmutigt.

Der unaufhörliche Erguss von verbalen Tiefflügen wird plötzlich unterbrochen von megalautem Rap-Sound, der an meine Ohren dringt. Einige Meter entfernt entdecke ich eine Horde von fünfzehnjährigen Schwachköpfen, die offenbar nur eine recht lückenhafte Erziehung genossen haben. Ich überlege eine Weile, ob ich den rücksichtslosen Chaoten ihre Grenzen aufzeigen soll.

Als ich mich endlich dazu durchgerungen habe, dem stressigen Platz-Konzert ein Ende zu bereiten, sehe ich, wie von hinten ein Bartträger auf die Rowdys zusteuert. Mit recht ausgefeilten Formulierungen versucht er sie dazu zu bewegen, den Sound zumindest auf Zimmerlautstärke herunterzufahren.

Die unverschämten Reaktionen der jugendlichen Musikfreunde zeigt mir jedoch, dass deren Erziehung nicht nur lückenhaft war, sondern eher gar nicht stattgefunden hat. Dafür verfügen die Kerle aber über ein erstaunliches Repertoire von Schimpfworten, mit denen sie den Bärtigen belegen. Er will genau in dem Augenblick ihrer Aufforderung sich zu verpissen nachkommen, als ich den ersten Regentropfen auf meinem Rücken spüre.

Ich war von den Dramen um mich herum so abgelenkt, dass ich gar nicht bemerkte, dass der Himmel sich in den letzten Minuten bedrohlich zugezogen hat. Wenige Sekunden später vernehme ich den ersten Donner, der endgültig das Signal zum Aufbruch gibt.

Meine Frau schreckt aus ihrem Schlaf hoch und fragt mich, warum ich sie nicht eher geweckt habe. Angesichts der sich dramatisch zuspitzenden Großwetterlage habe ich keine Zeit, ihr detailliert Bericht zu erstatten. Stattdessen fordere ich meinen Sohn auf sich zügig anzuziehen.

Da der Kerl immer noch denkt, dass ihm irgendjemand seinen kleinen Pimmel wegschauen könnte, bewegt er sich zu der Umkleidestelle, die mitten auf der Liegefläche postiert ist.

Wir packen unsere Klamotten in die Badetasche und warten recht ungeduldig auf seine Rückkehr.

Die proletenhaften Rap-Freunde haben ihren Ghetto-Blaster in einer Plastik-tüte vor dem drohenden Regen in Sicherheit gebracht, weshalb von dem Sound nicht mehr viel zu hören ist.

Die Primaten-Familie tritt in respektabler Ordnung den Rückzug an.

Überall um mich herum verpackt die holde Weiblichkeit ihre Tüten in meist recht enge T-Shirts.

Wenn der Regen richtig losgeht, bevor wir unser Auto erreichen, kann ich mich noch über ein Schauspiel ganz besonderer Art freuen. Für den durchaus erregenden Anblick sich unter klitschnassen Textilien abzeichnender weiblicher Rundungen muss man an anderer Stelle einen Haufen harter Euros hinlegen.

Der Himmel tut mir den Gefallen. Als mein Sohn endlich aus der Umkleide-kabine kommt, beginnt der Platzregen. Ich genieße die Show, während wir uns in den Strom der zum Ausgang Flüchtenden einreihen.

Lebensqualität

Es ist Montagabend. Ich sitze mit meinem Kumpel Fritz beim Italiener am Markt. Er ist Steuerberater und verdient einen Haufen Geld. Manche Frauen finden seine graumelierten Haare erotisch. Er ist Ende Dreißig, spielt zwar regelmäßig Tennis, kann damit aber trotzdem nicht einen gewissen Bauchansatz verhindern, der von gelegentlichem Bierkonsum herrührt. Er ist unverheiratet und hat sich vor einigen Monaten eine rothaarige Studentin geangelt, die erst Anfang zwanzig ist. Heidi studiert Journalismus und möchte irgendwann zum Fernsehen.

Es ist noch sehr warm. Der Sommer lässt in diesem Jahr nichts zu wünschen übrig.

Ungefähr zwanzig Tische, von denen mehr als die Hälfte besetzt sind, stehen auf den Pflastersteinen vor dem Eingang des Restaurants. Offensichtlich gibt es noch genug Leute, deren Geldbeutel nicht nur fürs Wochenendvergnügen ausreicht.

Fritz studiert die Karte, obwohl er sie auswendig kennt. Er kommt mindestens dreimal in der Woche zum Essen her. „Die Pizza ist hier sehr gut. Ich kann dir die mit Parma-Schinken und Ruccola empfehlen", gibt er mir fröhlich einen gut gemeinten Tipp.

Ich studiere ebenfalls die Karte und sehe, dass die von ihm empfohlene Pizza ganz am Ende der angebotenen Varianten steht, was bedeutet, dass sie auch die Teuerste ist. 7 Euro 65 sind mir ein bisschen zu fett. Die Geschäfte laufen zurzeit nicht allzu gut.

„Ich habe zuhause schon gegessen", will ich mir keine Blöße geben. Ich kann mich immer noch nicht daran gewöhnen, dass diese Arschgeigen in der Gastronomie innerhalb von knapp zwei Jahren seit der Einführung des Euro die D-Mark Preise einfach durch die neue Währung ersetzt haben. Kein Mensch hätte 15 Mark für eine schäbige Pizza hingelegt, jedenfalls nicht hier im Osten.

„Was darf es sein", fragt uns die recht agile Kellnerin. Sie sieht zwar nicht allzu gut aus, dafür ist sie aber sehr freundlich. Ich kenne auch eine ganze Reihe gegensätzlicher Beispiele in ihrer Branche.

Fritz bestellt sich die angesprochene Pizza und eine Königin unter den Bieren. Ich schließe mich seinem Getränkewunsch an und gönne mir dazu eine Portion Bruschetta für 2,65, damit ich ihm nicht völlig tatenlos beim Essen zuschauen muss.

„Wo ist denn deine Heidi", will ich wissen, während wir auf unser Bier warten.

„Das Kleine muss noch lernen, es schreibt morgen irgendeine Klausur", antwortet er.

In der Regel spricht er von ihr wie von einem Spielzeug, meint das aber nicht so. Seine Wortwahl amüsiert mich immer wieder aufs Neue, weshalb ich auch gerne mit ihm zusammen bin.

Am Nachbartisch sitzen zwei Geschäftsleute mit ihren Frauen. Die Kerle tragen Hemden mit Krawatten und haben ihre Jacketts wegen der Hitze über die Stuhllehnen gehängt. Die Damen sind ziemlich aufgedonnert und tragen nach meiner Einschätzung nicht gerade billige Kostüme.

Alle vier versuchen abwechselnd in relativ holprigem Englisch mit einem schmächtigen Japaner Konversation zu machen. Er hat sich taktisch klug direkt gegenüber von den beiden Schnallen postiert. Wahrscheinlich wollen sie ihn zu irgendeinem Deal belabern.

Der vermeintlich italienische Wirt, der in Wirklichkeit irgendwo aus dem Balkan kommt, empfiehlt als Vorspeise frische Krabben. Ich lache mich jetzt schon schlapp, wenn ich an die saftige Rechnung denke, die der Typ, der die Bestellung aufgibt, später präsentiert bekommen wird. Er trägt einen Vollbart und hat offensichtlich Komplexe, wie jeder Bartträger. Um nicht wie ein Loser dazustehen, fragt er gar nicht erst nach dem Preis für die Schalentierchen, die nur gelegentlich angeboten werden und deshalb auch nicht auf der Karte stehen.

Der gewiefte Patron empfiehlt dazu eine gemischte Vorspeisenplatte, weil er längst erkannt hat, dass der Kerl sowieso nicht nein sagen kann. Wenn er sich wie ein armer Schlucker gebärdet, kann er das Geschäft mit dem Japaner gleich vergessen.

Mit der Getränkeauswahl möchte der Bärtige offensichtlich finanziell wieder Punkte gut machen und ist sich mit seinem Kollegen schon einig, ein kleines Bier zu bestellen, als der Japaner sich für ein großes Schwarzbier entscheidet. Die beiden Kerle schließen sich seinem Wunsch zähneknirschend an, um nicht wie Bettnässer dazustehen.

Die Ladys schrauben den Rechnungsbetrag weiter nach oben, indem sie sich vom Chef eine Flasche Barolo empfehlen lassen, die auch nicht auf der Karte steht, was ich durch einen kurzen Blick in dieselbe feststelle.

Unser Bier wird serviert. „Prostata", ruft Fritz nicht gerade in Zimmerlautstärke aus, sodass die beiden Schnallen vom Nachbartisch pikiert zu uns herüberschauen. Wir stoßen mit unseren Gläsern an und lachen etwas zu laut.

„Wie war dein Wochenende", will ich von Fritz wissen, während ich zwei jüngere Schnecken mustere, die sich an einen freien Tisch setzen, der optimal in meinem Blickfeld liegt.

Die eine hat blonde kurze Haare, schöne Brüste und trägt eine für den Umfang ihres Hinterns etwas zu enge Hose. Über die Tatsache, dass sie trotz eines schon recht männermäßigen Bauchansatzes ein knalleenges T-Shirt trägt, das nur bis kurz über ihren Nabel reicht, wundere ich mich schon nicht mehr. Einige Mädels tragen heutzutage ihre Bäuche wie Statussymbole vor sich her.

Ihre Freundin ist megaschlank, sodass mir spontan der Verdacht kommt, dass sie unter Bulimie leiden könnte. Nur die Formen ihrer Hüften und ihr recht hübsches Gesicht lassen erkennen, dass sie ein Weibchen ist, denn entsprechende Rundungen im Brustbereich sind praktisch nicht vorhanden. Sie trägt Jeans und ein Bauchfrei-Top, welches sie sich im Gegensatz zu ihrer Freundin figürlich ohne Zweifel leisten kann.

„Heidilein und ich waren auf einem See im Norden Motorboot fahren", antwortet Fritz und nimmt einen Schluck aus seinem Glas. „Wir hatten ein Top-Hotel, vier Sterne, und sind den ganzen Tag mit 200 PS über den Tümpel geheizt. Das ist echte Lebensqualität, Alter", berichtet er begeistert.

„Darf man da denn so schnell fahren, wie man will", hake ich nach.

„Natürlich nicht, aber wo bleibt denn sonst der Spaß", antwortet er. „Ich miete mir doch nicht für 100 Euro am Tag so eine Rakete und schippere dann wie ein Sonntagsfahrer über den Teich. Einmal haben mich die Bullen vom Ufer aus geblitzt. Die paar Euro habe ich gerne bezahlt, scheiß drauf."

Unser Essen wird von der freundlichen Bedienung serviert.

„Ich nehme noch ein Königliches", bestellt sich Fritz Nachschub. Er legt wie üblich eine Schlagzahl vor, der ich nur am Anfang folgen kann. Ich ordere mir auch noch ein Glas, obwohl meins noch halb voll ist.

Fritz erspäht die beiden Junghühnern und kommentiert ihr Erscheinungsbild mit einem dezent ausgestoßenen „Ficken". Dann beginnt er seine Edelpizza zu verschlingen, indem er sich riesige Stücke abschneidet, sie zusammenrollt und sich in den Mund schiebt. Ich hätte Angst um seine Sauerstoffversorgung, wenn ich nicht wüsste, dass er diese Vertilgungstechnik meisterlich beherrscht. Ich beiße ein Stückchen von einer meiner drei Bruschetta ab, die übersichtlich auf meinem überdimensionalen Teller angeordnet sind.

Die beiden Tischnachbarinnen bestellen sich Prosecco-Schorle mit einer Erdbeere. Ich wusste bisher gar nicht, dass es so was gibt. Sie sind ziemlich gut gelaunt. Ich schneide mit, dass eine von beiden eine Boutique führt und sehr zufrieden mit dem heutigen Umsatz ist.

Am Japanertisch lässt man sich die Krabben schmecken. Die Geschäftstypen sind sichtlich erleichtert, dass sie keine gequälte Konversation mehr betreiben müssen, da ihr Gast sich ganz auf sein Essen konzentriert. Ihre Partnerinnen lästern über irgendeine Bekannte, während sie ihre Teller gekonnt mit den Lekkereien von der Vorspeisenplatte auffüllen.

Fritz bestellt sich noch eine Tulpe. Ich setze dieses mal aus, da ich mein zweites Glas gerade erst angetrunken habe.

„Fährst du mit deinem Heidilein im Sommer auch in den Urlaub", möchte ich von ihm wissen.

„Klar Mann, an die Riviera, Fünf-Sterne-Kasten. One of the leading Hotels in the world", haut er mächtig auf die Kacke. „Das kostet mich in der Woche locker ein paar tausend Euro. Man gönnt sich ja sonst nichts." Er hat seine Pizza schon fast verschlungen.

Die beiden Prosecco-Schorle-Schnecken quasseln in einem rasanten Tempo aufeinander ein. Ich kann nicht genau verstehen, worum es geht. Sie scheinen sich dabei aber gut zu amüsieren.

Fritz wird ab dem dritten Bier schon langsam voll. Er stiert mit leicht glasigem Blick zu den Bienen rüber und teilt mir in einer Lautstärke seine Gedanken mit, die mich befürchten lassen, dass sie keinem der übrigen Gäste entgehen können. „Die Jungen Damen zucken bestimmt gerne im Genitalbereich."

Nachdem ich mich vergewissert habe, dass keiner der Anwesenden den Spruch mitbekommen hat, bin ich einigermaßen erleichtert und lache laut über seinen Spruch.

„Prostata", kommt wieder von Fritz. „Wir sind schließlich nicht zum Vergnügen hier."

Wir stoßen gerade an, als Herbert zufällig vorbeikommt. Er ist Mitte fünfzig und verdient sein Geld mit Import-Export-Geschäften, die nach seiner Darstellung zurzeit aber alles andere als gut laufen. Er hat einige Ehen hinter sich und ist seit ein paar Jahren wieder solo. Für sein Alter hat er sich sehr gut gehalten.

„Mensch Herbert, du altes Haus", brüllt Fritz über den halben Marktplatz.

Der Gerufene, der uns bis dahin noch nicht gesehen hatte, entdeckt uns, grinst und kommt an unseren Tisch. Nachdem er uns artig die Hand gegeben hat, setzt Herbert sich auf einen der beiden freien Stühle. „Ich war gerade auf dem Weg zum Stammtisch. Ihr beide habt wohl heute keine Lust", stellt Herbert fest.

„Die Runde war doch in den letzten Wochen recht öde", gebe ich zur Antwort. „Fritz und ich brauchten mal ein bisschen Abwechslung. Wir können ja später immer noch rüber gehen."

Herbert trägt italienische Schuhe, die ein halbes Monatsgehalt einer C&A Verkäuferin gekostet haben müssen. Seine Beine stecken in einer Markenjeans. Über einem weißen Hemd, das am Kragen weit offen steht, leuchtet eine Weste aus Segeltuch, die in einem knalligen Rot gehalten ist. Auf der linken Brust leuchtet der Schriftzug der exklusiven Herstellerfirma in Weiß. Für meinen Geschmack wäre das Teil eher was für eine der beiden Prosecco-Schorle-Schnecken gewesen.

„Tolles Outfit", bemerkt Fritz anerkennend. Er hat den Markennamen gesehen, was für ihn ausreicht, um das Teil kritiklos toll zu finden. Ich sage dazu nichts, nehme stattdessen noch einen Schluck Bier.

„250 Euro hat mich das Ding gekostet", bemerkt Herbert ungefragt. „Ich habe die Weste letzte Woche in Erfurt bei meinem Lieblingsherrenausstatter gesehen und musste sie einfach haben."

Ich frage mich, ob ich in zwanzig Jahren, wenn ich auch so alt wie Herbert bin, ebenfalls das Gefühl haben werde, wie ein Teeny rumlaufen zu müssen. Mir liegt ein entsprechender Kommentar auf der Zunge. Ich reiße mich aber zusammen, weil ich Herbert mag und die gute Stimmung nicht gefährden will. Außerdem frage ich ihn auch gar nicht erst, wie er sich das Teil leisten kann, wo doch seine Branche nach seinen eigenen Angaben ziemlich am Boden liegt. Gott segne die Schwarzgeldreserven, denke ich.

Die Hübschen am Nachbartisch bekommen ihre Salate serviert. Vor ihnen auf dem Tisch liegen die obligatorischen Handys. Ich will zur Belustigung unserer Männerrunde beitragen. Die beiden Frauen sind völlig in ihr Gespräch vertieft, sodass sie nicht sehen, wie ich mein eigenes Handtelefon nehme und die Einstellung suche, mit der man die Klingeltöne auswählen kann. Ich probiere die verschiedenen Klänge durch. Das gewünschte Ergebnis lässt nicht lange auf sich warten. Bei der vierten Variante greift die Bulimie-Verdächtige nach ihrem Gerät und meldet sich mit ihrem Namen.

Wir drei lachen laut. Sie kapiert sofort, dass sie ein bisschen verulkt worden ist. Der vernichtende Blick, den sie mir zuwirft, zeigt mir allerdings, dass sie wenig Spaß versteht.

„Ich stehe sowieso nicht auf dürre Gerippe, bei denen man Angst haben muss, sich beim Vögeln an den spitzen Beckenknochen den Bauch aufzuschlitzen", gebe ich einen Machospruch von mir, den meine Kumpels in meiner Situation sicher auch von mir erwarten.

Herbert bestellt sich ein Bier und einen Teller Spaghetti mit Gorgonzolasauce. Er hat längst registriert, dass Fritz schon mächtig einen im Kahn hat, und ich auch auf dem besten Wege dorthin bin. Es amüsiert ihn sichtlich.

„Am nächsten Wochenende bekomme ich den neuen 5er BMW zur Probefahrt", lässt uns Fritz wissen. „Die Karre hat ein paar hundert PS unter der Haube und kostet schon in der Grundausstattung um die 45.000 Euro."

„Da ist dann aber der Aschenbecher noch nicht drin enthalten", warne ich ihn und grinse.

Fritz überhört den Spruch. „Damit werde ich mit meinem Heidilein durch den neuen Rennsteigtunnel brettern. Das hat doch was von echter Lebensqualität."

Fritz und Herbert hauen sich technische Details des neuen Super-Autos um die Ohren. Ich habe von solchen Dingen sowieso keine Ahnung. Deshalb schalte ich eine Weile auf Durchzug und beobachte, wie am Japanertisch der Hauptgang serviert wird.

Die beiden Luxus-Torten bekommen irgendeinen Fisch, während die drei Herren Rinderfilets gewählt haben.

Der Japaner bestellt sich noch ein großes Schwarz-Bier. Die Barolo-Flasche ist schon fast geleert, was der Patron natürlich geschäftstüchtig zum Anlass nimmt, um den Bärtigen zu fragen, ob es noch eine Zweite sein darf. Ihre Begleiterinnen scheinen auch schon leicht angeheitert zu sein. Bevor der Kerl antworten kann, verletzt eine der beiden die Etikette und beantwortet die Frage mit einem etwas zu lauten und der Situation nicht ganz angemessenen „na klar". Der Bärtige muss sich mächtig zusammenreißen, um gute Miene zum unangemessenen Verhalten seiner vorlauten Frau zu machen. Stattdessen wünscht er seinem japanischen Geschäftspartner tapfer lächelnd einen guten Appetit und wendet sich schweigend und mit Sicherheit innerlich kochend dem exklusiven Stück Fleisch auf seinem Teller zu. Ich wäre gerne dabei, wenn der Kerl nachher auf dem Heimweg seiner vorlauten Gattin den Marsch bläst. Sie wird das daraufhin mit Sicherheit bei ihm heute nicht mehr machen.

Fritz und Herbert lassen sich immer noch über irgendwelche langweiligen technischen Details von Luxus-Autos aus.

Am Tisch links neben uns sitzt eine von diesen Öko-Tussis, die zu meinem persönlichen Bedauern einfach nicht aussterben wollen. Sie hat ein Buch vor sich aufgeschlagen, in dem es um heimische Pflanzen geht. Hochkonzentriert macht sie sich gelegentlich Notizen auf einem Zettel, der ebenfalls vor ihr liegt. Sie trägt einen selbst gestrickten weiten Pullover, der aber ihren mächtigen Busen trotzdem nicht verbergen kann. Ich bin bei dem Anblick gleich total begeistert, obwohl ich eigentlich nicht auf Öko-Outfit stehe.

Ich stelle mir gerade vor, wie ich die riesigen Dinger knete, als Fritz mich aus meinem Tagtraum reißt. Er hat die junge Frau mittlerweile auch entdeckt und nimmt die Unterlagen, die vor ihr auf dem Tisch liegen, zum Anlass sie anzusprechen. „Was machst du denn da?" Aufgrund der schon zahlreich konsumierten Königinnen unter den Bieren ist er nicht besonders einfallsreich.

Die Angesprochene schaut von ihren Notizen auf und ist offensichtlich nicht sonderlich an einer Konversation interessiert. „Ich werte meine Forschungsergebnisse aus", gibt sie eine recht knappe Antwort und wendet sich wieder ihren Notizen zu.

Fritz lässt sich aber nicht beirren. „Was forschst du denn da?", will er nun wissen.

Sie schaut wieder auf. „Ich mache eine statistische Erhebung über das Vorkommen bestimmter Pflanzenarten in der Jenaer Umgebung."

Der Patron kommt an ihrem Tisch vorbei, ohne sie zu beachten. Offenbar schätzt er die Möglichkeiten, mit ihr erwähnenswerten Umsatz zu machen, für äußerst gering ein, womit er zweifellos Recht hat. Wahrscheinlich will er einen seiner Lakaien zu ihr schicken, um sie zu bedienen.

Die Braut ruft ihn aber energisch zu sich, was er dann doch nicht ignorieren kann. „Ich hätte gerne eine heiße Schokolade, aber bitte ohne Sahne", äußert sie freundlich aber bestimmt, wobei sie das Wort „ohne" noch besondert betont.

Ich wusste ja schon immer, dass Ökos etwas anders ticken, wundere mich aber trotzdem darüber, dass sie bei der Hitze, die immer noch herrscht, ein eklig süßes und vor allem heißes Getränk bestellt. Der Patron scheint ähnlich zu denken wie ich, was ich seinem ungläubigen Blick entnehmen kann, bevor er sich ins Innere des Lokals trollt.

„Wie kommst du denn auf die Idee, solch eine Erhebung zu machen?", fragt Fritz nun, wobei er die Tatsache einfach ignoriert, dass sie sich schon wieder in ihr Buch vertieft hat.

Sie ist sichtlich genervt, antwortet ihm aber trotzdem. „Ich schreibe eine Doktorarbeit über dieses Thema." Ihr Tonfall hat an Schärfe leicht zugenommen, was Fritz aber immer noch nicht zu bemerken scheint.

„Hast du hier in Jena studiert?", fragt er daraufhin. Die Frage ist natürlich nicht sonderlich intelligent, was eindeutig an seinem mittlerweile nicht unerheblichen Alkoholpegel liegt.

Sie sieht das genauso und gibt ihm eine dementsprechend schnippische Antwort. „Natürlich, sonst würde ich ja keine Doktorarbeit schreiben."

Der Patron persönlich bringt ihr die heiße Schokolade, was mich nun doch etwas wundert. Natürlich wird die dunkelbraune Flüssigkeit in dem Kelch von einem riesigen Turm Sahne gekrönt. Ich muss unwillkürlich feixen, als ich ihre Gesichtszüge entgleisen sehe.

„Ich hatte doch ausdrücklich ohne Sahne bestellt", echauffiert sie sich und schüttelt ziemlich angefressen den Kopf.

„Oh Entschuldigung", gibt der Patron recht kleinlaut von sich. Ich bin mir jedoch nicht ganz sicher, ob er ihren Extrawunsch absichtlich ignoriert hat. „Zu einer heißen Schokolade gehört doch einfach ein Schlag leckere Sahne", versucht er sich als Verkäufer. „Außerdem können sie sich doch ein paar Extrakalorien locker leisten." Er schleimt aus seiner defensiven Position, was das Zeug hält, beißt bei seinem erzürnten Gast aber auf Granit.

„Das mag ja sein", will sie sich nicht beruhigen. „Auch wenn sie sich das nicht vorstellen können, aber ich habe mir bei meiner Bestellung schon was gedacht. Die ganze Chemie in dem künstlichen Zeug will ich meinem Körper nun mal nicht zumuten."

Da der Patron ihr weder widerspricht, noch irgendwelche Anstalten macht, ihr ein neues Getränk ohne Sahne zu bringen, ergibt sie sich in ihr Schicksal. Sie löffelt mit verkniffenem Gesichtsausdruck die weiße Masse auf die Untertasse und schlürft dann durch einen Strohhalm das heiße Getränk.

Ich hätte sie ja aufgrund ihres äußerst angespannten Nervenkostüms in Ruhe gelassen. Fritz kapiert aber immer noch nicht, dass er bei ihr sowieso nicht landen kann. „Ich habe auch eine Doktorarbeit geschrieben", versucht er ihr zu imponieren, „und zwar in Steuerrecht."

Sie grinst verächtlich und versucht nun ihn aus der Reserve zu locken. „Nichts als trockene und leblose Zahlen. Ihr Steuertypen seid doch alle nur Formularausfüller."

Nun hat selbst er gerafft, dass es für ihn hier nichts mehr zu holen gibt. Er dreht ihr den Rücken zu, grinst tapfer im Angesicht seiner Niederlage, erhebt sein Glas und ruft laut „Prostata" in unsere Männerrunde.

Herbert schielt zu den Prosecco-Schorle-Schnecken rüber. Sie sind eigentlich nicht seine Altersklasse, was ihn aber nicht im Mindesten stört. „Mann, ich müsste dringend mal wieder einen wegstecken", stöhnt er.

Fritz sieht das ähnlich. „Was hältst du davon, dass wir mal wieder rüber nach Cheb fahren. Die jungen Damen sind aller erste Sahne, mein Freund", schwärmt er mit einem verstohlenen Seitenblick auf die weiße Masse auf der Untertasse vor der Öko-Tussi.

Herbert grinst gleich ganz geil bei der Vorstellung, sich mit seinem Kumpel in einen der allseits beliebten Puffs in der Tschechei zu begeben, die nur ungefähr eine Autostunde von hier entfernt liegen.

„Da bekommst du für kleines Geld echte Lebensqualität." Fritz informiert durch die Lautstärke seiner Äußerung beinahe die gesamten anwesenden Gäste über die Möglichkeiten der kommerziellen Vögelei im weiteren Jenaer Umfeld. „Wir sind schließlich nicht zum Vergnügen hier, meine Freunde", wiederholt er sich und lässt noch ein fröhliches „Prostata" folgen.

Am Japaner-Tisch wird gerade das Dessert serviert. Die zweite Barolo-Flasche enthält nur noch einen traurigen Rest des edlen Tropfens. Die beiden Luxus-Ladys sind mittlerweile recht lustig geworden und flirten mit dem asiatischen Gast, dem das äußerst gut zu gefallen scheint. Der Bärtige und sein Kollege lachen ab und zu gekünstelt zu den ziemlich hohlen Sprüchen ihrer beschwipsten Frauen.

Diese lallen in noch erbärmlicherem Englisch als zu Beginn des für die Jenaer Wirtschaft womöglich nicht ganz unbedeutenden Abendmahls. Die äußerst lückenhaften Fremdsprachenkenntnisse seiner mehr als angetrunkenen Balzpartnerinnen scheinen für den Japaner aber nur eine untergeordnete Rolle zu spielen. Der Kerl ist vom hemmungslosen Konsum diverser Schwarzbiere mittlerweile auch jenseits von Gut und Böse. Wahrscheinlich sieht er sich schon mit den beiden geilen Weibern in seinem Hotelzimmer heiße Spielchen veranstalten. An seiner Stelle und in seinem Zustand würde ich wohl auch darauf spekulieren. Das wäre dann doch mal echte Lebensqualität.

VIP-Bereich

Es ist der letzte Spieltag der Bundesliga-Saison.

Ich bin von Geschäftspartnern eingeladen worden und habe meinen großen Sohn, der mittlerweile fünfzehn ist, mitgenommen. Meine Frau steht nicht sonderlich auf Fußball.

Wir haben Karten für den VIP-Bereich in einem der führenden Sport-Tempel Deutschlands, dem Dortmunder Westfalen-Stadion. Das Duell, welches wir heute hautnah erleben dürfen, könnte von den Gegensätzen, die beide Vereine verkörpern, nicht größer sein.

Der BVB kämpft um den zweiten Platz in der Bundesliga, wodurch er an der lukrativen Champions-League teilnehmen dürfte. Das würde Millionen von Euros zusätzliche Einnahme für den Verein bedeuten. Diese sind eigentlich auch dringend nötig, um das internationale Star-Ensemble zu finanzieren, welches in den schwarz-gelben Trikots Woche für Woche aufläuft.

Cottbus repräsentiert den äußersten Osten Deutschlands. Dort liegt ein ehemaliges Kohle-Revier ähnlich wie hier in Dortmund. In der wirtschaftlichen Vergangenheit der Gegenden, aus denen diese beiden Vereine stammen, liegt auch schon die einzige Gemeinsamkeit. Cottbus ist längst abgestiegen, wird also im nächsten Jahr in der zweiten Liga kicken. Es geht für die Spieler in den weiß-roten Trikots nur noch darum, sich anständig aus der Elite-Liga des deutschen Fußballs zu verabschieden. Wahrscheinlich verdient der eine oder andere der Jungs aus der Ossi-Mannschaft im Jahr so viel wie einige der Stars des Vorzeige-Clubs aus dem Ruhrpott im Monat.

Wir werden in einem Luxus-Hotel empfangen. Außer uns sind noch weitere acht Personen eingeladen, die sich im vergangenen Jahr durch besondere Vertriebsumsätze hervorgetan haben. Der Versicherungskonzern will sich mit diesem kleinen Event bei uns bedanken.

Wir erhalten noch Sitzkissen, die mit dem Firmen-Logo versehen sind. Dann marschieren wir vom Hotel über eine Fußgängerbrücke, die über die B1 führt, zum Stadion.

Schon auf dem Weg dorthin sehe ich Dutzende von Fans, die schwarz-gelbe Trikots mit den Namen und Nummern ihrer Lieblingsspieler tragen. Diese Dinger lassen sich die Fanatiker aus allen Einkommensklassen um die hundert Euro pro Stück kosten.

Wir erreichen das Stadion an seiner Nordtribüne. Obwohl es noch rund zwei Stunden bis zum Anpfiff sind, haben sich hier schon Tausende von begeisterten Fußballanhängern eingefunden.

An den Kassen stehen nur wenige Fans an, da hier sowieso jedes Spiel beinahe schon durch die Dauerkarteninhaber ausverkauft ist. Von solchen Verhältnissen können die Kollegen in Cottbus nur träumen.

Überall stehen Gruppen von Fans herum und saufen Bier aus Hülsen. Wir sind hier schließlich in der Bierhauptstadt Deutschlands. Gleich werden wir uns den leckeren Gerstensaft frisch gezapft in gediegenem Ambiente einverleiben.

Ich erinnere mich an meine Jugendzeit, in der ich öfters hier war. Ich wohnte nur rund achtzig Kilometer von hier und habe damals genauso wie diese jungen Kerle mit meiner Hülse in der Hand dagestanden. Fan vom BVB bin ich trotzdem nicht, ich halte es lieber mit den Geißböcken.

Ich sehe auch den ein oder anderen Ossi, der mit seinem rot-weißen Schal um den Hals vorbeikommt. Diese Irren sind doch tatsächlich quer durch Deutschland gefahren, um das Abschiedsspiel ihres Vereins vor Ort zu verfolgen. Dabei geht es für die Kerle um nichts mehr.

Früher hätten die gegnerischen Fans hier nicht so ungestraft ihre Farben zur Schau tragen dürfen. Da hätte es mit Sicherheit ordentlich auf die Schnauze gegeben.

Als ich mit ungefähr dreizehn Jahren zusammen mit meinem Vater und meinen Brüdern zum ersten Mal bei einem Bundesligaspiel war, machte ich genau diese Erfahrung. Der FC spielte hier in Dortmund. Ich trug in meinem jugendlichen Leichtsinn meinen rot-weißen Schal, den mir meine Mutti selbst gestrickt hatte, lässig um den Hals. Auf dem Weg vom Parkplatz zum Stadion bekam ich plötzlich eine mächtige Kopfnuss. Ein gewaltiger Fettsack in schwarz-gelber Kutte hatte sich uns unbemerkt genähert und mir meinen Schal geklaut. Ich war den Tränen nahe, als ich später dabei zusehen musste, wie diese Asis das kunstvoll gestrickte Teil unter dem begeisterten Gegröle ihrer Proleten-Kumpels auf der Südtribüne öffentlich verbrannten.

Die Bullen sind in genügender Anzahl präsent, halten sich aber dezent im Hintergrund. Die Zeit der großen Kloppereien sind offensichtlich lange vorbei. Damals hätte ich mir auch nie träumen lassen, dass ich hier mal ein Punktspiel gegen eine Mannschaft aus der ehemaligen DDR erleben würde. Obwohl ich hier in Westfalen meine Wurzeln habe, gelten meine Sympathien bei diesem Spiel eindeutig den Ossis.

Wir gehen nach rechts in Richtung der Westtribüne, wo die Versicherung, von der wir eingeladen sind, eine Loge im VIP-Bereich gemietet hat. Wir werden zum ersten Mal kontrolliert und müssen unsere Karten vorzeigen.

Die nordwestliche Ecke des Stadions, die wir passieren müssen, um zur Westtribüne zu gelangen, ist eine Baustelle. Alle vier Ecken des Stadions, in denen bisher die Flutlichtmasten standen, werden in diesem Jahr mit weiteren Stehplatztribünen ausgefüllt. So haben noch einmal 15000 Fans mehr die Möglichkeit, die Spiele hier zu verfolgen. In Cottbus sind sie schon froh, wenn zu ihren Heimspielen so viele Zuschauer kommen, wie hier in Zukunft zusätzlich Platz haben werden. Unter der Tribüne sind reihenweise Pommes-Buden und Bierstände untergebracht. Hier hält sich aber der Ansturm der Fans noch in Grenzen.

Wir werden am Aufgang in der Mitte der Tribüne noch einmal kontrolliert und steigen dann die Stufen hinauf. Der Blick, der uns am Ende der Treppe erwartet, ist wirklich atemberaubend. Wir sind ungefähr auf halber Höhe der Tribüne angekommen.

Rechts befindet sich die legendäre Südtribüne, wo sich nachher 27.000 schwarz-gelbe Fans versammeln werden. Ein paar tausend von den Treuesten sind schon da.

Da es sich um ein reines Fußball-Stadion handelt, es also keine Tartan-Bahn für die Leichtathleten um das Spielfeld herum gibt, hat man selbst von hier oben das Gefühl, sehr nah am Spielfeld zu sein. Über 60.000 Zuschauer haben hier vor dem Abschluss des Umbaus Platz. Ich freue mich schon auf das Spektakel und auch mein Sohn ist total begeistert.

Wir wenden uns nach rechts und steigen noch einige weitere Stufen hinauf, wo sich der Eingang zum VIP-Bereich befindet. Eine Schnalle in einem dunklen Kostüm hängt uns ein Plastikbändchen um unsere Handgelenke. Ich fühle mich an einen All-Inclusive-Club in der Dominikanischen Republik erinnert, in dem ich im letzten Jahr war.

Durch große Glasscheiben kann man von der oberen Tischreihe aus aufs Spielfeld sehen.

Während wir zu unserem Bereich am rechten hinteren Ende des ungefähr hundert Meter breiten Raumes geleitet werden, mustere ich schon mal das Angebot auf dem Buffet, an dem wir vorbeikommen. Rinder- und Fischfilets mit allen möglichen Beilagen lassen mir jetzt schon das Wasser im Munde zusammenlaufen. Als Clou gibt es Riesengarnelen in Knoblauchsauce, einfach fantastisch.

Wir setzen uns und haben noch keinen Blick in die Karte geworfen, als auch schon eine blonde Bedienung, die uns über den Tag betreuen wird, am Tisch erscheint und uns freundlichst begrüßt. Sie kennt Herrn Bennert, unseren Betreuer, schon von vorangegangenen Gelegenheiten. Er trägt einen schwarz-gelben Schal um den Hals und darf bei jedem Heimspiel hier eine andere Truppe von verdienstvollen Partnern betreuen. Den Job könnte ich mir auch gut vorstellen.

Ich bestelle mir ein frisches Warsteiner, wie die meisten anderen Kollegen auch. Während ich auf das Bier warte, studiere ich erst mal die Stadionzeitung. Ich erfahre, dass der Verein fest mit dem Erreichen des zweiten Platzes rechnet.

Herr Bennert verteilt Kärtchen, auf denen wir gegen einen Wetteinsatz von fünf Euro das Ergebnis tippen sollen. Derjenige, der genau richtig tippt, bekommt den gesamten Jack-Pot.

Alle tippen auf einen hohen Sieg für Dortmund. Nur ich wette auf ein 3:1 für Cottbus, wofür ich ein mitleidiges Schmunzeln der anderen Tipper ernte.

Die Blonde bringt uns die erste Runde. Sie heißt Conny, was ich einem dezenten Plastikschildchen entnehmen kann, das auf ihrer gelben Weste angebracht ist, die sie über einer weißen Bluse trägt.

Wir werden von Herrn Bennert noch einmal herzlich willkommen geheißen und prosten uns zu. Dann begeben wir uns zum Buffet und laden uns die Teller mit den angebotenen Leckereien voll. Die zweite Runde Warsteiner steht schon auf dem Tisch, als wir wieder zurückkommen. Conny meint es wirklich gut mit uns.

„Wie läuft's mit dem Fußball in Jena", will Herr Bennert wissen und schiebt sich eine der Riesengarnelen in den Mund.

„Das ist ein einziges Trauerspiel", antworte ich. „Die Penner haben mit einer Heimniederlage gegen irgend so ein Dorf an der polnischen Grenze zum zweiten Mal den Aufstieg in die Regionalliga verpasst. Bis dahin hatten sie die ganze Saison die Tabelle angeführt."

„Die haben doch schon mal einige Jahre in der zweiten Liga gespielt", schaltet sich ein Kollege in das Gespräch ein, der aus Stuttgart kommt.

„Tja, das ist aber schon einige Jahre her", gebe ich zur Antwort. „Damals war ich noch bei jedem Heimspiel. Heute gucke ich mir das Gegurke nicht mehr an. Uns geht es zwar in Jena wirtschaftlich noch deutlich besser als den meisten anderen Städten im Osten. Geld für Fußball wird aber von den großen Firmen trotzdem kaum gegeben. Solange sich das nicht ändert, wird's auch nichts mit einem erneuten Aufstieg in die Bundesliga. Außerdem sind wir mit vielleicht 3000 Zuschauern im Durchschnitt zwar führend in der 4.Liga, können damit finanziell aber auch keine großen Sprünge machen."

„3000 Zuschauer, so viel Leute haben wir hier ja schon fast alleine im VIP-Bereich", lacht Herr Bennert.

„Das ist traurig aber wahr", werfe ich ein. „Die Jenaer Fans leben heute noch von der Erinnerung an die großen Zeiten, in denen der Verein im Europa-Pokal gespielt hat. Ich erinnere mich noch an das Endspiel im Düsseldorfer Rheinstadion gegen Tiflis, was sie damals knapp verloren haben. Keine Sau im Westen hat sich dafür interessiert. Das Spiel wollten nicht mehr Zuschauer im Stadion verfolgen, als wir heute in Jena haben. Ich bin irgendwann während des Spiels vor dem Fernseher eingepennt und hätte mir damals nie träumen lassen, dass ich einmal in Jena leben würde."

„Tja, die Sauer-Gurken-Zeit hatten wir hier in Dortmund ja auch mal," erinnert sich Herr Bennert. „Wir eierten Jahre lang am Tabellenende rum und waren auch mal in der zweiten Liga. Heute sind wir der Zuschauer-Krösus. Fast jedes Spiel ist ausverkauft. Von den 15000 neuen Plätzen, die gerade gebaut werden, sind schon wieder über die Hälfte als Dauerkarten vergeben."

„Das ist ja der reine Wahnsinn", bin ich ehrlich beeindruckt. „Ihr habt hier aber doch auch einen Haufen Arbeitslose. Wo haben die denn alle das Geld her?"

„Es war doch schon immer so, dass das Volk in schlechten Zeiten nach Brot und Spielen verlangte", antwortet Herr Bennert. „Hier geben nicht wenige ihr letztes Geld für eine Eintrittskarte aus. Wir haben schon immer überdurchschnittlich viele Zuschauer gehabt, obwohl wir nicht gerade in einer der reichsten Gegenden Deutschlands leben."

„Ein paar Kilometer weiter in Schalke ist es ja ähnlich", stellt ein anderer Kollege fest, der aus Essen, also ganz aus der Nähe von hier, kommt. „Die Spieler unten auf dem Rasen sind wohl so etwas wie die Gladiatoren der Neuzeit. Die Spiele lenken halt von den Problemen des Alltags ab, und dafür sind viele bereit ihr letztes Hemd zu geben."

„Im Osten gibt es ja das gleiche Verhalten, nur nicht in dem Ausmaß wie hier", weiß ich zu berichten. „Die Leute haben eben im Durchschnitt deutlich weniger Geld im Portemonnaie als hier. Trotzdem sind heute ein paar Tausend Irre aus Cottbus da, obwohl es um nichts mehr geht. Wenn die euch heute die Tour vermasseln, ist das für die Jungs auch irgendwie ein besonderer Triumph über die reichen Wessis. Dieses Denken ist immer noch da und wird auch noch einige Jahre so bleiben."

„Ich muss ehrlich zugeben, dass für mich die Ossi-Mannschaften immer noch etwas Exotisches haben", sagt Herr Bennert. „Gerade deshalb haben Truppen wie Rostock oder auch Cottbus hier im Westen durchaus auch nicht wenige Sympathisanten. Sie sollen nur nicht gerade heute gewinnen, wo sie gegen meine Mannschaft spielen."

„Es gibt bei uns im Osten viele Fußball-Fans, die schon zu DDR-Zeiten Anhänger von renommierten Bundesliga-Clubs waren. Trotzdem gibt es aber bei uns im Stadion auch immer noch Wessi-Hasser-Sprechchöre, wenn wir gegen Mannschaften aus den alten Bundesländern spielen. Auch wenn ein Schiedsrichter aus dem Westen pfeift, kann er sich nicht selten Kommentare aus dem Publikum anhören, die ebenfalls in diese Richtung gehen. Irgendwie haben viele Ossis immer noch das Gefühl, dass sie vom Westen übervorteilt werden. Das kann man eben unter anderem auch auf den Fußballplätzen spüren."

„Wie sind sie denn damals in Jena von den Ossis aufgenommen worden", möchte der Kollege aus Essen wissen.

„Ich wurde sofort akzeptiert. Die Bekannten meiner Frau haben mich sehr freundlich aufgenommen. Von Antipathie habe ich selber nie etwas zu spüren bekommen. Ich habe mich natürlich auch bemüht, mich so gut wie möglich zu integrieren und nicht den arroganten Wessi heraushängen zu lassen, was sowieso nicht meiner Natur entspricht. Wenn jemand zu mir sagt, dass man überhaupt nicht merkt, dass ich aus dem Westen komme, dann kann ich das durchaus als ein Kompliment auffassen. Es ist aber auch heute noch so, dass genau registriert wird, woher man kommt. Als Wessi wird man immer noch etwas genauer beobachtet."

Es ist noch eine halbe Stunde Zeit bis zum Anpfiff. Ich gehe noch mal zur Toilette. Zwei Klasse-Schnecken stehen am Durchgang vom VIP-Bereich zum Toilettentrakt und lächeln mich freundlich an. Hier stimmt einfach alles, denke ich.

An der Pissrinne steht der Manager vom BVB in feinem Zwirn neben mir. Ich kenne sein Gesicht bisher nur aus dem Fernsehen.

Wir wollen noch ein wenig Atmosphäre schnuppern und begeben uns zu unseren Sitzplätzen. Um uns herum sind noch fast alle Plastikschalen unbesetzt. Die meisten Bonzen lassen es sich noch am Buffet gut gehen. Sollen sie doch, denke ich, sie haben ja schließlich dafür auch reichlich gelöhnt.

Die Südtribüne mit dem einfachen Volk ist mittlerweile voll besetzt. Die BVB-Fans machen einen Höllenlärm. Mein Sohn ist von dem Anblick so begeistert, dass er seinen Fotoapparat gar nicht mehr von diesem Motiv lassen kann und fast einen ganzen Film verknipst. Die Spieler machen sich noch unten auf dem Rasen warm.

Auf der Nordtribüne stehen ungefähr zwei bis dreitausend unerschrockene rot-weiß gekleidete Ossis. Sie brüllen zwar auch irgendwas, kommen aber gegen die Lautstärke der zehnfachen Übermacht auf der gegenüber liegenden Seite nicht an.

Langsam füllen sich die Plätze um uns herum. In der Reihe vor mir nimmt ein älterer Kerl Platz, der eine teure Lederjacke trägt. Sein Haar lichtet sich schon deutlich. Er hat eine fette Goldkette um den Hals und ein weiteres Goldkettchen um das rechte Handgelenk. Sein Gesicht ist braungebrannt, ebenso das seiner Begleiterin, die ein schickes Kostüm trägt und perfekt gestylt ist.

Zwei Reihen weiter unten sucht halb links von uns ein älteres Ehepaar seine Plätze. Die beiden haben auch schon bessere Tage gesehen, dafür stinken ihre Klamotten förmlich nach Geld.

Marius, der Rock-Barde, der irgendwann zurück in sein Revier kam, steigt die Treppe zu den Reihen weiter unten herab. Dicht hinter ihm geht ein Typ, den ich für seinen Bodyguard halte. Die Statur des Sängers steht in krassem Gegensatz zum Volumen seiner Röhre, die ich recht gerne höre. Mein Lieblingslied von ihm ist „Johnny Walker".

Ich kann mich hier von der auch nicht neuen Erkenntnis überzeugen, dass Fußball ein Sport ist, der alle Gesellschaftsschichten verbindet.

Das Spiel ist genauso unterhaltsam wie das Gebaren der Zuschauer.

Da offensichtlich nicht nur meine Wettkollegen mit einem deutlichen Sieg der Heimmannschaft rechnen, das erste Tor aber auch nach einer halben Stunde noch auf sich warten lässt, wird das Publikum immer unruhiger.

Der Ball wird zweimal hintereinander von irgendwelchen schwarz-gelben Blinzen aus nächster Nähe an die Cottbuser Latte geballert, aber nicht ins Tor.

Die Gebärden der Schicki-Mickis um uns herum passen nicht ganz zu ihrem gesellschaftlichen Status. Auch die Ausdrucksweise der oberen Zehntausend der Dortmunder Gesellschaft, die sich hier versammelt hat, nähert sich empfindlich der Gossensprache.

Die Bonzen-Torte direkt vor mir flippt völlig aus, als bei einer hundertprozentigen Chance wieder kein Tor fällt. Sie haut ihrem mit Gold behangenen Partner verzweifelt mit der Faust auf die Schulter und bezeichnet den brasilianischen Millionär, der wieder nicht getroffen hat, als blinde Sau.

Auch Oma und Opa mit den exklusiven Klamotten hält es nicht mehr auf ihren Sitzen. Sie springen bei jeder weiteren verpassten Gelegenheit des Star-Ensembles gegen die Underdogs aus dem ostdeutschen Kohlenpott verzweifelt auf. Die Begriffe, mit denen sie die versagenden Millionäre auf dem Rasen belegen, stehen in ihrem Proletenniveau dem der Torte vor mir in nichts nach.

Die Cottbus-Fans wittern schon eine Sensation und brennen erste bengalische Leuchtfeuer ab.

Meine Blase droht zu platzen. Ich halte es auf keinen Fall mehr bis zur Halbzeit durch. Also muss ich mich durch meine Sitzreihe bis zum Aufgang durchkämpfen. Als ich mich gerade dem wohligen Gefühl der Erleichterung hingebe, höre ich über das Stadionradio, das über einen Lautsprecher auch in die Toilette übertragen wird, dass die Dortmunder endlich ihr erstes Tor geschossen haben. Ich bin vollauf begeistert und ärgere mich über meine Sextanerblase. Ich hätte halt vor dem Spiel nicht schon fünf oder sechs Bier trinken sollen.

Herr Bennert setzt noch einen drauf, als ich zurück zu meinem Platz komme. „Am besten gehen sie gleich wieder aufs Klo, damit vor der Pause noch ein Tor fällt."

Als wir nach dem Halbzeitpfiff an unseren Tisch kommen, hat Conny schon frisch gezapfte Biere bereitgestellt. Ich kann mich nicht erinnern, schon einmal solch einen Service erlebt zu haben.

„Wir hätten schon längst mit drei oder vier Toren führen müssen", meint Herr Bennert im Brustton der Überzeugung. Dann lässt er einen ordentlichen Schluck Bier seine vom Brüllen schon ganz raue Kehle hinunterlaufen.

Ich bin mit dem Ergebnis bisher gar nicht zufrieden. „Euch scheinen die Ossis aber nicht so sehr zu liegen. So weit ich mich erinnern kann, habt ihr hier im Pokal schon mal gegen unsere Jenaer Jungs verloren. Die haben damals sogar eine Klasse unter euch gespielt."

Herr Bennert und die anderen Kollegen lassen sich durch meinen Spruch aber ihre gute Laune nicht verderben.

„Das war von uns eine großzügige Aufbauhilfe für den Osten", spielt der Kollege aus Essen die damalige Blamage des BVB ein wenig runter und lacht.

Ich ordere bei Conny noch ein zweites Bier.

In der zweiten Halbzeit schaffen die Dortmunder kein weiteres Tor mehr. Über die digitale Anzeigentafel erfahren wir, dass der VFB Stuttgart, der den Dortmundern als einzige Mannschaft noch den zweiten Platz wegschnappen kann, auch führt. Der BVB muss also unbedingt gewinnen, um an den fetten Geldtopf der Champions-League heranzukommen.

Herr Bennert, der neben mir sitzt, vergisst im Angesicht des Gegurkes seiner Mannschaft mit zunehmender Spielzeit seine gute Erziehung. Bei jeder weiteren vergebenen Chance seiner Lieblinge auf dem Rasen proletisiert er wie die übrigen Zeitgenossen aus der Oberschicht hier auf der Tribüne.

Die Cottbuser Kohlenpott-Kicker werden mutiger und schaffen fünf Minuten vor dem Ende noch den Ausgleich. Ihre weit gereisten Fans flippen vor Glück völlig aus und feiern, als hätten sie gerade die deutsche Meisterschaft gewonnen. Mein Sohn verknipst die andere Hälfte des Films mit Motiven der ausrastenden Ossis.

Die meisten der Edelfans des BVB verlassen frustriert das Stadion, bevor das Spiel abgepfiffen wird. Mit den Losern da unten wollen sie nichts mehr zu tun haben.

Herr Bennert würde sich wahrscheinlich auch am liebsten verziehen, muss uns aber nach dem Spiel weiter betreuen und lächelt mich nach dem Abpfiff tapfer an. Ich beschließe, ihn nicht noch weiter zu reizen.

Die schwarz-gelben Kicker sitzen auf dem Rasen und heulen. Sie haben ihrem Verein gerade einen Millionen-Verlust beschert. Die Fans auf der Südtribüne schwenken trotzdem ihre Fahnen. Die sind einfach treu oder unverbesserlich, je nachdem wie man das sehen will.

Die Cottbuser Spieler gehen zu ihren Anhängern und bedanken sich für die Unterstützung. Sie haben sich mit dem Teilerfolg über die reichen Wessis Selbstbewusstsein für die neue Saison geholt.

Conny versorgt uns mit einer neuen Runde Bier. Wir sitzen wieder an unserem Tisch. Herr Bennert zahlt die Wetteinsätze zurück. Keiner hat auf das Unentschieden getippt. Meine Kollegen trösten sich mit den Leckereien vom Buffet über die Blamage hinweg.

„Wollen sie nicht auch noch etwas essen", fragt mich mein Tischnachbar aus Stuttgart, der sichtlich gute Laune hat.

„Sechs Bier ersetzen eine Mahlzeit", antworte ich und merke, dass ich langsam voll werde. „Trinkst du sieben, haste nen Bier dabei." Ich versuche die frustrierten Westfalen wieder etwas aufzumuntern. Schließlich bin ich ja selber einer.

„Nehmen wir das ganze doch als Aufbauhilfe Ost", schlage ich vor und sehe am Gesichtsausdruck von Herrn Bennert, dass er davon nicht recht überzeugt ist.

„Können sie sich noch an die WM-Qualifikation 89 in Köln erinnern", frage ich in die Runde.

Der Kollege aus Essen erinnert sich sofort. „Ja, da hat doch der Littbarski gegen Wales den Siegtreffer gemacht. Wir sind dann später in Italien Weltmeister geworden."

„Genau", bestätige ich. „Ich war damals mit einigen Kumpels im Müngersdorfer Stadion dabei. Ich weiß noch genau, dass rund ums Stadion Hunderte von Trabbis und Wartburgs aus allen Teilen der DDR standen. Die Ossis haben sich sofort mit unserer Nationalmannschaft identifiziert. Denen war keine Strapaze zu groß, um die Kicker live zu erleben. Für die Jungs aus dem Osten war die Nationalmannschaft vom Tag des Mauerfalls an auch ihre Mannschaft"

„Mann, wenn ich Hunderte von Kilometern in einem Trabbi über die Holperpisten, die es damals im Osten noch gab, hätte fahren müssen, bräuchte ich aber schon einen wichtigen Grund", meint Herr Bennert anerkennend.

„Das will ich ja damit sagen", erwidere ich. „An das Wir-Gefühl der damaligen Zeit sollte man sich öfter erinnern. Dann werden eure Luxus-Probleme in eurem Vorzeigeverein hier auf einmal ganz klein."

Ich bestelle mir noch ein Bier und verfalle in regelrechte Gefühlsduselei durch die Erinnerung an die tolle Zeit direkt nach der Maueröffnung. „So eine Verbrüderung, wie sie nach dem WM-Sieg 90 stattgefunden hat, habe ich danach nie wieder erlebt. In Ost und West hatten wir das Gefühl, etwas zusammen geschafft zu haben. Damals hat sich fast jeder für Fußball interessiert. Selbst Mädchen, die vorher nicht mal wussten, wie ein Ball aussieht, hingen bei jedem Spiel mit mir und meinen Kumpels vor dem Fernseher."

„Daran kann ich mich gar nicht mehr so genau erinnern", meint der Kollege aus Stuttgart und schiebt sich noch ein Stück Rinderfilet in den Mund.

„Genau das ist der Punkt. Leider erinnern wir uns an diese irre Zeit viel zu wenig", gebe ich zu bedenken. „Heute hat uns die Realität längst eingeholt. Ossis und Wessis gibt es immer noch, und das wird wohl auch noch eine ganze Weile so bleiben."

„Ich denke, wir sind hier heute einfach nur bei einem ganz normalen Fußballspiel", holt mich der Kollege aus Essen in die Wirklichkeit zurück.

„Da hast du wohl recht", gebe ich kleinlaut zu. Ich bin ziemlich voll und Conny bringt unverdrossen eine neue Runde Bier.

Rock-Event

Wir sind auf dem Weg zu einem Kaff direkt an der Autobahnabfahrt Stadtroda. Dort befindet sich eine Tankstelle und direkt gegenüber eine Trucker-Kneipe. Auf dem Parkplatz davor findet alljährlich ein musikalisches Großereignis mit mehr oder weniger bekannten Bands statt.

In diesem Jahr steht ein seit Monaten groß angekündigtes Festival mit mehreren Bands auf dem Programm. Wir freuen uns auf die Top-Acts, die Sweet und Uriah Heep bilden sollen. Bei den Namen werden in mir Erinnerungen an die Siebziger Jahre wach, als ihre Songs in meiner Bude aus dem Mono-Plattenspieler dröhnten.

Wer hat nicht schon mal zu „Lady in Black" mit Herzschmerz von seiner Angebeteten geträumt?

Wir sitzen zu dritt in unserer Karosse. Meine Frau, unsere Freundin Karin und ich freuen uns riesig auf die nächsten Stunden. Wir haben vorher schon ein paar Gläser Rotwein auf unserem heimischen Balkon geschlürft, um ein wenig in Stimmung zu kommen.

Es ist schon halb neun, als wir auf den Acker neben der Tankstelle rollen, der als Parkplatz dient. Wir wundern uns ein wenig darüber, dass hier nur einige Dutzend Karren abgestellt sind.

Das Event mit diversen anderen Gruppen, deren Namen wir noch nie vorher gehört haben, soll schon um fünf begonnen haben.

Drei Securitytypen in schwarzen T-Shirts mit dem Logo ihrer Firma auf dem Rücken stehen an der Einfahrt und glotzen neidisch, weil ich gleich mit zwei schwarzhaarigen Schnitten auftauche.

Wir überqueren den Tankstellen-Bereich. Ich schlage vor, uns noch mit ein paar Hülsen zu versorgen. Die Mädels wollen aber nicht schon voll sein, bevor die Show richtig losgeht. Ich füge mich.

Wir steuern auf eine Fußgängerampel zu, die die Tankstelle mit der Trucker-Kneipe verbindet. Zwei weitere Sicherheitsheinis lungern dort rum. Einer drückt auf den Knopf der Ampel, sodass wir ohne Verzögerung unseren Marsch zum Event-Bereich fortsetzen können.

Ich registriere, dass wir die einzigen sind, die sich auf dem Weg dorthin befinden. Auch an der Kasse müssen wir nicht anstehen.

Vor der Bühne stehen vielleicht zehn Musikfreunde. Um die verschiedenen Bierbuden herum verlieren sich noch einmal ein oder zweihundert Unverdrossene. Dafür stehen überall die Schränke vom Sicherheitsdienst herum. Einige können vor Kraft kaum kacken und scheinen Rasierklingen unter den Achseln zu tragen. Ich rechne hoch, dass angesichts der Armada von humorlosen Kraftpaketen der Veranstalter wohl mit einigen tausend Rock-Fans gerechnet haben muss.

Mein Weibchen will schon einen Rückzieher machen. Karin ist unent-schlossen, und ich bleibe stur. Sicher kommen die Massen erst später, wenn die Hauptbands spielen. Bis dahin löten wir noch ein paar Bier und dann wird alles schön.

Also zahlen wir jeder fünfzehn Euro Eintritt und bewegen uns auf die nächste Bierbude zu.

Eine irische Band, die Südstaaten-Rock zu spielen versucht, nervt uns einigermaßen.

Der bemitleidenswerte Frontman gibt sich alle Mühe, das ziemlich gelang-weilte Publikum zum Mitgehen zu animieren. Ein einzelner Zoni steht direkt vor der Bühne und geht begeistert mit. Er hat eine Jutetasche vor sich auf den Schotter gelegt, in der sich wahrscheinlich seine Alkoholration für den Abend befindet.

Später kommen noch zwei Hühner hinzu, die anscheinend auch schon einen über den Durst getrunken haben. Sie flippen als einzige im spärlichen Publikum völlig aus.

Wir bleiben im Windschatten vor der Bierbude stehen, weil es arschkalt geworden ist.

Ich bestelle mir noch einen Plastikbecher Flüssignahrung und spähe immer wieder verstohlen zum Eingang. Es trudeln zwar noch die einen oder anderen Optimisten ein. Voll wird das Gelände aber bestimmt nicht mehr.

Auf einer Anhöhe im hinteren Bereich der Festwiese findet das groß ange-kündigte Biker-Treffen statt. Mindestens drei Zweimannzelte sind dort zu se-hen. Vier oder fünf Motorräder gruppieren sich darum. Die erstaunliche Anzahl von gut einem halben Dutzend Freaks in Lederkombis kann ich auch ausma-chen. Irgendwas läuft hier gewaltig schief.

Ich spähe nach wenigstens einer ansehnlichen Torte. Das Angebot ist wenig motivierend und erscheint mir insgesamt kaum als flachlegenswert.

Zwei Junghühner kommen vorbei. Eine von beiden hat ihre Hände in die Arschtaschen ihrer Jeans eingehakt, damit man die recht ansehnliche Wampe unter ihrem Bauchfrei-T-Shirt besser sehen kann.

Ich frage mich schon seit einiger Zeit, was die jungen Mädels so stolz auf ihre dicken Kisten sein lässt. Früher konnte der Bauch nicht flach genug sein, heute werden Büffelhüften und Bauchansätze gezüchtet und auch noch demonstrativ zur Schau getragen. Ich bin froh, dass meine Frau sich nicht auch dieser recht zweifelhaften Modeerscheinung anschließt.

Einige freundliche Verkäuferinnen tragen Bauchläden mit Flachmännern vor sich her und versuchen die paar anwesenden Alkoholiker zu intensivem Konsum anzuregen.

Bei einigen gelingt es ihnen auch. Wir lehnen das Angebot aber dankend ab.

Die nervenden Schwachmaten auf der Bühne geben eine Zugabe, obwohl keine Sau danach verlangt.

Ich ordere bei der jungen Frau auf dem Bierwagen noch eine Runde. Sie sieht noch ganz akzeptabel aus, starrt aber ziemlich gelangweilt in die Gegend, weil wir nahezu die einzigen Gäste sind.

Neben ihr stehen sich noch drei weitere Bedienungen die Beine in den Bauch.

Der Krach auf der Bühne verstummt endlich. Wir beschließen, uns in der Trucker-Kneipe bei einem Kaffee aufzuwärmen, bis die nächste Band auf der Bühne erscheint. Auf dem Weg dorthin mache ich die ersten beiden ansehnlichen Modelle aus. Sie stehen hinter einer Theke, an der Mix-Getränke verkauft werden sollen. Kein einziger Schluckinteressierter gibt ihnen etwas zu tun.

In der Kneipe sind wir nicht die einzigen, die sich aufwärmen wollen. Die gelangweilte Tussi hinter der Theke, die ihre besten Jahre auch schon hinter sich hat, lässt sich reichlich Zeit, uns den bestellten Kaffee einzuschenken.

Unter dem Dach der Spelunke befindet sich eine Empore. Dort sitzen an einem Tisch ein paar englisch sprechende Zeckenzüchter und saufen Bier. Sie sind bester Laune und erzählen sich Witze, über die herzlich gelacht wird. Ab und zu stimmen sie ein fröhliches Liedchen an und sorgen dafür, dass die Bedienung permanent damit zu tun hat Nachschub heranzuschaffen.

Unsere Idole aus den Siebzigern kennen offensichtlich kein Lampenfieber und scheinen ihr Programm auf der Bühne auch vorzugsweise mit 2,8 im Turm abspielen zu wollen.

Mir soll es recht sein, wenn die Show letztlich unsere sauer verdienten Euros wert ist.

Als ich die Treppe zum Scheißhaus heruntersteige, um die ersten Pilsener wieder zu entsorgen, kommt mir eine der Rock-Legenden entgegen.

Er hat schon leicht glasige Augen und muss sich beim Aufstieg am Geländer festhalten. Ich bekomme erhebliche Zweifel, ob er nachher noch in der Lage sein wird, den Weg zur Bühne zu finden.

Der Kaffee ist verkonsumiert und wir begeben uns wieder nach draußen, wo wir dem recht annehmbaren Sound einer deutschen Heavy-Metal-Band lauschen. Der Bereich vor der Bühne hat sich mit schätzungsweise ein bis zweihundert teilweise recht gut mitgehenden Freaks gefüllt. Ein weiterer Blick zum Eingang zeigt aber, dass außer einem Rudel Sicherheitsjungs niemand mehr zu sehen ist. Die Top-Bands werden wohl mit einer etwas intimeren Atmosphäre vor der Bühne vorlieb nehmen müssen.

Ich bestelle gerade eine weitere Runde, als ein glatzköpfiger Typ auf die Bühne kommt und sich ein Mikrofon schnappt, während die Jungs von der Band noch voll motiviert in die Tasten greifen.

Irgendein Spinner dreht ihnen plötzlich den Saft ab. Dann verkündet der Glatzkopf, dass die beiden Hauptbands nicht bezahlt worden sind und deshalb auch nicht spielen werden.

Ich vermute spontan, dass die alten Männer ein Bierchen zu viel getrunken haben und deshalb einfach nicht mehr in der Lage sind, auch nur einen einzigen Akkord einigermaßen unfallfrei auf die Reihe zu bringen.

Der Glatzkopf macht mir aber dann doch nicht den Eindruck, als sei er zu Scherzen aufgelegt. Mit dem Hinweis, dass wir Geprellten uns an den Veranstalter wenden sollen, verzieht er sich wieder so schnell wie er erschienen ist.

Weil ich schon einige Pilsener und ein paar Glas Rotwein intus habe, steigt mein Blutdruck nur unmerklich an. Meinen beiden Begleiterinnen entgleisen jedoch die Gesichtszüge. Wenn wir Glück haben, bekommen wir nun ein Schauspiel ganz anderer Art geboten als das weswegen wir eigentlich hergekommen sind.

Leider spricht aber das Verhältnis zwischen Festgästen und Security gegen eine durchaus mögliche zünftige Randale. Sollte hier jemand ernsthaft aufbegehren, hätte er gegen die Übermacht der hirnlosen Muskelpakete keine Chance.

Offenbar schätzen die meisten der Anwesenden die Lage genauso ein wie ich. Es bleibt völlig ruhig. Einige Musikfreunde verziehen sich sofort. Andere stürmen zur Kasse und versuchen verzweifelt ihr Eintrittsgeld wiederzubekommen. Der Chef der Sicherheitstruppe hat geistesgegenwärtig die Anweisung an einen seiner Lakaien gegeben die Kasse zu akquirieren. Er bekommt wenigstens sein Honorar.

Am Eingang des Truck-Stops, in dem sich der Veranstalter befinden soll, bildet sich eine Traube frustrierter Straffmaten. Eine dickliche Asi-Braut schwingt sich zur Oberrednerin auf. Sie hat rötliche Haare und trägt ein blaues Sweat-Shirt mit einer Abbildung von Che Guevara.

So wie sie daherredet hat sie bestimmt keine Ahnung, wen sie da spazieren trägt. Wahrscheinlich hält sie das Bild des Kommunisten für das Markenzeichen eines Schnapsherstellers. Ihr Gekeife unterbricht sie nur ab und zu, um sich eine Flasche Rotwein an den Hals zu setzen und einen kräftigen Schluck daraus zu nehmen.

Ich kann der ganzen Situation einen gewissen Unterhaltungswert nicht absprechen. Meine Mädels sind jedoch restlos bedient. Ich werde überstimmt, und wir bewegen uns zum Ausgang.

Als wir um das Gebäude der Kneipe herumgehen, sehen wir zwei Bullen-Limousinen mit angeschaltetem Blaulicht vor dem Hintereingang. Unsere Freunde und Helfer sind aber offensichtlich mit der Situation überfordert. Mangels fachspezifischer juristischer Ausbildung wissen sie auch nicht so recht, was sie machen sollen. Sie sind aber sichtlich erleichtert, dass das geprellte Volk sich ähnlich friedlich verhält wie 1989. Offenbar haben meine ostdeutschen Landsleute den gewaltfreien Protest noch nicht verlernt.

Eine überaus freundliche Polizistin mit roten geflochtenen Zöpfen empfiehlt uns in bestem Thüringer Dialekt, doch noch ein paar Bierchen einzunehmen, bis sich die Lage geklärt hat.

Ich bin einen Augenblick versucht ihrem gut gemeinten Ratschlag Folge zu leisten. Mit meinen Hübschen sind aber keine Verhandlungen mehr möglich. Das Mega-Event findet seinen krönenden Abschluss wie es begonnen hat, mit einer gepflegten Flasche Wein auf dem heimischen Balkon. Drauf geschissen.

Coitus Interruptus

Es ist ein später Samstagnachmittag im Februar.

Zu meinem Geburtstag habe ich ein paar Freunde zu einem Umtrunk eingeladen.

Kevin, ein finanziell recht erfolgreicher Softwareunternehmer, hatte vor ein paar Tagen ebenfalls Geburtstag und beteiligt sich monetär an dem Event. Wir haben uns darauf geeinigt, dass er noch einige Bekannte einladen darf, die ich nicht kenne.

Ich bin froh, dass ich nicht alleine auf den Kosten hängen bleibe, da ich in den letzten Wochen so ziemlich jedem, der mir über den Weg lief, von der geplanten Feierlichkeit erzählt habe. Dabei war ich nicht immer nüchtern, sodass ich keine Ahnung habe, mit wie vielen Gästen ich heute eigentlich rechnen muss.

Auch meine Frau hat in den letzten Tagen ihr feminines Mitteilungsbedürfnis voll ausgelebt und sich im Aussprechen von Einladungen nicht gerade zurückgehalten. Es werden also noch einige ihrer Freundinnen erscheinen, worüber ich aber keineswegs böse bin. Je mehr Vertreter des weiblichen Geschlechts da sind, je besser wird die ganze Geschichte.

Um uns nicht von vornherein in den finanziellen Ruin zu stürzen, waren wir so clever, den ganzen Sprit auf Kommission in einem Großmarkt einzukaufen. Glücklicherweise ist der Laden ja immer auf der Seite seiner Kunden.

Ich weiß, dass die echten Kampftrinker meinen, aus einem Whisky-Cola die Marke des beigemischten Fusels rausschmecken zu können. Trotzdem habe ich die hauseigene Billigmarke für deutlich unter zehn Euro die Flasche besorgt und nicht den allgemein favorisierten „Jim Beam", der beinahe das Doppelte kostet. Wenn die Kerle nachher voll sind, merken sie den Unterschied sowieso nicht mehr.

Ein paar Kumpels sind schon da und helfen mir, die Kartons mit dem Suff in den Partyraum zu tragen. 15 Flaschen des besagten Billig-Whiskys sollten fürs erste reichen. Dazu gibt es die gleiche Anzahl von Flaschen mit einem weißen Rum. Da ich nun mal kein Markenfetischist bin, habe ich auf den echten Bacardi verzichtet und mich ebenfalls für eine Namenlos-Sorte entschieden. Als dritte Variante für das gediegene Besäufnis mit Mix-Getränken steht eine Gin-Sorte zur Verfügung, von der mit Sicherheit noch nie jemand etwas gehört hat, die es aber als Literflasche im Angebot gab. Wir asten zusätzlich unzählige Kästen mit Cola, Wasser, Tonic und Köstritzer Bier die vier Stufen in die Sattel-Bar hinunter.

Den Raum, der für maximal vierzig Leute ausgerichtet ist, haben wir vom örtlichen Fußballverein gemietet. Er liegt an der Roda in einem Dorf nahe bei Jena. Der Ort des Geschehens befindet sich im Erdgeschoss einer ehemaligen Mühle und wurde von den Vereinsmitgliedern in den Siebzigern liebevoll hergerichtet.

Die Wände sind mit Holzlatten vertäfelt. Bierfässer wurden zu Sitzgelegenheiten umfunktioniert und vor einen der drei vorhandenen Tische gestellt. Auf der rechten Seite stehen zwei lange Holztische über Eck, vor denen rustikale Stühle und Bänke als Sitzgelegenheiten postiert sind. In der linken hinteren Ecke befindet sich eine größere Bar, vor der drei Pferdesättel auf Eisenstangen montiert wurden. Links neben dem Eingang gibt es eine Küche, in der mein Frau und einige ihrer Freundinnen die Platten mit Thüringer Wurstspezialitäten herrichten.

Auf der überdachten Fläche vor dem Eingang hat ein Kumpel von Kevin einen Spezial-Grill aufgebaut. Eine elektrisch betriebene Vorrichtung dreht eine lecker aussehende Sau über dem Holzkohlefeuer.

Steve, der Hobby-DJ, baut im Party-Raum seine Anlage auf. Er ist der Mann, der erfahrungsgemäß für eine Mega-Stimmung sorgen kann. Ich erwarte heute eine Höchstleistung von ihm.

Hinter dem Eingang führt rechts eine Tür zu den Umkleidekabinen für die Fußballer. Der Raum soll an diesem Abend als Garderobe dienen.

Wir sind mit den Vorbereitungen fertig. Ich gehe noch einmal durch alle Räume und bin mit dem Ergebnis sehr zufrieden. Jetzt fehlen nur noch die Gäste.

Es ist 20.30 Uhr.

Ständig erscheinen neue Leute, die ich teilweise gar nicht kenne. Man begrüßt sich mit Umarmungen und auch einem Küsschen, wenn man sich besser kennt. Das Publikum ist bis auf wenige Ausnahmen im Alter zwischen dreißig und vierzig. Rene, der Apotheker, ist mit seinen knapp fünfzig Jahren der Alterspräsident.

Die Sau ist längst angeschnitten und muss zur Stärkung der Gäste herhalten. Hier sind fast alle erfahrene Partygänger, die wissen, dass sie eine ordentliche Grundlage brauchen, wenn sie nicht nach zwei Drinks schon im Reich der Träume sein wollen.

Steve sitzt neben seiner Anlage und vertilgt mit einer Plastikgabel einen Salat, den eine der Bräute mitgebracht hat. Er lässt zur Untermalung des Festmahls dezente Barmusik laufen.

Ich habe hinter der Theke noch nicht allzu viel zu tun. Die gesamte Mannschaft ist mit der allgemeinen Begrüßung und dem Buffet beschäftigt und lässt sich mit dem Beginn der allgemeinen Lötung noch ein wenig Zeit. Lediglich zwei junge Kerle, die ich auch nicht kenne, fallen jetzt schon durch überdurchschnittlichen Alkoholkonsum auf. Sie kommen alle zehn Minuten zu mir an die Bar und holen jeweils für sich und ihre Begleiterinnen, die sich draußen bei der Sau aufhalten, neue Whisky-Cola.

Ich mache mir einen Spaß daraus, mehr von dem billigen Fusel in die Pappbecher zu kippen, als nötig wäre, bevor ich Cola beimische. Mal sehen wie lange die Vier das durchhalten.

Heiko, ein Bausparkassenvertreter, kommt an die Bar und fragt mich, welchen Whisky wir im Angebot haben. Als ich ihm das Etikett zeige, rümpft er angewidert die Nase und nimmt lieber ein Bier. Der wird später auch noch seine Meinung ändern, wenn er besoffen genug ist, denke ich und reiche ihm eine Flasche Köstritzer über die Theke.

Zwischendurch muss ich immer wieder Hände schütteln und mir alle möglichen Geburtstagsglückwünsche anhören. Ich bekomme einen Haufen mehr oder weniger sinnvoller Geschenke. Es sind eine Menge Flaschen mit teuren Whisky-Sorten dabei, die meine Frau gleich in der Garderobe in Sicherheit bringt. Natürlich dürfen die obligatorischen Töpfe mit Zimmerpflanzen und diverse Kaffeebecher mit irgendwelchen schwachsinnigen Sprüchen darauf auch nicht fehlen. Da habe ich wenigstens Material zum Zerdeppern, wenn wir auf den nächsten Polterabend eingeladen sind. Ich bedanke mich trotzdem artig bei jedem, der mir etwas schenkt. Schließlich gehört sich das so.

Es ist 22 Uhr.

Ich stehe hinter der Theke. Chantal, eine Süße mit einem recht ansprechenden Körperbau und langen schwarzen Haaren, hilft mir für den nicht enden wollenden Wunsch der Gäste nach alkoholischem Nachschub zu sorgen. Die Bude droht aus allen Nähten zu platzen.

Es sind mehr Leute gekommen, als ich befürchtet habe. Das ist mir jetzt aber auch egal, da sich alle recht gut amüsieren. Der Platz hinter der Theke ist insofern optimal, weil ständig jemand kommt und etwas von einem will.

Ich habe mir schon ein paar Gin-Tonics zugestanden und bin echt gut drauf. Ich nutze jede Flirtgelegenheit mit den Schönheiten, die zu mir kommen und etwas Neues zu trinken ordern.

Chantal ist auf dem gleichen Promille-Level wie ich. Da sie seit Jahren mehr oder weniger solo ist, nutzt sie ihre Position hinter der Theke, um das Angebot an Typen zu checken und sich gleichzeitig vorteilhaft zu präsentieren, was ihr für meinen Geschmack auch ziemlich gut gelingt.

Sie trägt eine enge Jeans und ein noch knapperes T-Shirt, das ihren wohlgeformten Vorbau darunter vorteilhaft betont. Sie wackelt zum Takt des Sounds mit ihrem straffen Hintern, während sie ohne in Hektik zu verfallen ein Getränk nach dem anderen mixt.

Die ersten Modelle tanzen in der Mitte des Raumes zu irgendeinem Sommer-Hit, den Steve gerade abspielt. Aufgrund der Hitze, die die vielen Leute ausströmen und der Batterien von Kippen, die verqualmt werden, ist die Bude stickig-heiß. Die meisten Girls sind entsprechend den Raumtemperaturen spärlich bekleidet, was ganz in meinem Sinne ist.

Ich sehe die blonde Jaqueline, eine Freundin meiner Frau, die in einem Pflegeheim den alten Leutchen den Hintern abwischt. Sie ist nicht viel größer als eins sechzig und trägt ein scharfes, knallrotes Top. Es ist so knapp geschnitten, dass es nicht viel mehr bedeckt als ihre Brüste, die in ihrem Umfang in krassem Gegensatz zu ihrer Körpergröße stehen.

Sie führt sich schon zu dieser frühen Stunde auf der Tanzfläche so auf, als wollte sie möglichst bald flachgelegt werden. Das hat Karlo, ein Klempnermeister, den Kevin eingeladen hat, längst gesehen. Er versucht sich zur Musik einigermaßen rhythmisch zu bewegen, was ihm nicht unbedingt überzeugend gelingt. Dafür scheinen die geilen Blicke, mit denen er Jaqueline fixiert, umso Erfolg versprechender für ihn zu sein. Er ist so groß, das sie ihm ohne Probleme im Stehen einen blasen könnte. Das lässt sie aber vorerst sein.

Stattdessen beginnen die beiden schon bald mit einer wüsten Knutscherei. Dabei interessiert es Karlo offensichtlich einen Scheiß, dass das jeder mitbekommt. Immerhin ist er verheiratet. Seine Ehefrau sitzt zuhause und hütet die Kinder, während er hier mit ausgiebigen Fickvorbereitungen beschäftigt ist. Die Hauptsache ist doch, dass alle ihren Spaß haben, denke ich zufrieden beim Anblick des allgemein langsam ansteigenden Stimmungspegels.

An einem der beiden langen Tische sitzen Detlef und Doris, die eigentlich zu der ganzen Truppe gar nicht passen, weil sie ziemlich ruhige und zurückgezogen lebende Zeitgenossen sind. Sie wohnen in einem der Nachbardörfer, wo sie sich vor einigen Jahren den Traum von den eigenen vier Wänden erfüllt haben.

Als wir am letzten Wochenende in ihrem schmucken Garten Bratwürste grillten, lud ich sie spontan im Suff auch noch ein. Detlef gehen die Augen über beim Anblick der spärlich bekleideten Weiblichkeit, die auf der Tanzfläche immer besser in Fahrt kommt.

Doris ist zwar ganz nett, aber gelinde gesagt nicht gerade eine Schönheit. Das ist ihr offensichtlich auch bewusst, denn sie bombardiert ihren Mann mit giftigen Blicken, als sie merkt, dass er seinen permanent offen stehenden Mund beim Anblick der im Rhythmus der Musik wippenden Titten gar nicht mehr zu bekommt. Irgendwann bemerkt er, dass Gefahr im Verzug ist. Er widmet sich im Interesse eines harmonischen Verlaufs des weiteren Abends daraufhin wieder ganz seiner lieben Frau.

Die beiden Whisky-Cola-Besteller kommen erneut vorbei. Sie glotzen aus schon ziemlich glasigen Augen und haben mittlerweile gerafft, dass die Dröhnung, die ich ihnen bisher gemixt habe, einen Bullen umhauen könnte. Mit einigen Rhythmus-Störungen in der Stimme bitten sie mich, das Mischungsverhältnis zugunsten der Cola ein wenig zu verändern.

Ich habe erreicht, was ich wollte, und komme daher auch im Interesse meines Geldbeutels ihrer Bitte nach. Mir ist klar, dass die beiden sowieso nicht mehr lange durchhalten. Ich muss mir später unbedingt mal anschauen, in welchem Zustand sich ihre Begleiterinnen befinden.

Es ist 23 Uhr.

Steve spielt Nenas Neuauflage von 99 Luftballons. Ich fand die Gute ja immer schon cool. Zurzeit beweißt sie, dass sie auch noch clever ist. Jahrelang hörst du nichts von ihr. Dann legt sie ihre alten Hits aus der Zeit der Neuen Deutschen Welle einfach noch mal auf und macht einen Haufen Kohle damit. Warum soll man sich was Neues einfallen lassen, wenn die Leute so bekloppt sind und für altes Zeug in neuer Aufmachung die Plattenläden stürmen?

Peggy, die Abteilungsleiterin in einem Fachmarkt ist, flippt völlig aus. Sie schüttelt wild ihre blonden halblangen Haare, die ihr schon klatschnass im Gesicht kleben und singt laut den Refrain mit. Susann, ihre Freundin, eine Verkäuferin in irgendeiner Boutique in der Innenstadt, steht ihr in ihrer Ekstase in nichts nach. So doll ist der Song ja nun auch wieder nicht, aber wenn es den Bräuten Spaß macht, warum nicht?

Kevin kommt zu mir an die Bar und stößt mit mir an. Er hat die übliche Phase des Augenstillstandes schon längst erreicht. Das ist bei ihm ungefähr ab dem dritten Bier grundsätzlich der Fall, hält ihn aber nicht davon ab, beständig weiterzulöten ohne dabei umzufallen.

Er ist völlig begeistert vom Anblick der ausflippenden Partyluder auf der Tanzfläche und lallt mir irgendwas ins Ohr, was ich aufgrund des Krachs, den die fast bis zum Anschlag aufgedrehte Anlage macht, nur zum Teil verstehen kann. Auf jeden Fall kommt „Ficken" drin vor.

Ich muss dringend mal pinkeln, daher lasse ich Chantal alleine hinter der Theke zurück.

Der Ansturm auf die Getränke ist mittlerweile sowieso ziemlich abgeklungen, da fast alle tanzen oder den Kanal schon mehr oder weniger voll haben.

Mir fällt auf, dass die Whisky-Cola-Besteller schon eine ganze Weile nicht mehr da waren.

Ich drängele mich durch das Gewühl auf der Tanzfläche Richtung Ausgang. Karel Gott besingt die kleine freche Biene. Alle grölen den Text mit, nur Detlef und Doris nicht. Sie sitzen immer noch auf ihrer Bank und starren sprachlos auf das Geschehen.

Es ist 24 Uhr.

Die kalte Februarluft trifft mich wie ein Schlag, als ich aus dem stickigen Raum nach draußen komme. Von der Sau ist nur noch das Gerippe übrig. Mir dreht sich für einen Augenblick alles in der Birne. Ich habe die Gin-Tonics nicht mitgezählt, die ich bis jetzt gesoffen habe, aber es müssen eine ganze Menge gewesen sein.

Halb rechts von mir führt eine kleine Brücke über die Roda zu den Fußballplätzen. Dort erspähe ich die beiden Whisky-Cola-Besteller, die mit vereinten Kräften ein Hühnchen stützen, das sich über das eiserne Geländer beugt. Sie kotzt einen Teil der Sau, wie ich vermute, in dicken Klumpen in das eiskalte Wasser unter ihr. Meine Mischung hat ihre Wirkung nicht verfehlt, stelle ich mit einem zufriedenen Grinsen im Gesicht fest.

Ich wende mich nach links und gehe um das Gebäude herum zum Toiletten-Eingang. Überall sind die Autos der Gäste geparkt. Die Fahrzeuge stehen unbeweglich da, mit einer Ausnahme.

Etwas weiter hinten mache ich den Kleinwagen von Jaqueline aus, der sinnvoller weise direkt unter einer Straßenlaterne geparkt ist. Die Karre wippt leicht, und die Stossdämpfer geben ein rhythmisch quietschendes Geräusch von sich. Ich traue einen Augenblick lang meinen Augen nicht, muss mich dann aber innerlich schlapp lachen.

Als ich mich langsam dem Wagen nähere, stelle ich fest, dass die Scheiben von Innen beschlagen sind. Ich kann mir den Gag nicht entgehen lassen und reiße mit einem Ruck die Beifahrertür der quietschenden Karre auf.

Karlo sitzt auf dem Beifahrersitz und seine Hose ist bis auf seine Turnschuhe runtergelassen.

Jaqueline sitzt auf Karlo. In dem Augenblick, in dem ich die Tür aufreiße, bricht Jaqueline abrupt ihren Ritt ab, während Karlo seinen Mund nur mit Mühe von einem ihrer Nippel wegbekommt, den sie ihm ins Gesicht gedrückt hat. Das ist deshalb ein wenig problematisch, weil sie ihren Oberkörper aufgrund der Enge in dem Kleinwagen nur schwer nach hinten bewegen kann. Die Beiden sind zu Tode erschrocken.

„Coitus Interruptus", sage ich und grinse über das ganze Gesicht. „Es ist sicher nicht so, wie es aussieht, was Alter", setze ich noch hinzu. Ich schüttle mich vor Lachen.

Sicher würde Karlo mir jetzt eine aufs Maul geben, wenn er nicht auf dem Sitz eingeklemmt wäre. Deshalb entfährt ihm nur ein wütendes „Arschloch".

Ich schlage die Tür wieder zu und lasse die beiden in ihrer trauten Zweisamkeit zurück.

Nachdem ich ausgiebig gepinkelt habe, kehre ich leicht schwankend zurück zu meinem Platz hinter der Theke.

In der Bude ist die Hölle los. Steve spielt gerade Moskau von Dschingis Khan. Die gesamte Corona hat auf der Tanzfläche etwas Platz freigemacht.

Holli, der auf irgendwelchen Messen Staubsauger verkauft, und sein Kumpel Zecke, ein Bäckergeselle, legen mit freiem Oberkörper eine geile Show auf das Parkett. Für jeden, der es nicht besser weiß, könnte das Duett leicht schwul wirken. Den Damen gefällt es auf jeden Fall. Sie grölen vor Begeisterung und feuern die Beiden zu immer neuen Höchstleistungen an.

Da wir im Augenblick nichts zu tun haben, greife ich mir Chantal. Wir reiben unsere Hüften im Takt der Musik aneinander.

Dabei kann ich Holger, der eine Kneipe in einem Außenbezirk von Jena betreibt, beobachten, wie er ziemlich heftig mit der blonden Peggy flirtet. Er hat einen Arm um ihre Hüfte gelegt und lässt sie auch beim Knallroten Gummiboot nicht wieder los. Ich weiß, dass seine Frau alles andere als tolerant ist. Die von mir erwartete Eifersuchtsszene lässt auch nicht lange auf sich warten. Wutschnaubend reißt Andrea ihren Mann von der zutraulichen Peggy weg und faltet ihn vor versammelter Mannschaft lautstark zusammen.

Andreas Monolog bekommen allerdings nur die wenigsten mit. Fast alle Gäste sind längst vollstramm und haben genug damit zu tun, nicht umzukippen. Die wenigsten können in ihren Bewegungen noch einigermaßen koordiniert dem Rhythmus der Musik folgen.

Es ist 1 Uhr.

Die Luft ist vom Zigarettenqualm zum Schneiden dick. Der ganze Raum stinkt nach Alkohol und Schweiß.

Jaqueline taucht wieder auf. Ihre Gesichtsfarbe hat sich vom offensichtlich recht anstrengenden Stossdämpfer-Test, den sie erfolgreich hinter sich gebracht hat, ziemlich genau der Farbe ihres Tops angeglichen.

Karlo scheint sich verzogen zu haben. Wahrscheinlich befürchtet er, dass die Story längst die Runde gemacht hat. Das hätte ihm womöglich einige peinliche Fragen seiner Bekannten eingebracht, die natürlich auch seine Gattin gut kennen. Ich habe jedenfalls vorerst außer Chantal Niemandem davon erzählt.

Die Whisky-Cola-Besteller kommen zur Theke und ordern für sich und ihre weiblichen Anhängsel je einen Becher Mineralwasser. Das ist ja nun mal was ganz Neues.

Heiko ist die Whisky-Marke, die wir zu bieten haben, mittlerweile auch egal. Er bestellt für sich und einen Kumpel, den ich nicht kenne, eine „Vielmann-Mischung". Letztlich werden doch alle vernünftig, denke ich.

Auf einer ordentlichen Ossi-Party dürfen natürlich die Zonen-Sounds nicht fehlen.

Steve bringt den Farbfilm-Song von Nina Hagen und dann den unvermeidlichen Baum von den Puhdys. Das Publikum brüllt den gesamten Text mit und versucht die Anlage noch zu übertönen, was den ekstatischen Tänzern beinahe auch gelingt.

Anne, Susann und Jaqueline sind nicht mehr zu stoppen. Beim Highway to Hell springen sie auf die Theke und tanzen lasziv vor dem begeistert mitgehenden Publikum.

Jaqueline ist von ihrer Nummer mit Karlo offenbar immer noch angetörnt. Sie lässt sich von ihren männlichen Fans dazu animieren, ihr Top hochzuziehen und für ein paar Sekunden ihre Ballons zu präsentieren. Jetzt sind alle, auch die Bräute, nicht mehr zu bremsen.

Eine Ausnahme gibt es allerdings, Doris reicht's. Sie greift ihren Mann, den ich in diesem Augenblick einfach nur bedauern kann, am Arm und zerrt ihn mit verkniffenem Gesicht aus der Bude.

„Einen gewissen Schwund gibt es halt immer", brülle ich Chantal ins Ohr, die diese Szene auch mitbekommen hat. Sie grinst nur, zuckt gleichgültig mit den Schultern und bewegt ihre Hüften weiter zum Takt der Musik.

Es ist 2 Uhr.

Die meisten Gäste haben die Kräfte und auch den Ort des Geschehens bereits verlassen.

Steve versucht noch mal die letzten Reserven aus den verbliebenen Unentwegten herauszuholen. Er spielt „Über den Wolken" in der Version von Dieter-Thomas Kuhn.

Die leicht exhibitionistisch angehauchte Jaqueline bewegt sich so, als könnte sie nach Karlo noch einen zweiten Deckhengst vertragen.

Ich bin heute überraschend fit, trotz der nicht unerheblichen Menge an Gin-Tonic, die ich mir zweifellos in die Birne geschüttet habe. In einem Anfall von unkontrollierter Geilheit denke ich einen Augenblick darüber nach, Jaqueline zu einem zweiten Stossdämpfer-Test zu animieren, lasse es dann aber sein. Ich habe keine Lust letztlich die gleiche Erfahrung zu machen wie Karlo. Außerdem ist mein Weibchen heute ebenso wenig tot zu kriegen wie Peggy, Susann und ein paar andere Luder, die immer noch die Texte der abgespielten Songs laut mitsingen.

In der heimischen Kiste ist es ja auch viel bequemer als in einem quietschenden Kleinwagen.

Die Chancen auf ein krönendes Finale im Ehebett stehen recht gut, denke ich beim Anblick meiner Frau. Sie befindet sich wie einige ihrer Freundinnen immer noch in einer exzessiven Hochstimmung.

Langsam aber sicher gehen auch bei den letzten Gästen die Lichter aus. Einer nach dem anderen verlässt mehr wankend als gehend die stickige Kaschemme.

Heiko ist der billige Fusel offensichtlich gar nicht gut bekommen. Er muss von seiner lieben Gattin gestützt werden, die stocknüchtern und wenig erfreut über seinen Zustand ist. Sie wird noch einige Probleme bekommen, ihn unfallfrei ins Bett zu verfrachten.

Steve spielt „Love Hurts" als Rausschmeißer.

Peggy und Susann tanzen in Ermangelung männlicher Partner, die noch einigermaßen in der Lage wären, sich ohne einzuschlafen zu den langsamen Klängen zu bewegen, eng umschlungen und knutschen ein bisschen.

Jaqueline verlässt mit Holli im Arm den Raum. Seine Freundin hatte schon vor einer ganzen Weile genug und ist längst zuhause.

Steve hat nun auch endgültig die Schnauze voll. Er hat wieder mal alles gegeben, wofür ich mich herzlich bei ihm bedanke.

Zecke liegt mit freiem Oberkörper auf einer der Bänke und schläft seinen Rausch aus.

Anika, seine Freundin, sitzt mit einem der Whisky-Cola-Besteller, der erstaunlicherweise noch da ist, in der Ecke neben der Anlage und lässt sich von dem geilen Sack ein bisschen befummeln.

Der Mensch ist halt von Natur aus nicht monogam.

Fünf Sterne

Unsere Familienkutsche ist völlig verdreckt. Feiner Mittelmeersand und Staub von Schotterwegen, die wir in den letzten Tagen auf unserer Erkundungstour befahren haben, lassen die ursprünglich schwarze Wagenfarbe nur noch vage erahnen. Hinten rechts hat einer unserer beiden Söhne mit dem Finger den Namen seines Lieblingsfußballvereins in die dicke Dreckschicht auf dem Lack geschrieben. Darüber muss ich noch dringend mit ihm reden.

Nach einem zweiwöchigen Strandurlaub sind wir in den letzten zwei Tagen fast tausend Kilometer von der spanischen Mittelmeerküste aus durch die Provence und die Cote d'Azur gefahren. Es ist Mitte August, und die glühende Hitze in diesem Jahrhundertsommer ist selbst meiner Frau und mir ein wenig zu heftig.

Wir sind zwar grundsätzlich Freunde des gepflegten Sonnenbades, aber permanente Schweißausbrüche steigern nicht gerade unser Wohlbefinden. Die brav arbeitende Klimaanlage kann die ekligen Tropfen, die sich auf der Stirn und unter den Achseln bilden, nicht verhindern. Das liegt daran, dass wir ständig an der Reduzierung des Vorrates von zehn Stangen spanischer „Fortunas" arbeiten, die ich im Kofferraum fachmännisch verstaut habe. Während der Qualmerei öffnen wir rücksichtsvoll die Wagenfenster, damit unsere beiden Jungs auf der Rückbank nicht vorzeitig an Lungenkrebs verenden. Dabei strömt jedes mal die erbarmungslose Hitze in den Innenraum unserer tapferen Karosse. Neben dem üblichen Gepäck muss der Ford auch noch drei 15-Liter-Kanister leckeren Rotweins aus unserer spanischen Lieblings-LPG auf diversen Umwegen in die thüringische Heimat transportieren.

Unsere Jungs halten sich wacker, wenn ich einmal von der Tatsache absehe, dass sie sich ständig wegen der Platzierung der riesigen Kühlbox in die Haare kriegen, die zwischen den beiden auf der Rückbank postiert ist. Sie rutscht in den zahlreichen Kurven, die ich auf der engen Küstenstrasse zwischen Nizza und Monaco hochkonzentriert befahre, abwechselnd auf die eine und andere Seite. Das gibt dem spürbar genervten Nachwuchs, der wenig Sinn für die Schönheiten der Landschaft um uns herum entwickelt, reichlich Gelegenheit, sich gegenseitig zu beschuldigen, die verdammte Kühlbox absichtlich jeweils auf die Seite des anderen verschoben zu haben, um sich selbst mehr Platz zu verschaffen. Meine Frau kann für eine Weile für Ruhe auf den billigen Plätzen sorgen, indem sie damit droht, das Streitobjekt samt Inhalt ins azurblaue Meer zu werfen.

Wir fahren mit unserem in seinem Zustand wenig repräsentativen Gefährt in die Innenstadt von Monte Carlo. Es ist früher Nachmittag, und die ganze Truppe braucht dringend eine Abkühlung. Seit wir vor einigen Minuten angekündigt haben, das Freibad im Hafen aufsuchen zu wollen, um welches jedes Jahr im

Mai die Formel 1-Flitzer rasen, sind unsere Jungs wieder voll motiviert. Wohl wissend, dass sich die lieben Eltern bei der Fortsetzung der Revierkämpfe auf der Rückbank alles noch einmal anders überlegen könnten, haben sie sämtliche Kampfhandlungen vorübergehend eingefroren.

Wir stellen unseren leicht überladenen Wagen auf dem Parkplatz vor dem Bad ab. Da heute Sonntag ist, lässt uns Fürst Rainier sogar umsonst parken. Im Hafenbecken liegen diverse motorisierte Mehrfamilienhäuser. Wir sind zwar nicht zum ersten Mal hier, trotzdem ist der Anblick der schwimmenden Statussymbole, die schier unerschöpflichen Reichtum demonstrieren, immer wieder beeindruckend.

Wir haben noch nichts zu Mittag gegessen, sodass unser Großer von mir den Auftrag erhält, die Kühlbox mit ins Bad zu schleppen, was er ausnahmsweise ohne Murren auch ausführt. Da er sich noch in der Wachstumsphase befindet, knurrt sein Magen wahrscheinlich noch intensiver als meiner, sodass er durchaus einen Sinn in der von mir angeordneten Maßnahme sieht. Es ist halt alles im Leben eine Frage der Motivation.

Ich trage die Badetasche mit den Handtüchern. Wir drei Männer bewegen uns in Gummilatschen, kurzen Hosen und verschwitzten Träger-T-Shirts über den Parkplatz. Das Goldkettchen um meinen Hals, an dem ein Anhänger mit meinem Sternzeichens baumelt, wird den Proleten-Eindruck, den wir unweigerlich machen müssen, noch verstärken.

Mein Weibchen zieht in ihren hochhackigen Schuhen, dem knappen Höschen und dem waffenscheinfähigen Oberteil, das ihre Möpse nur notdürftig bedeckt, gleich die ersten bewundernden Blicke der Fürstentumsbewohner auf sich. Mir ist das Gesamtbild, das wir in diesem Augenblick abgeben, relativ egal. Ich will mich einfach nur ins kühle Nass stürzen.

Der Eintritt beträgt knapp fünf Euro pro Person und liegt damit im Bereich dessen, was wir auch für ein Badevergnügen im Jenaer Spaßbad abgedrückt hätten. Nachdem wir unsere Klamotten bis auf die Badebekleidung am Empfang abgegeben haben, suchen wir uns ein Plätzchen am Beckenrand, von dem aus wir einen atemberaubenden Blick auf die Skyline von Monte Carlo und die dahinter sich auftürmenden Berge haben.

Im Jenaer Spaßbad hätten wir für das gleiche Geld den freien Blick auf ein ultramodernes Hallendach gehabt. Für ein paar Euro weniger könnten wir vom Ufer des Schleichersees auf die Kernberge schauen, die natürlich mit diesem Panorama nicht ganz mithalten können. Die Marmorplatten, mit denen der gesamte Liegebereich ausgelegt ist, sind uns dann doch ein wenig zu unbequem. Wir decken uns mit dunkelblauen Matten ein, die in einer Ecke des Bades aufgestapelt sind.

Nach einer Weile kommt ein braungebrannter Bademeister zu uns und will für jede Matte drei Euro extra sehen. Im Interesse der uneingeschränkten Bequemlichkeit kann ich damit leben, handle aber aus, dass wir nur für zwei

Personen bezahlen müssen. Die einzige Einschränkung des Vergnügens besteht in der Tatsache, dass das Becken mit Salzwasser gefüllt ist. Offensichtlich muss auch im Mekka der Reichen und Schönen gespart werden.

Auf der uns gegenüber liegenden Seite befindet sich eine Zuschauertribüne für die hier offensichtlich ab und zu stattfindenden Schwimmwettkämpfe. Die übrigen Seiten des Bades sind mit Hecken umgeben, sodass der Meerwind keine Chance hat, uns ein wenig Abkühlung zu verschaffen. Die Sonne brennt gnadenlos vom Himmel, und ich fühle mich wie in einem Brutkasten. Wir müssen uns daher in immer kürzeren Abständen Abkühlung im Salzwasserbecken verschaffen, das sich zum Nachmittag hin zunehmend mit Badegästen füllt.

Während wir uns mit Bocadillos aus der Kühlbox stärken, machen meine Frau und ich Pläne für den weiteren Reiseverlauf.

Mir fällt plötzlich ein, dass mein Kumpel Fritz mit seiner Freundin Heidi nur wenige Kilometer von hier entfernt in einem Fünf-Sterne-Kasten Urlaub macht. Er hatte mir neulich bei einem Bier auf dem Jenaer Marktplatz stolz erzählt, dass er „one of the leading hotels in the world" in San Remo gebucht habe.

Wir halten es für eine gelungene Idee, die Gelegenheit zu nutzen und uns den Schuppen mal aus der Nähe anzuschauen. Dass unser Outfit eventuell ein wenig unpassend für die Umgebung sein könnte, die wir gleich aufsuchen wollen, kommt uns dabei nicht in den Sinn.

Wir kündigen uns für den späten Nachmittag per SMS bei Fritz und Heidi an und machen uns bald danach auf den Weg.

Kurz vor der italienischen Grenze führt eine steile Serpentinenstrasse rauf zur Autobahn. In einigen Kehren können wir noch den einen oder anderen atemberaubenden Blick auf die Bucht von Monte Carlo erhaschen.

Unsere Jungs haben bekommen, was sie wollten. Darüber hinaus sind sie durch den Verzehr der Bocadillos wieder zu Kräften gekommen. Daher ziehen sie ein erneutes Streitgespräch bezüglich der Position der Kühlbox zwischen ihnen dem Genuss dieses Panoramablicks vor.

Die Autobahn führt durch zahlreiche Tunnel in Richtung Genua. Nach ungefähr zwanzig Kilometern erreichen wir schon die Abfahrt San Remo und fahren einige Serpentinen zum Meer hinunter.

Als wir den Ortseingang erreichen versucht meine Frau Fritz per Handy zu erreichen, da wir nicht wissen, wo genau er logiert. In dem Augenblick, in dem er sich meldet, sehe ich eine Reihe von Hinweisschildern zu den diversen Hotels des Nobel-Badeortes. Es gibt nur einen einzigen Kasten mit fünf Sternen, und Fritz bestätigt, dass wir ihn dort finden werden. Er freut sich sehr auf uns, wie er sagt.

Nachdem wir einige Kilometer auf der Hauptstrasse des Ortes gefahren sind, entdecken wir links die Hotelauffahrt. Eine ziemlich enge Strasse führt in einigen Kurven einen Hügel hinauf. Wir umfahren den ausgedehnten Poolbereich

und werden um den riesigen Kasten herum zur Rückseite des Gebäudes geleitet, wo sich der Empfangsbereich des Nobelschuppens befindet.

Rechts an der Hauswand stehen die Edelkarossen der Hotelgäste akkurat
aufgereiht. Entsprechend der Anzahl der Sterne des Hotels habe ich auch nichts
anderes erwartet als 7er BMWs, Mercedes der gehobenen Klassen, Jaguars, Fer-
raris, einen Rolls Royce und einige riesige Jeeps. Links befinden sich offene
Garagen, in denen ich weitere Luxusgefährte ausmache.

Die wenigen freien Parkplätze sind mit einer weiß-roten Kette abgesperrt.
Auf der Suche nach einer Abstellmöglichkeit für meine Familienkutsche, die in
ihrem Erscheinungsbild nicht ganz zu den anderen auf Hochglanz polierten Gefährten passen will, fahre ich nach links einen steilen Berg hinauf, wo sich laut
einem Hinweisschild weitere Parkplätze befinden sollen. Nach einigen Metern
gebe ich jedoch den Versuch auf, da mir der Weg ein wenig zu schmal erscheint.
Ich will hier auf keinen Fall einen Haftpflichtschaden verursachen, deshalb
rolle ich rückwärts den Weg zurück und stelle den Ford vor die Absperrketten.

Bevor ich aussteige schlüpfe ich in meine ehemals weißen, durch jahrelange
Benutzung aber nun fast bräunlich wirkenden, Adidas-Turnschuhe. Dabei trete
ich die hinteren Schuhwände herunter, sodass meine Fersen im Freien bleiben.
Durch diese Maßnahme sorge ich dafür, dass noch etwas Luft an meine zweifellos überzeugend stinkenden Füße gelangen kann.

Ein Empfangsheini in einem grauen Anzug kommt vom Eingang des Hotels her einige Meter auf uns zu. Seiner gerümpften Nase und seinem panisch
wirkenden Gesichtsausdruck entnehme ich, dass wir in unserem gesamten
Erscheinungsbild unsere Wirkung nicht verfehlen. Ohne Zweifel hat er vor
zu verhindern, dass wir die Augen der noblen Hotelgäste durch unsere mit
Schweißflecken übersäte Oberbekleidung beleidigen.

Die Tatsache, dass Fritz und Heidi aus ihrem Zimmerfenster im vierten
Stock fröhlich zu uns herunterwinken und wir sie daraufhin lautstark begrüßen, kann gerade noch verhindern, dass der Lakai uns unverzüglich des Hofes
verweist. Er zieht sich zunächst dezent zur gläsernen Drehtür im Eingang des
Hotels zurück, um von dort aus das weitere Geschehen zu beobachten.

Nach einigen Minuten kommen die beiden mit erfreutem Gesichtsausdruck
auf den Hof. Fritz trägt eine Markenjeans, ein rotes Polohemd und dezente,
nicht ganz billige Schuhe. Heidi ist perfekt gestylt und begrüßt uns in einem
schicken Sommerkleidchen. In der Zwischenzeit hatten wir versucht, unseren
verheerenden Gesamteindruck durch eine gehörige Portion Deo-Spray ein wenig zu verbessern.

Nach der ausgiebigen Begrüßungszeremonie berichten wir zunächst kurz
vom bisherigen Verlauf unserer Reise. Während dessen sehe ich, wie Fritz ungläubig und ein wenig mitleidig den Zustand unseres geschundenen Gefährtes
in Augenschein nimmt.

Die geschlossene Dreckschicht auf dem bedauernswerten Lack springt ihm
zuerst ins Auge. Dann sieht er die auf der Ablage unter dem Heckfenster zum

Trocknen ausgebreiteten Badehosen. Auf der Kühlbox sind die noch nassen Badetücher gestapelt. Hinter der linken hinteren Nackenstütze findet sich eine Rolle Klopapier. Im Fußbereich der Jungs liegen diverse leere und halbvolle Plastikflaschen und einige achtlos hingeworfene Verpackungen von Schokoriegeln. Mein Fahrersitz ist übersät von Weißbrotkrümeln, die noch von der letzten, während der Fahrt eingenommenen, Mahlzeit herrühren. Der Aschenbecher ist randvoll mit den Resten der zahlreich konsumierten „Fortunas", die wir unter Rücksichtnahme auf die permanente Waldbrandgefahr nicht, wie sonst üblich, aus dem Fenster geschmissen haben. Meine Gummilatschen liegen unter den Pedalen in meinem Fußbereich. Die offen stehenden Wagentüren geben den Blick frei auf eine Reihe von leeren Kippenschachteln in den Seitenfächern. Wir hatten bei den letzten Tankstopps dummerweise die Entsorgung verschlafen.

„Habt ihr denn auch eine Klimaanlage in eurem Wagen", fragt Fritz mit einem leicht angewiderten Gesichtsausdruck, der mir verrät, dass das Deo seine Wirkung einigermaßen verfehlt hat.

„Klar Mann", sage ich so locker wie möglich, „aber wir sind halt auch Frischluftfanatiker. Ab und zu müssen die Scheiben mal runtergelassen werden, damit wir etwas von der salzigen Meerluft einatmen können. Du verstehst, was ich meine." Dabei klopfe ich ihm kameradschaftlich auf die Schulter. Mit einem dezenten Seitenblick überprüft er, ob ich eventuell mit meiner Schweißhand einen Fleck auf seinem Polohemd hinterlassen habe, was allerdings nicht der Fall ist.

„Ich habe deinen Wagen gar nicht gesehen", versuche ich schnell das Thema zu wechseln.

Damit gebe ich ihm die Gelegenheit darauf hinzuweisen, dass er seinen Alfa, der in seiner Klasse unter dem Durchschnitt der übrigen im Freien abgestellten Fahrzeuge liegt, für ein paar Euro Aufgeld in eine der mit einem eisernen Rollo gesicherten Garagen abgestellt hat.

„Hör mal, wir haben noch kein Quartier für die Nacht. Meinst du, dass in eurem Nobelkasten noch was frei ist?"

Fritz schaut mich zunächst an, als wollte ich ihn verarschen. Mein gewinnendes Lächeln zeigt ihm dann aber, dass ich meine Frage durchaus ernst meine. Er zuckt mit den Schultern und geht dann mit meiner Frau rüber zur Rezeption, während ich mich bei Heidi solange über den Verlauf des bisherigen Urlaubs der beiden erkundige.

„Der Strand unten ist voll scheiße", lässt sie mich wissen. „Am ersten Tag waren wir dort, haben 15 Euro für eine Liege und einen Sonnenschirm abgedrückt und konnten kaum ins Wasser, weil das Ufer mit Steinen übersät ist. Seitdem verbringen wir die Tage lieber am Pool."

„Und was läuft abends so ab", frage ich nach.

„In dem Kaff ist nichts los. Es gibt praktisch keine akzeptablen Restaurants, sodass wir uns eigentlich nur im Hotel aufhalten."

„Das hört sich aber nicht besonders überzeugend an", zeige ich einiges Mitgefühl.

„Na ja, ein bisschen anders habe ich mir das hier schon vorgestellt", gibt Heidi kleinlaut zu.

Meine Frau und Fritz kommen von der Rezeption zurück. „Das Zimmer kostet normalerweise 375 Euro die Nacht", informiert sie mich mit einem spöttischen Lächeln im Gesicht. „Da wir ja wegen der Jungs zwei Zimmer nehmen müssen, brauchen wir nur 270 Euro pro Zimmer zu bezahlen, eins wäre sogar mit Meerblick." Der Sarkasmus in ihrer Stimme ist nicht zu überhören. Wir grinsen uns an und fassen damit unausgesprochen den Entschluss, auf das unter anderen Umständen durchaus lukrative Angebot der Hotelleitung zu verzichten. Ich möchte mir den Kasten aber doch mal von Innen anschauen.

„Lasst uns wenigstens zusammen einen Kaffee trinken. Dann fahren wir weiter und suchen uns eine Bleibe, die für uns angemessen ist", schlage ich vor.

Ich bin mir nicht ganz sicher, ob die Miene von Fritz eine gewisse Erleichterung widerspiegelt, als wir uns zusammen zum Eingang begeben. Der Lakai zeigt auf unsere schmutzige Karosse, die wir einfach stehen lassen. Fritz nennt ihm seine Zimmernummer, und ich drücke ihm die Autoschlüssel in die Hand, damit er den Wagen bei Bedarf an die Seite fahren kann. Während er die Schlüssel in Empfang nimmt, kann er sich einen verächtlichen Blick auf mein Schuhwerk nicht verkneifen. Arrogantes Arschloch, denke ich und grinse ihn dabei freundlich an.

Wir gehen durch die altmodische Drehtür, die in ihren engen Abteilen immer nur Platz für jeweils eine Person bietet. Unser Zwölfjähriger missbraucht das Gerät spontan als Karussell und dreht noch ein paar Extrarunden. Bevor der Lakai die Gelegenheit ergreifen kann, ihm einen gehörigen Anschiss zu verpassen, übernehme ich meine Verantwortung als Erziehungsberechtigter. Mein Ordnungsruf fällt allerdings etwas zu lautstark aus, sodass ich die ersten pikierten Blicke der Belegschaft in der Lobby ernte. Mein Outfit hätte allerdings sowieso die gleichen Reaktionen heraufbeschworen, nur vielleicht ein paar Sekunden später.

Die Decken sind mit aufwändigen Stuckarbeiten verziert, die aufgrund der Entwicklung des Lohnniveaus in den letzten hundert Jahren heutzutage kein Mensch mehr bezahlen könnte.

Die Wände sind mit dunklem Holz vertäfelt. Dicke Läufer auf den Gängen dämpfen jedes störende Geräusch, das die teuren Stöckelschuhe der noblen weiblichen Gäste auf dem Parkettboden darunter hätten verursachen können.

Fritz führt uns in einen riesigen Raum, in dem es einige klobige Sitzgarnituren gibt. Flache Glastische stehen jeweils davor. Eine einwandfrei funktionierende Klimaanlage sorgt für eine angenehme Raumtemperatur. Panoramafenster entlang des gesamten Raumes geben einen wirklich fantastischen Blick auf das Mittelmeer frei, das im Augenblick dunkelblau ist.

Wir hätten lieber draußen auf der Terrasse gesessen, die sich auf einem Hang vor den Fenstern befindet. Von dort hätten wir einen aufschlussreichen Blick auf das Geschehen in der Pool-Landschaft gehabt, die etwas weiter unten liegt. Fritz meint aber, dass dort zurzeit nicht bedient würde, was mich angesichts der Anzahl der Sterne für diesen Laden ziemlich erstaunt.

Da die Hitze draußen immer noch immens ist, steuern wir ohne weiteren Widerspruch auf eine der wenigen freien Sitzgarnituren zu. Auf dem Weg dorthin bemerke ich, dass die Gäste, die sich auf den übrigen Sitzgelegenheiten niedergelassen haben, in ihrem Durchschnittsalter nach meiner Einschätzung dem des Kastens, in dem wir uns befinden, ziemlich nahe kommen. Auf meine Anfrage hin lässt mich Fritz wissen, dass das Hotel vor 130 Jahren erbaut wurde.

Das Auftreten unserer überaus ansehnlichen Frauen erregt die ungeteilte Aufmerksamkeit der senilen Corona. Ich registriere das mit einigem Verständnis für die Jungs und Mädels, die zwar offensichtlich im Geld schwimmen, dafür aber den größten Teil ihres Lebens schon hinter sich haben. Ich versinke fast auf dem Sofaplatz, den ich mir ausgesucht habe. Von dort habe ich einen hervorragenden Überblick über die Besetzung des Raumes.

Links von uns sitzt ein Ehepaar in den späten Siebzigern.

Sie trägt ein beigefarbenes Kostüm und eine Perlenkette um den fetten Hals. Sie hat einen knallroten Lippenstift aufgetragen. Dabei ist sie sicher unfreiwillig an einigen Stellen über die Konturen ihrer spröden Lippen weit hinausgekommen. Das lässt wiederum darauf schließen, dass die dicken Gläser ihrer Brille nicht die nötige Dioptrienzahl aufweisen.

Er trägt eine helle Anzughose und ein rosa Hemd. In dem geöffneten Kragen steckt ein marineblaues Halstuch. Seine nur noch spärlich vorhandenen grauen Haare geben den Blick frei auf eine Reihe Altersflecken, die sich auf seiner braungebrannten Stirn breit gemacht haben.

Sie schaut gelangweilt in die Gegend, während sie eine Zigarette raucht, die in einer für meinen Geschmack übertrieben langen Spitze steckt. Er ist völlig in den „Corriere della Sera" vertieft. Auf dem flachen Tisch vor ihnen stehen zwei Gläser mit Mixgetränken, über deren Inhalt ich nur Vermutungen anstellen kann.

Rechts von uns erblicke ich zwei alte Schachteln in bunten Kleidchen, mit denen sie ziemlich erfolglos ihr zweifellos fortgeschrittenes Alter kaschieren wollen. Sie sitzen für mich völlig unverständlich mit dem Rücken zu den Panoramafenstern und quasseln in Italienisch stakkatomäßig aufeinander ein. Ihren Redeschwall haben sie nur für ein paar Sekunden unterbrochen, um unseren Auftritt zu beobachten. Die Caffe Latte, die vor ihnen stehen, sind noch unberührt, was sie aber offensichtlich nicht bemerken.

Uns gegenüber sitzt ein einsamer alter Herr auf einem Clubsessel. Er trägt einen hellen Anzug und hat ebenfalls kein Interesse an dem herrlichen Ausblick auf das Meer. Stattdessen lässt er seine schon halb erloschenen Augen nicht vom Geschehen an unserem Tisch.

Ein Kellner, der auch bereits kurz vor dem Erreichen des Rentenalters steht, kommt zu uns herüber. Er trägt eine schwarze Hose, ein weißes Jackett und eine schwarze Fliege am weißen Hemdkragen. Er bemüht sich nicht wirklich eine Miene aufzusetzen, die uns den Eindruck vermitteln würde, als wären wir hier willkommen.

Wir bestellen für unsere Jungs je eine Cola und für die Mädels und mich einen Kaffee. Fritz gönnt sich ein eiskaltes Becks für vier Euro. Ich bin schon ein wenig neidisch, verkneife mir aber ausnahmsweise jeglichen Alkohol. Schließlich muss ich unsere Kutsche noch durch das Vespa-Geschwader steuern, das es erfahrungsgemäß auf den Strassen in italienischen Städten gibt, wenn wir uns später auf die Hotelsuche begeben. Der rücksichtslose Kamikaze-Stil, mit dem diese motorisierten Zweiräder üblicherweise durch die Autoschlangen gesteuert werden, wird noch meine gesamte Konzentration erfordern.

Heidi erzählt von einem Ausflug, den die beiden vor einigen Tagen nach Nizza unternommen haben. Da sie dort keinen Parkplatz gefunden hatten, waren sie unverrichteter Dinge wieder hierher zurückgefahren.

Wir hatten an diesem Morgen im Hafen von Nizza keine Probleme, einen Platz für unser Gefährt zu finden. Während sich unsere Jungs die Fähren anschauten, die von dort nach Sardinien und Korsika abfuhren, genossen wir in einem Straßencafe bei einem Cafe au Lait den Blick auf die Yachten an den Stegen und die imposanten Berge, die den natürlichen Hafen umschließen.

Der Kellner bringt eine silberne Schale, die auf mehreren Etagen mit Erdnüssen, Oliven und verschiedenen Sorten von Kartoffelchips gefüllt ist. Unsere Jungs machen sich sofort in einer für die noble Umgebung etwas unangemessenen Manier über die Leckereien her, als hätten sie seit Tagen nichts zu essen bekommen. Nur die Oliven lassen sie uns übrig.

Den beiden alten Schachteln, die rechts von uns ununterbrochen weiterquasseln, entgeht das flegelhafte Verhalten unseres Nachwuchses nicht. Ich registriere, dass sie sich über die beiden ungezogenen deutschen Bengels ziemlich echauffieren. Normalerweise hätte ich meine Söhne jetzt zur Raison gerufen. In diesem Fall lasse ich sie aber gewähren.

Der humorlose Kellner bringt unsere Getränke. Fritz verkneift sich sein am heimischen Stammtisch schon beinahe zur Legende gewordenes „Prostata", als er sein Glas erhebt. Stattdessen heißt er uns nur noch einmal in einer der Umgebung angemessenen Form herzlich willkommen. Ich muss ein wenig schmunzeln, als ich mir vorstelle, wie die Lippenstift-Oma links von uns wohl reagieren würde, wenn er lautstark seinen Schlachtruf ausgestoßen hätte.

Die Schale mit den Beigaben ist leer. Mein Jüngster rennt ohne zu zögern um die Ecke, wo sich die Bar befindet, und kommt mit einer Ladung Nachschub in den bloßen Händen zurück. Der Lippenstift neben uns verzieht sich zu einem missbilligenden, nach unten gebogenen Halbkreis.

Ich muss dringend meinen Kaffee wegschaffen. Durch einen Gang, der vor der Lobby nach links abbiegt und wie diese ebenfalls mit einem dicken Läufer ausgelegt ist, komme ich an einer Reihe von Glasvitrinen vorbei. Darin sind teure Klamotten und Schmuck von italienischen Designern ausgestellt, deren Namen selbst ich irgendwo schon mal gehört habe.

Unmittelbar vor dem Eingang zur Toilette befindet sich rechts der Salon von Luigi, dem Haus-Coiffeur. Ein Schild an der gläsernen Tür weist darauf hin, dass er an zwei Stunden am Tag bereit ist, sein gesamtes Können aufzubieten, um der weiblichen Altersheimbesetzung, die hier logiert, dabei behilflich zu sein, ihr Auftreten noch einigermaßen erträglich zu gestalten.

Ich entleere meine Blase in eines der zwei zur Verfügung stehenden Marmor-Pissoirs. Während ich das wohlige Gefühl der Erleichterung genieße, werde ich auf einem weiteren Schild, das auf Augenhöhe über dem Pissbecken angebracht ist, darüber informiert, dass dieses selbstredend nach jeder Benutzung automatisch einer chemischen Reinigung unterzogen wird. Da bin ich aber beruhigt.

Während ich den Reißverschluss meiner Shorts wieder zuziehe, muss ich feststellen, dass sie unter anderem mit ein oder zwei Kaffeeflecken besudelt ist, was mir nur ein gleichgültiges Schulterzucken entlockt. Als ich mir dann in einem Marmorbecken die Hände wasche, stelle ich durch einen Blick in den Spiegel vor mir fest, dass der letzte Tropfen Urin wie üblich in die Hose gegangen ist. Da ich keine Unterhose trage, gesellt sich ein weiterer Fleck mitten im Schritt zu den beiden Nachweisen meines Kaffeegenusses. Das ist nun auch selbst mir ein wenig peinlich.

Als ich mich wieder zurück an unseren Tisch begebe, halte ich meine rechte Hand wie zufällig vor den Beweis des kleinen Fauxpas, der mir auf der Toilette passiert ist. Das sieht zwar mit Sicherheit einigermaßen bescheuert aus, trotzdem halte ich diesen Eindruck noch für das kleinere Übel.

Die Getränke sind geleert, und Fritz will uns unbedingt noch den Pool zeigen. Meine Frau schickt die Bengels los, um die Rechnung zu ordern. Sie lassen sich das nicht zweimal sagen und kommen mit einer neuen Ladung Chips und der Rechnung, die sich in einem ledernen Klapp-Etui befindet, von der Bar zurück.

Ein kurzer Blick auf die Endsumme verrät mir, dass wir mit läppischen 26 Euro dabei sind. Dafür konnten sich unsere Jungs wenigstens mal wieder satt essen, denke ich.

Kurz darauf erscheint der senile Kellner. Er ist ziemlich erstaunt darüber, dass mein Weibchen eine Kreditkarte besitzt. Sie steckt diese in das Etui mit der Rechnung und drückt ihm einen Euro extra in die Hand, für den er sich anständig bedankt.

Durch eine ähnliche Drehtür wie am Haupteingang gelangen wir auf eine Terrasse. Der Kontrast zwischen den angenehmen Temperaturen in dem klimatisierten Raum und der Hitze, die uns nun draußen empfängt, nimmt mir für einen Augenblick den Atem.

Der halb links liegende Bereich ist mit einer Markise überdacht. Dort wird gerade für das Abendessen eingedeckt. Auf einem schwarz gestrichenen Eisengestell ist eine Speisekarte ausgelegt. Fritz steht neben mir, als ich feststelle, dass die Vorspeisen bei rund 25 Euro beginnen und die Hauptgerichte bei 75 Euro für irgendein edles Fischgericht enden.

„Mann, die Preise sind hier aber auch im Fünf-Sterne-Bereich", entfährt es mir unvermittelt.

„Wem sagst du das", meint mein Kumpel etwas kleinlaut.

Wir steigen die Treppen zum Poolbereich herab. Überall stehen Liegen unter Bastsonnenschirmen. Es gibt sogar ein paar Kids, die im Pool herumtoben, ohne jedoch dabei nennenswerten Lärm zu veranstalten. Auch das Badevergnügen ist hier äußerst gediegen, was meinem Jüngsten aber nicht aufzufallen scheint. Er ist völlig begeistert, und will uns mit dem Angebot, die Hälfte der Übernachtungskosten von seinem Sparbuch zu bezahlen, davon überzeugen, doch noch die Nacht hier zu verbringen.

Ich bin aber nicht bereit, den Gegenwert einer Monatsmiete für eine Fünf-Raum-Wohnung in Jena für eine Übernachtung mit Abendessen in einem Fünf-Sterne-Altersheim in San Remo auszugeben. Zähneknirschend nimmt mein Sohn die väterliche Entscheidung zur Kenntnis.

Wir postieren uns am Poolrand für ein Gruppenfoto. Mein Weibchen drückt einem zufällig vorbeikommenden Gast unsere Kleinbildkamera in die Hand und bittet ihn uns abzulichten.

Eine Torte in mittleren Jahren, die recht passabel aussieht, und sich auf einer Liege in meinem Blickfeld sonnt, lächelt angesichts des Theaters, das wir zusammen veranstalten, um auf dem Foto den Eindruck einer fröhlichen Gesellschaft zu vermitteln.

Das geht nicht ganz ohne Lärm ab, sodass sich einige Badegäste in ihrer nachmittäglichen Ruhe gestört fühlen. Überhaupt ist hier das einzige Geräusch, das ich bewusst wahrnehmen kann, das Rauschen des recht starken Mittelmeerwindes, der aber keine echte Kühlung bringt.

Ich habe genug gesehen. Nach einer herzlichen Abschiedszeremonie lassen wir unsere Freunde in ihrem Luxus-Domizil zurück und machen uns auf die Suche nach einer angemessenen Herberge für die Nacht.

Da an der Küste alle Hotels belegt sind, biegen wir in Imperia ins Landesinnere ab und befahren eine Landstrasse Richtung Turin. Erst einige Stunden später werden wir in einem Bergdorf, das uns an die Ferienorte im Thüringer Wald erinnert, endlich fündig. Es ist längst dunkel geworden.

Für den Preis von zwei Vorspeisen im „Hotel Royal" bekomme ich die ganze Familie satt. Auch ein angenehmer Rausch nach 1,5 Litern Rotwein und zwei Grappas für meine Frau und mich ist im Preis inbegriffen.

Unsere Jungs können, nachdem sie sich jeweils eine Riesen-Pizza einverleibt haben, ungehindert mit ihren italienischen Kumpels, die sie kennen gelernt haben, an einem Kicker rumrandalieren.

Während ich noch einen Schluck aus meinem Weinglas nehme, beobachte ich satt und zufrieden meinen Nachwuchs bei seinem ausgelassenen und lautstarken Spiel, das hier niemanden stört. Mein Jüngster hat den Fünf-Sterne-Kasten längst vergessen.

Spießer

Es ist ein herrlicher Spätsommertag. Keine Wolke ist am Himmel zu sehen, als wir an diesem Samstagnachmittag auf dem Weg zu Gerda sind, einer Großtante meiner Frau. Sie hat uns in den letzten Jahren in schweren Zeiten immer wieder finanziell unterstützt, wenn es im Geschäft einmal nicht besonders lief. Meine Frau liebt sie wie ihre Mutter. Ihre Schulferien verbrachte sie oftmals bei Tante Gerda, was nicht zuletzt ihr inniges Verhältnis zu dieser sehr warmherzigen Frau begründet.

Wir fahren regelmäßig in das kleine Kaff in Sachsen-Anhalt, um Gerda zu besuchen. Ihr Mann Werner ist kurz nach der Wende gestorben. Ich habe ihn noch einige Monate erleben dürfen.

Das Dorf, in dem Gerda lebt, liegt am Rande eines riesigen Tagebaugebietes in der Nähe von Leipzig. Bis vor wenigen Jahren bestanden die Landstrassen, die von der A 9 dorthin führten, noch aus Kopfsteinpflaster. Die Zeit schien hier stehen geblieben zu sein. Ging es in Jena schon kurz nach der Wende mit der Renovierung und Sanierung von Strassen und Gebäuden zügig voran, so bildet diese Gegend in ihrem Erscheinungsbild noch heute einen krassen Gegensatz dazu.

Kohls „blühende Landschaften" entstanden zunächst in den größeren Städten, die auch schon vor der Wende eine gewisse Wirtschaftskraft entwickelt hatten oder durch ihre historische Bedeutung als besonders schützenswert eingeschätzt wurden. In Zeitz, der etwas größeren Stadt ganz in der Nähe von Gerdas Wohnort, sieht man heute noch überdimensional viele völlig verfallene oder verrottete Gebäude. Jena ist dagegen längst eine Stadt, die nach ihrem Erscheinungsbild auch durchaus irgendwo in Westdeutschland liegen könnte.

Wir biegen von der Bundesstrasse aus links in das kleine Dorf ab, in dem Gerda wohnt.

Die Mutter meiner Söhne ermahnt unseren Nachwuchs auf der Rückbank noch einmal, sich respektvoll zu benehmen.

Wir mussten sanften Druck auf die beiden Jungs ausüben, um sie zur Mitfahrt zu bewegen. Immerhin erhalten die Beiden von Gerda übers Jahr nicht unerhebliche Geldzuwendungen und sollten sich nach unserer elterlichen Meinung wenigstens ab und zu auch dort sehen lassen.

Gerda wohnt in einer Doppelhaushälfte in der ersten Etage. Die Wohnung unter ihr bewohnen Horst und seine Frau Moni. Horst ist ein hoher Beamter in Leipzig und verdient richtig gutes Geld. Seine Frau sitzt ebenfalls in einem Amt. Sie bekleidet zwar nicht eine so hohe Position wie ihr Mann, kann aber genau wie er aufgrund ihrer vielen Dienstjahre mit nicht unerheblichen und absolut sicheren Einkünften rechnen.

Die Strasse, die auf die Reihe mit Doppelhäusern zuführt, ist erst vor wenigen Monaten vollständig saniert worden. Bis dahin konnte man sie nur im

Schritttempo befahren. Man hätte sich sonst den Unterboden seines Fahrzeugs auf dem in den letzten Jahrzehnten zu Wellen und Hügeln verschobenen Kopfsteinpflaster aufgeschlagen.

Horst und Moni haben die Haushälfte vor einigen Jahren gekauft. Es fällt sofort auf, dass die Finanzierung ihre monetären Mittel nicht sonderlich strapaziert hat, denn ihre Hälfte des Gebäudes ist die einzige in der ganzen Strasse, die von außen renoviert wurde und in einem leuchtenden Weiß erstrahlt.

Der Nachbar auf der rechten Seite kann in keiner Weise im Erscheinungsbild seiner Immobilie mit dem von Horst und Moni mithalten. Die Fassade besteht immer noch aus einem grauenhaften Rauputz, der in einem schäbigschmutzigen Grauton gehalten ist.

Das Vordach vor dem Hauseingang wurde mit Sicherheit zu Zonenzeiten montiert. Die eine Hälfte besteht aus einem welligen, ehemals gelben Kunststoff. Die andere Hälfte ist mit Teerpappe belegt. Das Vordach wird von zwei halb verrosteten Eisenstreben gestützt.

Im augenfälligen Gegensatz dazu hat Horst den Aufgang zu seiner Eingangstür mit einem klobigen Holzgeländer versehen. Mehrere Blumenkästen hängen daran, aus denen liebevoll gepflegte Geranien in ihrer ganzen Pracht ranken. Ein überdimensionales Holzdach schützt den Aufgang vor Regen und Sonne. Neben der Eingangstür hängt ein buntes Keramikschild, auf dem der Besucher über die Namen der Hausbewohner informiert wird. Es erweckt den Eindruck von Harmonie unter den Wohnparteien, der leider nicht ganz richtig ist.

Die Hofeinfahrten grenzen aneinander und werden durch einen hüfthohen Jägerzaun voneinander getrennt.

Horst hat seine Einfahrt in einem ausgefallenen Muster mit Pflastersteinen belegt, bei dem er keine Kosten gescheut hat. Der aufwändige, steinerne Belag erstreckt sich auch über den ganzen Hof hinter dem Haus. Die Einfahrt des Nachbarn und auch sein Hof sind dagegen einfach lieblos und schlampig zubetoniert worden.

Wir wissen, dass zwischen den beiden Parteien ein Kleinkrieg tobt, über dessen Entstehungsgründe heute niemand mehr Auskunft geben kann. Kommunikation findet grundsätzlich nicht statt, wenn man davon absieht, dass man sich ab und zu gegenseitig der Ruhestörung bezichtigt.

Meine Jungs wurden schon vor einigen Jahren in den Kleinkrieg einbezogen, als sie mit einem Plastikball in Horsts Einfahrt Fußball spielten. Als der Ball versehentlich über den Zaun auf die Nachbareinfahrt flog, nahm der gehässige Zeitgenosse diese Gelegenheit war, um den Ball vor den Augen der schockierten Jungs mit einem Schraubenzieher zu zerstechen.

Offensichtlich bekommt der Kerl nebenan einfach seinen Frust darüber nicht in den Griff, dass er finanziell mit Horst und Moni nicht mithalten kann.

Wir klingeln bei Gerda. Erst nach dem dritten Versuch betätigt sie den elektrischen Türöffner. Offenbar war sie noch nicht aus ihrem Mittagsschlaf erwacht.

Man könnte vom Boden des Hausflurs bedenkenlos essen. Moni sorgt regelmäßig dafür, dass dieser Bereich sich in einem fast keimfreien Zustand befindet.

Der Eingang zu ihrer Wohnung liegt auf der linken Seite. Gegenüber befindet sich der Treppenaufgang in die erste Etage, zu der wir vorsichtig und besonders leise heraufsteigen.

Wir wissen, dass Horst absolute Ruhe in seinem Haus wünscht.

Das Verhältnis der beiden Mietparteien, die schon seit Jahrzehnten zusammen in dem Eingang wohnen, war seit dunkelsten Zonen-Zeiten ziemlich angespannt. Auch die Maueröffnung brachte in dieser kleinen Welt keine Besserung des Klimas. Aus welchen Gründen auch immer Horst mit seinem Leben einfach nicht zufrieden ist, weiß niemand zu sagen. Auf jeden Fall findet er in Gerda ein geeignetes Ventil für seinen Frust.

Seine Frau Moni steht bei den nachbarschaftlichen Auseinandersetzungen meist seelisch zwischen den Stühlen. Wenn Horst nicht da ist, versucht sie einen gewissen Ausgleich mit Gerda für den Ärger zu schaffen, den ihr Mann regelmäßig wegen Lappalien veranstaltet.

Er hätte es wahrscheinlich gern gesehen, wenn die alte Frau lieber heute als morgen brav in einem Altersheim verschwinden würde.

Unter der Decke des Aufgangs baumelt ein undefinierbares Glasgehänge, an dem ich mir bei jedem Besuch erneut die Birne anstoße. Die Wände zieren kleine Ölgemälde und Zeichnungen von Werner, der leider viel zu früh gestorben ist. Weiter oben an der Wand hängt ein großes Foto irgendeines Ferienheimes an der Ostsee. Es will nicht ganz zu Werners Originalen passen. Auf jeder einzelnen Stufe sind weitere Blumenvasen oder bäuerliche Utensilien aufgestellt, die Horst und Moni vermutlich auf Flohmärkten zusammengetragen haben. Man muss teuflisch aufpassen, dass man nicht davor tritt, da auf der Treppe nicht mehr allzu viel Platz zum Gehen bleibt.

Wir erreichen unfallfrei Gerdas Wohnungstür, in der sie uns glücklich aber noch ein wenig verschlafen begrüßt. Wir umarmen Gerda der Reihe nach und ziehen brav unsere Schuhe aus. Dann gehen wir in die Küche, in der schon der Kaffeetisch gedeckt ist.

Gerda gehört zu der Generation von Frauen, die ihr ganzes Leben für die Familie aufgeopfert haben. Luxus hat sie nie kennen gelernt, vermisst ihn aber auch nicht. Sie erhält eine nicht unerhebliche Witwenrente, da ihr vor einigen Jahren verstorbener Mann sein Leben lang im Tagebau gearbeitet hat. Trotzdem sieht ihre Wohnung 13 Jahre nach der Maueröffnung immer noch so aus, als befänden wir uns in tiefsten DDR-Zeiten.

Die Tapete mit dem obligatorischen Blümchenmuster ist ziemlich vergilbt. Ein uralter Küchenschrank, dessen Klapptüren nur mit einem bestimmten Trick aufgeschlossen werden können, steht an der Wand. In dem offenen Teil des Schrankes sind diverse Biergläser ausgestellt, die mit Motiven aus dem Tagebau an verschiedene Dienstjubiläen ihres Mannes erinnern.

Rechts neben der Tür befindet sich eine einfache Spüle aus dem Baumarkt. Gerda hat sich nie eine Spülmaschine angeschafft, obwohl sie sich das locker hätte leisten können. Spülen ist neben Kochen, Kreuzwort-Rätsel-Lösen und Fernsehen ihre einzige Beschäftigung.

Der Herd ist einfach und ersetzte erst vor wenigen Jahren einen uralten, schwarzen Kohleherd, an den ich mich noch gut erinnern kann. Auch der kleine Kühlschrank einer deutschen Markenfirma steht noch nicht allzu lange an seinem Platz. Bis vor kurzem stand dort noch ein DDR-Einheitsgerät.

An den Wänden hängen diverse Familienfotos. Es gibt ein Porträt ihres verstorbenen Mannes, ein Hochzeitsbild von meiner Frau und mir und je ein Bild von meinen Söhnen.

Links neben der Spüle befindet sich die Vorratskammer. In einem einfachen Holzregal hat Gerda diverse Einmachgläser gehortet. Die Töpfe und Pfannen, die sich dort befinden, stammen eher noch aus der Zeit vor dem zweiten Weltkrieg als aus der Zonen-Ära.

Das Wohnzimmer nebenan ist mit Ausnahme eines großen Fernsehers auch nicht moderner eingerichtet als die Küche.

Die Wohnungsausstattung von Horst und Moni steht im denkbar größten Kontrast zu der bescheidenen Möblierung, die sich die alte Frau in ihren eigenen vier Wänden gönnt.

Wir haben das sorgfältig ausgewählte Interieur nur einmal bewundern dürfen. Als Horst nach dem Erwerb der Immobilie die Komplett-Renovierung abgeschlossen hatte und alle neuen Möbel geliefert waren, wurden wir zu einem Besichtigungsrundgang eingeladen. Das ist aber schon eine ganze Weile her.

Wir bewunderten artig die neue, überdimensionale Küche, die wahrscheinlich im Preis das durchschnittliche Jahresgehalt einer Verkäuferin im Einzelhandel noch übertroffen hat.

Im Wohnzimmer lud eine riesige Ledercouch zum Relaxen ein. Zu einem Probesitzen wurden wir allerdings nicht aufgefordert. Das Sideboard, auf dem eine Designerlampe ein warmes Licht abgab und der neue, für meinen Geschmack etwas zu klobig wirkende, Wandschrank passten außerordentlich gut zu dem Grauton, in dem die Couch gehalten war.

Auch die ultramoderne Stereo-Anlage und der riesige Fernseher fügten sich farblich perfekt in das Gesamtbild ein. Ein Blick in das neue Schlafzimmer wurde uns allerdings nicht gewährt.

Selbstredend erstrahlten die Wände und Decken in frischen Anstrichen und nicht ganz billigen, neuen Tapeten. Das Gesamtbild wurde abgerundet durch die gelungene Positionierung diverser Hänge- und Stehlampen, die in Qualität und Preis auf dem Niveau der übrigen Möbel angesiedelt waren.

Zumindest dann, wenn wir zu Besuch bei Gerda sind, ziehen es die beiden vor, das exklusive Wohngefühl in ihrem Domizil alleine zu genießen. Gerdas Genügsamkeit und auch Großzügigkeit kommt mir dagegen vor, wie eine menschliche Eigenschaft aus einer längst vergangenen Zeit.

Wir setzen uns auf eine Eckbank am Fenster. Ein Blick in den Garten zeigt mir, dass wir ruhig die Treppe hätten heraufpoltern können, denn Horst und Moni sitzen unten auf einer nagelneuen Gartenmöbelgarnitur aus Plastik mit dicken, bunten Stoffeinlagen.

Gerda lässt es sich nicht nehmen, trotz erheblicher Rückenschmerzen, unter denen sie seit Jahren leidet, die kleine Kaffeemaschine zu bedienen, die auf einem uralten Beistelltisch steht. Meine Frau hat ein Tablett Kuchen mitgebracht und ihr das auch telefonisch angekündigt. Trotzdem hat sich Gerda ebenfalls um die Kuchenversorgung gekümmert.

Sie holt aus der Vorratskammer einen in Plastik verpackten Marmorkuchen und legt ihn auf eine kleine Glasplatte auf dem Tisch, nachdem sie die Verpakkung entfernt hat.

„Um Gottes Willen, Gerda, wer soll das denn alles essen", stöhnt meine Frau.

„Der Mensch muss essen", ist ihre lapidare Antwort, die zu einem Ritus gehört, den ich kenne, solange ich zu dieser Familie gehöre. Wir werden ihn in Gerdas Leben auch nicht mehr abstellen.

Unsere Jungs greifen herzhaft zu, was der alten Frau sichtlich Freude bereitet. Der gesamte Kuchen ist nach kurzer Zeit vertilgt. Ich esse wieder mal ein Stück mehr, als meiner Linie gut täte. Die Jungs trollen sich alsbald ins Wohnzimmer, um sich im Fernsehen ein Basketball-Spiel anzuschauen.

„Habt ihr euch auch unten vor der Haustür ordentlich die Schuhe abgetreten," will Gerda wissen, als meine Frau und ich uns eine Zigarette anzünden. „Neulich hat Horst wieder mit mir geschimpft, weil ich angeblich Dreckklumpen auf der Treppe hinterlassen habe."

„Keine Angst, Gerda, wir haben schon gut aufgepasst, dass auch unsere Jungs brav ihre Schuhe abgetreten haben", versuche ich sie zu beruhigen.

„Horst will übrigens am nächsten Wochenende den Treppenflur renovieren", teilt sie uns mit.

Wir sind ziemlich verblüfft. Die Wand im Flur glänzt in ähnlich überzeugendem Weiß wie die Außenmauern des Hauses. Meines Wissens hat Horst den Flur erst vor zwei Jahren frisch tapeziert und gestrichen.

Gerda sieht das Erstaunen in unseren Mienen und lacht verbittert. „Ja, ihr müsst wissen, dass ein Arbeitskollege von Horst von der frischen Renovierung seiner Wohnung berichtet hat. Da fühlt er sich nun herausgefordert, ihm nicht nachzustehen."

„Am besten stellt der Maler dann seine Leiter an die Außenwand und kommt durch das Fenster in den Flur, damit er keinen Dreck auf den Stufen hinterlässt", bemerkt mein Weibchen sarkastisch. Gerda und ich müssen grinsen.

„Horst meint, dass meine Küche hier gleich auch renoviert werden sollte."

„Dann würden ja wohl auch diese kackbraunen Zonenkacheln über dem Herd entfernt", äußere ich die Hoffnung, dass Gerda sich eine neue Wandverkleidung in freundlicheren Farben gönnen wird."

„Auf keinen Fall, die Dinger bleiben dran", erwidert sie in einem Ton, der keinen Widerspruch duldet. „Mir gefallen sie und fertig."

„Du könntest dir ja hier einen schönen Holzboden legen lassen, oder zumindest einen aus Laminat", macht meine Frau einen anderen gut gemeinten Vorschlag. Ich stimme ihr innerlich zu, denn dieser ätzende, aschgraue PVC-Belag ist alles andere als gemütlich.

„Ach Kinder, lasst mir mein Heim doch so wie es ist. Es reicht mir ja schon, wenn hier die Möbel gerückt werden müssen, damit der Anstreicher an die Wände herankommt. Außerdem bin ich nur froh, wenn mein Rücken mir mal eine Weile keine Schmerzen bereitet. Dann kann ich zumindest alleine einkaufen gehen und mit meinen Freundinnen auch mal einen Schwatz halten. Moni holt mich dann dort mit dem Auto wieder ab, wenn sie von der Arbeit kommt, und fährt mir den Einkauf nach hause. Wochenlange Umbauten mit all dem Dreck und Lärm brauche ich wirklich nicht mehr."

Meine Frau ergreift Gerdas Hände und tätschelt sie liebevoll. „Du kleine Gerda, wir meinen es doch nur gut. Aber wenn du nicht willst, ist das doch kein Problem. Komm, ich zeig dir die Fotos von unserem Urlaub."

Sie holt das Fotoalbum, das wir mitgebracht haben, aus einer Tragetasche und kommentiert ein paar Bilder von unserer Mittelmeerreise, die wir erst vor ein paar Tagen abgeschlossen haben. Weit kommt sie mit ihren Erläuterungen allerdings nicht. Gerda fühlt sich offensichtlich durch die Fotos plötzlich an ihre eigene Vergangenheit erinnert und ist bald gedanklich in einer ganz anderen, längst vergangenen Zeit.

„Kinder, wo ihr schon überall gewesen seid. Wir hatten damals doch nichts von unserer Jugend, an solche Reisen war schon gar nicht zu denken. Es gab noch viel mehr Arbeitslose als heute. Zum Glück juckt mich das aber heute nicht mehr." Ich muss über ihre lockere Formulierung ein wenig schmunzeln, sage aber nichts und lasse sie einfach weiter in ihren Erinnerungen schwelgen.

„Erst kam Adolf mit seinem Arbeitsdienst, so hatte jeder etwas zu tun. Das ging ein paar Jahre gut, dann kam der Krieg. Ich sorgte für das tägliche Überleben meiner Kinder, während Werner irgendwo in Europa kämpfte. Er ist auch ganz schön rumgekommen, aber anders als ihr das heute kennt. Als er schließlich lebend wieder zurückkam, war ich überglücklich, auch wenn er bei dem ganzen Wahnsinn einen Arm verloren hat. In der DDR war letztlich alles auch gar nicht so schlimm, wie es heute immer wieder dargestellt wird", macht sie auf einmal einen für mich nicht ganz nachvollziehbaren Gedankensprung. Ich beiße mir auf die Zunge, um sie nicht zu fragen, ob sie vielleicht gerade einen kleinen Anfall von geistiger Umnachtung erleidet.

Meine Frau hat sich nicht so gut im Griff. „Das ist doch wohl nicht dein Ernst, Gerda", sprudelt es wütend aus hier heraus.

„Wieso denn?", lässt die alte Frau sich aber nicht beirren. „Wir hatten doch alles, was wir brauchten. Es gab genug zu essen, und Plätze in Ferienheimen konnten wir auch jederzeit bekommen, wenn wir wollten."

„Klar, jedes Jahr ging es in den Thüringer Wald oder maximal an die Ostsee, wenn man Glück hatte", unterbricht meine Frau sie ganz aufgeregt. „Die Schweine haben uns doch eingesperrt. Wolltest du nie mal in die Sonne verreisen, zum Beispiel nach Spanien oder Italien?"

„Ach wo, uns ging es doch zuhause auch gut. Außerdem hat sich der Staat um alles gekümmert. Ich musste nicht ständig irgendwelche Formulare ausfüllen, um meine Rente zu bekommen. Das ist ja heute ein fürchterlicher Aufwand. Und dann diese ganzen Verbrechen, die es heutzutage gibt. Ständig sieht man im Fernsehen Berichte über Vergewaltiger und Kinderschänder. Es ist einfach fürchterlich, was heutzutage alles passiert. Das gab es damals in der DDR nicht."

„Gerda, das ist jetzt nicht dein Ernst." Mein Weibchen ist nicht mehr zu bremsen. „Nur weil alles, was nicht ins heile Gesamtbild der vermeintlich tadellos funktionierenden sozialistischen Gesellschaft passte, fein säuberlich von der staatlichen Zensur unter den Teppich gekehrt wurde, heißt das noch lange nicht, dass es solche Gräueltaten damals nicht auch gegeben hat."

Jetzt ist es Gerda, die einlenkt. „Lass gut sein, Kleine, ist doch auch letztlich egal. Ich fühle mich hier wohl und brauche auch keine großen Reisen mehr. Was damals war ist ja nicht mehr zu ändern. Wenn es meinem Rücken gut geht, bin ich schon zufrieden. Lasst uns mit euren Jungs noch mal runter in den Garten gehen."

Sie steckt den beiden je einen 10-Euro-Schein zu. Meine Söhne bedanken sich artig, dann gehen wir hinaus auf den Hof.

Als wir um die Hausecke herum gehen, versuche ich vergeblich auch nur einen Fleck oder Staubkörnchen auf dem Hof zu entdecken. Offensichtlich reinigt Horst die Fläche regelmäßig mit einem Kärcher. Man könnte auch hier, genau wie im Hausflur, ohne Bedenken vom Boden essen. Ich überlege, dass sich ein Teppich gut machen würde, um den Hof noch ein wenig wohnlicher zu gestalten. Die große Plastikmülltonne ist in einem Einlass unter der Treppe dezent verborgen, sodass ihr Anblick das Gesamtbild nicht trüben kann.

In angemessenen Abständen sind Tontöpfe mit Oleander und Agaven aufgestellt. Die Begrenzungswand zum linken Nachbarn ist leuchtend weiß gestrichen und mit allerlei Kletterpflanzen berankt. Ebenfalls weiße Kieselsteine sind wie zufällig zu kleinen Haufen zusammengelegt. Diverse Töpfe mit bunt blühenden Blumen runden das Erscheinungsbild des Hofes ab.

Die Einfahrt führt direkt auf einen riesigen ehemaligen Geräteschuppen aus Stein zu, der nun teilweise als Garage genutzt wird. Das Doppeltor steht offen, und im Innern glänzt eine nagelneue schwarze Mercedes-Limousine der E-Klasse. Horst hat sich offensichtlich um einige Stufen verbessert. Bei unserem letzten Besuch stand hier noch ein „Elch". Das in diversen Regalen penibel postierte Werkzeug für Heim und Garten kann in seiner Vielfalt jedem Baumarkt Konkurrenz machen.

Moni kommt freundlich lächelnd auf uns zu und begrüßt uns herzlich. Sie registriert, dass wir das neue Gefährt anerkennend mustern. „Das war schon immer Horsts Traum", lässt sie uns wissen. „Er hat doch sein ganzes Leben schwer gearbeitet. Da habe ich dem Kauf schließlich zugestimmt. Natürlich hat er sich von seinen Kollegen einige blöde Sprüche anhören müssen, als er zum ersten Mal mit dem neuen Wagen zur Arbeit kam." Sie scheint nicht ganz glücklich mit der nicht unerheblichen Investition zu sein, die sich ihr Mann gegönnt hat. Das lese ich deutlich aus ihrem leicht gequält wirkenden Lächeln. Letztlich bleibt ihr aber nichts anderes übrig, als die Entscheidung ihres Mannes nach Außen mit zu tragen.

„Na ja, du weißt doch, dass das der Neid der Besitzlosen ist", gebe ich mich verständnisvoll.

Ich verkneife mir allerdings die Frage, wofür Horst so eine Karosse braucht. Ich weiß, dass er damit sowieso nur zur Arbeit fährt, und das auch noch alleine. Einmal im Jahr kommt noch die Urlaubsfahrt an die Ostsee dazu.

Moni benutzt einen weißen Kleinwagen der Konkurrenzfirma aus München, der frisch geputzt in dem Carport rechts neben der Garage steht. Ich erinnere mich an die Gefährte, die in der Nachbarschaft abgestellt sind. Horst und Moni schlagen mit ihren Fahrzeugen alle um Längen.

Moni ist dankbar, dass ich den Anschein erwecke, als könne ich die Kaufentscheidung ihres Mannes wirklich nachvollziehen. „Na, kommt mal mit in den Garten. Horst wird sich freuen, euch zu sehen."

Ich bin mir da nicht so sicher. Mein Frau und ich lächeln sie an und folgen ihr zu dem kleinen, mit Platten ausgelegten Weg, der an der Garage vorbei führt. Wein rankt an einer Pergola empor, die den Eingang zum Garten bildet. Ein bunt bemaltes Holzschild, das in den Rasen gesteckt wurde, heißt den Besucher herzlich willkommen. Ein überdimensionales Thermometer informiert uns darüber, dass die Außentemperatur beinahe dreißig Grad beträgt. Dahinter lehnt ein altes Wagenrad an einem Birkenstumpf. Direkt daneben hat Horst aus aufgeschichteten Holzscheiten einen Brunnen stilisiert. Ein riesiger aus Holz geschnitzter Uhu rundet das für mich etwas seltsam anmutende Arrangement am Garteneingang ab.

Horst sitzt immer noch in einem weißen Unterhemd auf seinem Gartenstuhl und macht auch keine Anstalten aufzustehen, um uns zu begrüßen. Unsere Jungs geben ihm wohlerzogen die Hand.

„Toller Wagen", bemerke ich, als ich an der Reihe bin ihm die Hand zu schütteln. Er lächelt dankbar über meine anerkennenden Worte. „Ich habe schon gehört, dass du dir einige blöde Sprüche von deinen Kollegen anhören durftest. Denk immer an die Sache mit der deutschen Eiche und dem Borstenvieh", gebe ich ihm einen wirklich wohlgemeinten Rat.

Der Teich des Nachbarn zur linken Seite ist um einiges größer als der von Horst und Moni. Dafür haben die beiden ihr Exemplar, das von dekorativem Schilf umgeben ist, auch noch mit allerlei Nippes-Figuren umstellt. Der Nachbar verfügt im Gegensatz zu Horst über einen riesigen Außengrill, den er an seine Garage angebaut hat. Ich stelle fest, dass es hier einfach aufgrund der fast lückenlosen Bepflanzung aller Flächen keinen Platz mehr für ein Grill-Arrangement gibt, auch wenn Horst sich dieses locker leisten könnte. Dafür ist dem Nachbarn offensichtlich das Geld ausgegangen, um auch seine Haushälfte in Weiß erstrahlen zu lassen. Der schmutzige Grauton der Fassade bildet einen unangenehmen Kontrast zu dem frischen Anstrich von Horsts Haushälfte. Daher ziehe ich ihm innerlich die Punkte wieder ab, die er gegenüber Horst und Moni durch den Grill und den größeren Teich gut gemacht hat.

Der Garten des rechten Nachbarn ist ähnlich verlottert wie seine Hofeinfahrt. Ein kurzer Blick von mir reicht aus, um zu erkennen, dass von der Seite aus keine Konkurrenz im Kampf um das beste Gartenoutfit in der Strasse besteht.

Die scheinbar mit einer Nagelschere akkurat geschnittene Rasenfläche ist mit einer ganzen Reihe von Büschen bepflanzt. So verhindert Horst geschickt, dass sein Enkelkind oder auch meine Jungs auf die Idee kommen könnten, hier ein Fußballspiel zu organisieren. Im hinteren Gartenbereich steht links eine riesige Tanne. Im Boden davor ist ein Strahler eingelassen, mit dem sie nachts angeleuchtet werden kann.

Hinten rechts steht ein hölzerner Gartenschuppen mit weißen Gardinen hinter den kleinen Gitterfenstern. Der Platz in der Garage reicht wohl nicht für alle Gartengeräte aus, die Horst und Moni benötigen, registriere ich. Die Gemüsebeete, die in einem perfekten Garten natürlich nicht fehlen dürfen, allerdings nicht allzu üppig ausfallen, befinden sich unmittelbar vor der Holzhütte.

Meine Frau wechselt ein paar Worte mit Moni über den gerade vergangenen Sommerurlaub.

Horst erkundigt sich bei meinen Jungs über ihre Erfolge in der Schule, ohne uns einen Platz auf den reichlich vorhandenen Stühlen angeboten zu haben. Weder der erzwungene Small-Talk noch diese vermeintliche Idylle sind meine Welt.

Während ich darauf warte, dass wir uns endlich verabschieden können, erinnere ich mich an die Gartenkultur in meiner ostwestfälischen Heimat.

In unserer Strasse waren die Gärten noch etwas umfangreicher als hier, da es statt Reihen- nur Einfamilienhäuser gab. An jedem Samstagvormittag nervten in den Sommermonaten traditionell die Motoren der Rasenmäher, die überall in der Nachbarschaft dröhnten. Akkurat geschnittene Rasenflächen gehörten zum guten Ton.

Fiel jemand mal aus dem Rahmen, indem er die Pflege seiner Grünflächen ein wenig schleifen ließ, wurde das sofort negativ registriert und von den übrigen Nachbarn in Gesprächen über Hecken und Zäune ausgewertet.

Gemüsebeete wurden angelegt und auch wieder durch Rasen ersetzt, weil man mit der Zeit merkte, dass sie mit einem erheblichen Arbeitsaufwand verbunden waren. Außerdem war ja nun alles, was man darin langwierig züchten musste, in Sekunden beim Aldi käuflich zu erwerben.

Schräg gegenüber von uns gab es eine Familie, die offensichtlich finanziell besonders gesegnet war. Alle paar Monate rückte eine Gartenbaufirma an, die den gesamten Garten teilweise mit schwerem Gerät umgestaltete. Zunächst wurde ein Teich im Vorgarten angelegt, der den Besitzern aber nach einiger Zeit nicht mehr standesgemäß erschien. Mit einem Bagger wurde daraufhin hinter dem Haus eine Grube ausgehoben und anschließend geflutet, die in ihrer Fläche und auch Tiefe eine tödliche Gefahr für den zahlreich vorhandenen Nachwuchs in der Strasse darstellte.

Auch hielt man sich nicht lange mit dem Hegen und Pflegen von jungen Bäumen auf. Mit LKWs wurden riesige Tannen und ausgewachsene Obstbäume herangekarrt und mit einem Kran überall im Garten aufgestellt. Das hatte allerlei gehässige Kommentare der übrigen Nachbarschaft zur Folge, die aus finanziellen Gründen in ihrer überwiegenden Mehrheit traditionell mit Spaten und Schaufel ihre Bepflanzungsmaßnahmen durchführen musste.

Warum man im Land des reinen Kapitalismus nicht einfach anerkennen kann, wenn jemand besonders erfolgreich ist, ist mir bis heute nicht klar. Jeder entblödet sich halt so gut er kann.

Wir können endlich gehen.

„Kommt doch bald mal wieder," versucht Horst den Anschein zu erwecken, als hätte er sich sehr über unseren Besuch gefreut.

Meine Jungs schütteln noch einmal brav zum Abschied die Hände von Moni und ihrem Mann. Sie bleiben zurück in ihrem Garten.

Gerda bringt uns noch vor zur Strasse. Meine Frau drückt sie liebevoll. Auch ich gebe ihr einen Abschiedskuss auf die Wange. Im Rückspiegel sehe ich die alte Dame, die so viel in ihrem Leben erdulden musste, wie sie uns so lange winkt, bis wir um die nächste Straßenecke gebogen sind.

„Wir können nur froh sein, dass wir nicht zu Gerdas Zeit geboren wurden", sage ich nachdenklich zu meiner Frau.

„Das kannst du wohl sagen", antwortet sie.

Stamm-Tisch

Es ist Montagabend und ich bin auf dem Weg zum wöchentlichen Stamm-Tisch. Eigentlich habe ich gar keine Lust, weil ich mich in den letzten Wochen dabei ziemlich gelangweilt habe.

Die lieben Stamm-Tisch-Brüder sind überwiegend Unternehmer. Ich rede ja manchmal auch gerne vom Geschäft. Die Jungs haben es aber in der letzten Zeit ein wenig übertrieben.

Sie perfektionierten die hohe Kunst des überzeugenden Gejammers über ihre angeblich schlecht laufenden Geschäfte. Im gleichen Atemzug wurden aber die Vorzüge der neuesten Karosse aus Stuttgart oder München diskutiert oder von Plänen berichtet, es sich mit der Familie auf einem Kreuzfahrtschiff gut gehen zu lassen. Das ganze falsche Gelaber ging mir doch mittelschwer auf die Nerven.

Da ich heute aber nichts Besseres vorhabe, unternehme ich nach einigen Wochen Pause wieder mal einen Versuch. Dabei habe ich die Hoffnung, dass ich mich heute wieder mehr amüsieren werde als bei den letzten Gelegenheiten.

Ich biege rechts in die Wagnergasse ein. Hier befindet sich die Kneipenmeile von Jena, oder das, was man dafür halten kann. In den letzten Jahren haben hier diverse Kneipen eröffnet, sodass der durstige Gast mittlerweile einige Auswahlmöglichkeiten hat, um sich in gepflegtem Ambiente dezent alkoholisieren zu können.

Das war hier nicht immer so. Anfang der Neunziger war das Freizeitangebot doch sehr begrenzt. In der Innenstadt gab es auch zu Zonen-Zeiten schon die ein oder andere Kneipe. Dazu gehörten die „Noll", das „Kupferhütchen", der „Rote Hirsch", die Gaststätte im Rathaus, die es wohl in jeder Stadt in Deutschland gibt, und irgendwo auf einem der Berge die „Wilhelmshöhe", von der man einen fantastischen Blick über die ganze Stadt hat. Im Hotel „Schwarzer Bär" traf sich die High Society. Das waren nach meiner Erfahrung alle sehr gediegene Läden, aber nichts für jüngere Leute, die mal richtig die Sau rauslassen wollten.

Dazu gab es in den Plattenbaughettos einige kultige Schuppen. Vor allem in den diversen Studentenclubs, wie dem „Schwein" oder der „Birke" konnte man relativ günstig löten.

Wer tanzen wollte, hatte dort auch die Gelegenheit dazu. Es gab dort meist einen mehr oder weniger talentierten DJ, der mit seinen Scheiben versuchte, Stimmung in den Laden zu bringen.

Besonders cool waren das „KZ" in Lobeda-West, das aber längst abgerissen ist, oder das „Lugoj", in dem sich in den frühen Morgenstunden auch schon mal eine Schnalle auf der Bühne auszog. Auch der Laden ist längst pleite.

Nachdem sich die Lage in den ersten Jahren nach der Maueröffnung etwas beruhigt hatte, vergrößerte sich das Freizeitangebot langsam aber stetig. Eine der ersten neuen Kneipen war der „Stilbruch" am Ende der Wagnergasse, zu dem ich nun auf dem Weg bin.

Drüben im Damenviertel kam irgendwann der „Sockenschuss" hinzu. Der Schuppen ist zwar ganz witzig aufgemacht, aber doch recht teuer. Dafür hat der paarungswillige Zeitgenosse hier allerbeste Chancen, zu fortgeschrittener Stunde ein williges Huhn aufzureißen, wenn er nicht allzu viel Wert auf Qualität legt.

Zwei Parallelstrassen von hier liegt die „Havanna-Bar", in der man ganz gut abtanzen kann, Direkt gegenüber gibt es noch das „F-Haus", in dem ständig 70er und 80er Jahre Partys ablaufen. Manchmal finden dort auch Rockkonzerte statt. Vor einigen Monaten bin ich dort im Suff in ein Punk-Konzert geraten. Als ich die ganzen durchgeknallten Heinis mit ihren Iros sah, war ich schlagartig wieder nüchtern. Ich bot der Schnalle hinter der Theke an, ihr beim Spülen zu helfen, wenn sie mich nur in die Sicherheit hinter ihrem Tresen lassen würde. Sie lachte nur und meinte, dass hier alles ganz harmlos sei. Ich beruhigte mich wieder, bis die erste Bierflasche an meinem Kopf vorbei Richtung Bühne flog. Dort machte eine in der Szene ziemlich bekannte Band aus England einen Höllenlärm. Ich kam dann letztlich doch mit heiler Haut davon.

Ich komme am „Hemingway" vorbei, dann folgt die „Köstritzer-Schwarzbier-Kneipe", die erst vor kurzem eröffnet hat. Bei meinem ersten Besuch dort hat mir die überforderte Bedienungs-Schnalle ein Glas Schwarzbier über meine helle Jeans geschüttet, sodass ich anschließend aussah wie ein Bettnässer.

Gegenüber vom „Stilbruch" liegt das „Gatto Bello". Wenn man später abends noch was erleben will, kommt man an dem Laden nicht vorbei.

Wer auf gepflegte Titten-Präsentationen steht, kann für kleines Geld neuerdings im „Titty-Twister" gegenüber vom alten Uni-Turm überprüfen, ob seine Schwellkörper noch einwandfrei funktionieren. Auch südeuropäisches Flair kam sehr bald nach der Maueröffnung durch diverse italienische und griechische Restaurants in die Stadt.

Die Freizeit-Szene in Jena entwickelt sich also ständig weiter und ist für eine Stadt dieser Größe allemal beeindruckend.

Vor dem „Stilbruch" stehen zwei Reihen mit Tischen und Stühlen auf dem Kopfsteinpflaster, mit dem die Wagnergasse ausgelegt ist. Sie sind alle besetzt.

Das Publikum rekrutiert sich aus allen Altersschichten. Aufgrund der zu dieser frühen Abendstunde immer noch ziemlich großen Hitze sind vor allem die Studentinnen motivierend spärlich gekleidet. Wenn man hier alleine sitzt, muss trotzdem keine Langeweile aufkommen, da es immer was zu gucken gibt.

Zwischen den Tischen sind vereinzelt Palmen in großen Töpfen aufgestellt. An der brüchigen Wand gegenüber dem Lokal ranken sich verschiedene Pflanzen empor. Zumindest in den Sommermonaten wirkt das ganze Erscheinungsbild mit etwas Phantasie mediterran.

Die Karte ist hier sehr abwechslungsreich und die Speisen sind von besonderer Qualität. Leider habe ich schon gegessen, sonst hätte ich mir einen der leckeren Salate oder ein gutes Stück Fleisch gegönnt.

Alfons, der hagere, glatzköpfige Kellner, der Boxer-Schuhe trägt, begrüßt mich fröhlich. Er ist immer gut drauf und bietet seinen Gästen durch seine extravaganten Einlagen meist eine unterhaltsame Show. Er wird uns heute nicht bedienen, da er für die Tische auf der Strasse eingeteilt ist. Sie sind ausnahmslos besetzt.

Ich begrüße Mandy, die dunkelhaarige Schönheit hinter der Theke. Sie trägt ein Top mit einem gerade noch zulässigen Ausschnitt, der mir unwillkürlich das Wasser im Munde zusammenlaufen lässt.

Ich wende mich nach rechts und steige die zwei Stufen zu unserem Tisch hinauf. Christoph, der erfolgreiche Zahnarzt und Willi, der in Immobilien macht, sind schon da.

Christoph freut sich ehrlich, mich zu sehen. „Na, mein Freund, schön dass du da bist."

Willi lächelt nur und gibt mir zur Begrüßung die Hand.

Ich brauche nicht lange zu warten, bis Yvonne, die blonde Mega-Schnecke, die uns meistens bedient, an unseren Tisch kommt und mich fragt, was ich trinken möchte. Sie hat fantastische Rundungen, von denen durch ihr waffenscheinfähiges Top glücklicherweise nicht allzu viel verborgen bleibt. Ich bin mit Sicherheit nicht der einzige Gast, der sie liebend gern mal flachlegen würde. Deshalb habe ich mich schon mehr als einmal dabei ertappt, wie ich mehr Getränke bei ihr bestellt habe, als ich ursprünglich geplant hatte, nur um mit ihr flirten zu können. Heino, der Chef, versteht es vorzüglich durch die Auswahl seines weiblichen Personals den Umsatz am Laufen zu halten.

Ich bestelle mir bei Yvonne, die wie immer gut drauf ist, eine große Weißwein-Schorle mit Eis. Christoph ordert sein zweites Bier, wobei es ihn nicht stört, dass sein Glas noch halbvoll ist. Willi reicht der Inhalt seines Bierglases vorerst noch aus.

„Ich hatte heute wieder AOK-Sprechstunde und musste bis kurz nach sechs durchschuften", informiert uns Christoph.

„Deine dreistündige Mittagspause hast du aber bestimmt durchgezogen, oder etwa nicht," ziehe ich ihn ein bisschen auf.

„Aber selbstverständlich, meine Herren", nimmt Christoph den Ball auf, den ich ihm zugeworfen habe. „Ich will doch nicht auf das, was unser Kumpel Fritz als Lebensqualität bezeichnet, verzichten." Willi und ich müssen lachen. Wir wissen, dass er sich mit Sicherheit nicht überarbeitet. Ich gönne ihm aber durchaus seinen Erfolg von Herzen.

„Sag mal Alter, wie machst du das eigentlich?", frage ich ihn. „Viele deiner Kollegen arbeiten Tag und Nacht und stöhnen dann noch darüber, dass sie letztlich doch kein Geld verdienen."

„Tja, meine Freunde", reagiert er mit einem gewissen triumphierenden Unterton in der Stimme. „Du musst eben sehen, dass du so viele Privatpatienten bekommst, wie du kriegen kannst. Dank des schwachsinnigen Abrechnungssystems für Kassenpatienten kannst du ja an denen schon lange kein Geld mehr verdienen. Im Gegenteil wirst du noch finanziell bestraft, wenn du im Quartal zu viele Patienten behandelt hast ."

„Da kommt dir ja die Streichung des Zahnersatzes gerade recht, die sich unsere glorreiche Regierung ausgedacht hat, oder?"

„Aber sicher doch", lacht er und nimmt einen Schluck aus seiner Tulpe. „Im nächsten Jahr ist das Tal der Tränen endgültig durchschritten. Es gibt ja jetzt schon von den Kassen nur noch einen Minimal-Zuschuss zur Primitivst-Versorgung", setzt er noch ironisch hinzu. Willi und ich müssen über diese Dreifach-Einschränkung in seinem spontan kreierten Kunstwort herzlich lachen.

„In Zukunft wird beinahe jeder, der es sich leisten kann, eine private Zusatz-versorgung abschließen müssen. Dann haben wir ja auch in diesem Bereich wieder die freie Marktwirtschaft, Freunde, und ich kann dann für meine her-vorragende Leistung auch angemessen abrechnen", freut Christoph sich schon auf die neuen finanziellen Möglichkeiten, die sich ihm in der nächsten Zeit bieten werden.

„Genau, dann kannst du an den Kauleisten sehen, wie es im Portemonnaie unserer Mitbürger aussieht", stelle ich fest. „ Mir soll es recht sein, denn für meine Versicherungsbranche werden auch goldene Zeiten anbrechen. Es wird auch höchste Zeit, denn in den letzten Jahren hatten wir nicht allzu viel Grund zur Freude."

„Mensch, seid bloß froh, dass ihr so tolle Aussichten habt." stöhnt Willi. „Bei mir läuft seit Monaten gar nichts mehr. Wenn ich nicht noch eine Reihe Studen-tenbuden zu vermieten hätte, wäre völlige Ebbe in der Kasse."

„Das kann ich nur bestätigen", pflichte ich Willi bei. „Schau dich doch hier um. Die Kneipen sind voll, und es ist noch nicht einmal Wochenende. Ich be-komme von meinen Kunden auch nur zu hören, dass sie angeblich kein Geld mehr zur Verfügung haben. Die Leute scheuen jegliche langfristige Investition, weil sie durch den Zick-Zack-Kurs unserer Regierung völlig verunsichert sind. Dabei haben sie rein statistisch mehr Geld unter dem Kopfkissen liegen, als jemals zuvor."

Willi und Christoph nicken zustimmend.

Bertram stößt zu unserer Runde. Er ist sichtlich geschafft und bestellt sich bei Yvonne ein großes Bier. Er ist Ingenieur und leitet den Anbau an einem Hotel an der Autobahn. Dort entsteht eine Wellness-Landschaft mit Sauna, Bowling-Bahnen und Tennis-Hallen.

„Du kommst gerade passend", sagt Willi zu ihm. „Wenn ich mir dich so an-schaue, scheinst ja wenigstens du in dieser schwierigen Zeit genug zu tun zu haben."

„Das kannst du wohl sagen", stöhnt Bertram. „Ich bin seit heute Morgen um sechs auf der Baustelle gewesen, und das geht jeden Tag so. Wir müssen unbedingt bis zum Oktober fertig werden. Ich weiß überhaupt nicht mehr, wo mir der Kopf steht." Er nimmt einen tiefen Schluck aus seinem Bierglas und bestellt sich einen großen griechischen Salat. „Ich bin heute noch gar nicht zum Essen gekommen."

„Sag mal, wir haben eben festgestellt, dass nach unserer Erfahrung die Leute in dieser Zeit doch ihr Geld ziemlich zusammenhalten. Wie kommt dein Auftraggeber zu dem Optimismus, solche teuren Freizeit-Anlagen zu bauen."

„Ihr werdet lachen, aber die Tennis-Hallen sind jetzt schon ausgebucht. Ich überlege gerade, ob ich den Auftrag annehmen soll, der mir jetzt angeboten wurde. Ich soll so eine ähnliche Anlage oben in Mecklenburg bauen. Ich kann mich also wirklich nicht beschweren."

„Tja, wenn man in einer der Branchen tätig ist, die unserer Spaßgesellschaft Rechnung tragen, hat man offensichtlich auf das richtige Pferd gesetzt", sage ich mehr zu mir selbst als zu den anderen. „Wenn ich meinen Kunden was von der Rentenlücke erzähle, winken die nur ab. Ich lebe heute, bekomme ich zu hören, und wer weiß was in ein paar Jahren ist."

„Du darfst auch nicht vergessen, dass sich fast jeder in den letzten Jahren seine Finger mit unkontrolliertem Aktien-Kauf verbrannt hat", erinnert mich Christoph an das Debakel an den Börsen, das noch nicht allzu lange her ist.

„Da hast du wohl recht", sage ich nachdenklich und nippe an meiner Weißwein-Schorle.

„Ihr wisst ja sicher noch, wie mich einige unserer Freunde hier am Stamm-Tisch vor noch nicht allzu langer Zeit ausgelacht haben, weil ich mein Geld schön auf Festgeldkonten gelassen habe. Ich habe mich nicht von der allgemeinen Hysterie anstecken lassen."

„Du hast alles richtig gemacht, Sportsfreund", bestätigt Willi ihn. „Ich gehörte ja nun leider auch zu den Spinnern, die dem Goldrausch verfallen waren. Ich könnte mich heute noch ohrfeigen, dass ich mir einen Haufen Intershop-Aktien gekauft und von einer Verdopplung in wenigen Wochen gefaselt habe."

Direkt vor unserer Nase steht der „Intershop-Tower", ein ehemaliges Uni-Gebäude, in das sich ganz dem Zeitgeist entsprechend ein Software-Unternehmen eingenistet hat.

„Kurz vor dem Crash waren dort drüben über tausend Mitarbeiter beschäftigt", erinnere ich mich. „Gestern stand in der Zeitung, dass sie die Anzahl der Beschäftigten schon wieder halbieren müssen. Jetzt hacken da nach dem Bericht nur noch knapp zweihundert Heinis auf ihren Computern rum."

„Das habe ich auch gelesen. Aufgrund der schlechten Wirtschaftslage sind viele Aufträge verschoben oder ganz storniert worden", ergänzt Willi.

„Tja, mein Lieber, da kannst du wohl noch eine ganze Weile warten, bis der Kurs von zur Zeit einem jämmerlichen Euro wieder auf die sechzig steigt, für die du die gegenwärtig fast wertlosen Papierchen eingekauft hast", kann sich Christoph eine Spitze nicht verkneifen. „Letztlich kannst du noch froh sein, dass du nicht bei hundert Euro eingestiegen bist, wie einige andere Börsen-experten hierzulande."

„Die Jenaer Börsianer haben damals gar nicht gerafft, dass ihre Volksaktie bei dem Kurs nach meinem Wissen auf dem Papier mehr wert war als Daimler-Chrysler oder die Deutsche Bank", setze ich noch hinzu.

„Ich war schon ein ziemlicher Vollidiot", räumt Willi ein und gönnt sich noch einen Schluck Bier. „Jetzt habt ihr mir aber genug den Kopf gewaschen. So ein Debakel passiert mir nicht noch einmal."

„Leider ändert diese Erfahrung, mit der du nicht allein dastehst, aber nichts an der Tatsache, dass die Rentenlücke nun einmal da ist", komme ich noch einmal auf das ursprüngliche Thema zurück. „Was zurzeit passiert, ist eine Überreaktion in die andere Richtung. Das zweifellos reichlich vorhandene Geld wird für den kurzfristigen Spaß ausgegeben, wie in den zwanziger Jahren."

Wir ordern bei Yvonne noch eine Runde.

„Saufen, Fressen, Fitness, Klamotten und Kino, echte Lebensqualität ist jetzt angesagt, Freunde", ruft Christoph lautstark aus. Er hat mittlerweile vier Pilsener intus. Mit vollen Hosen ist gut stinken, denke ich.

„Vergiss die Reisen nicht", setzt Willi hinzu. „Die Leute sind doch schon so bekloppt, dass sie ohne nachzudenken Kredite aufnehmen, um sich ihre teuren Urlaubsreisen zu finanzieren, weil sie sich diese eigentlich gar nicht leisten können. Jeder will mithalten und ein Stück vom Kuchen des totalen Vergnügens abhaben, auch wenn er dabei in absehbarer Zeit finanziell vor die Hunde geht."

„Es ist ja nicht gerade so, als gäbe es in Deutschland nicht genug Leute, die sich den ganzen Luxus auch leisten können", mischt sich Bertram ein, der immer noch auf seinen griechischen Salat wartet. „Bevor solch eine Investition wie draußen an der Autobahn getätigt wird, wird der Markt und das Umfeld schon genau unter die Lupe genommen. Kein Investor setzt bewusst Millionen in den Sand."

„Das ist doch klar", bestätige ich ihn. „Wenn es nicht genügend Geld gäbe, würde hier vorne am alten Uni-Turm nicht noch so ein Konsum-Tempel errichtet. Da kommen die Markenfirmen rein, um ihre teuren Klamotten an das gierige Volk zu verkloppen. Die wissen genau, was sie tun, darauf könnt ihr einen lassen. Guckt euch doch mal während des Semesters hier um. Die Studenten sitzen in den Cafes statt in der Mensa. Sie gehen nicht mehr in die Fremde, sondern bleiben schön bei Mama und Papa zuhause wohnen. Dann müssen sie das Geld von der Oma oder den Eltern nicht für teure Buden ausgeben, sondern können es in Restaurants und für edle Klamotten auf den Kopf hauen."

„Nicht nur die bleiben taktisch klug so lange bei Mama hocken, wie es geht", setzt Willi hinzu. „Auch die jungen Leute, die noch keine eigene Familie gegründet haben, bleiben aus finanziellen Gründen solange zuhause, bis sie irgendwann von den Eltern rausgeschmissen werden, oder die Eltern selber das Feld räumen." Wir andern schauen uns an und lachen.

„Nein, mal im Ernst", ereifert sich Willi. „Wer zuhause wohnen bleibt und damit das Geld für eine eigene Wohnung sparen kann, hat bei einem durchschnittlichen Einkommen auch genug übrig, um zu verreisen oder sich die teure Kino-Karte leisten zu können. So läuft das hier und nicht anders."

„Dann lassen wir uns alle mal überraschen, wie lange das in unserem Lande noch gut geht", sage ich und nehme einen tiefen Schluck aus meiner Weißwein-Schorle.

Die nachdenkliche Stimmung der Runde ändert sich schlagartig, als am Nachbartisch zwei Freundinnen der Alternativ-Kultur das Feld räumen, die sich über eine Stunde an einer Tasse Tee aufhielten.

Heino könnte seinen Laden dicht machen, wenn alle Gäste so ausgabefreudig wären. Das hatte auch Yvonne längst erkannt und die beiden Umsatzbremsen immer wieder gefragt, ob sie noch etwas bestellen wollten. Sie verneinten regelmäßig, ohne Yvonnes Wink mit dem Zaunpfahl zu erkennen.

Die Kneipe ist bis auf den letzten Platz gefüllt. Ständig kommen neue Gäste herein, die einen freien Platz suchen und nach ihrem Aussehen zu urteilen finanziell eindeutig besser in der Lage sind, den Konsum anzukurbeln als diese beiden finanziell unterbemittelten Schicksen. Sollen die ihren Tee doch zuhause trinken.

Sie ereifern sich schon seit einer ganzen Weile über die äußerst aktuelle politische Frage, ob sich die SPD mit der PDS zusammenschließen soll, bis Yvonne ihnen schließlich eindeutig zu verstehen gibt, dass ihr Tisch nun von anderen Gästen benötigt wird. Wahrscheinlich ruft das Aussehen der äußerst attraktiven Bedienung bei den beiden recht unappetitlichen Schicksen den weiblichen Neidfaktor auf den Plan, denn sie lassen sich auf den Cent genau von Yvonne rausgeben.

Zwei sehr ansprechende Ladys in mittleren Jahren kommen in dem Augenblick herein, als die beiden Studentinnen ihre Rucksäcke greifen und sich von ihren Plätzen erheben. In Christoph erwacht sofort der Jagdinstinkt. „Hier ist noch Platz für die Damen", ruft er ihnen zu. Sie sind offensichtlich bester Laune.

„Da haben wir aber Glück gehabt", stellt eine der beiden dankbar fest. Sie trägt ein hellblaues Kostüm mit einer weißen Bluse darunter, hat dunkelblonde, kurze Haare und einen ziemlich motivierenden Vorbau. Sie lächelt freundlich in unsere Runde und setzt sich als erste an den kleinen hölzernen Nachbartisch.

Die Kleidung ihrer Begleiterin läßt ebenfalls auf ein nicht unerhebliches Einkommen schließen. Sie ist ziemlich groß und sehr schlank. Sie trägt lange schwarze Haare, die glatt über ihre Schultern fallen. Ein pinkfarbenes Seidentop bildet einen ansprechenden Kontrast zu dem dunklen Kostüm, das ihr außerordentlich gut steht.

Ich frage mich, ob die Damen selbst im Geschäftsleben stehen oder von ihren Männern so ansehnlich ausgestattet werden. Während sie die Karte studieren, die Yvonne ihnen gebracht hat, ertappe ich mich dabei, wie ich immer wieder zu den beiden rüberlinse.

Christoph ist am Ende seines fünften Pilseners angelangt. Er ist genauso interessiert wie ich, nur ist er nicht mehr ganz in der Lage, unauffällig zu schauen. Er stiert unverhohlen zum Nachbartisch herüber.

Bertram hat endlich seinen griechischen Salat bekommen und fällt gierig darüber her. Er sitzt als einziger von uns mit dem Rücken zu den Frauen. Trotzdem lässt er es sich aber nicht nehmen, sich ab und zu umzudrehen und auch einen Blick zu riskieren, was natürlich nicht unbemerkt bleiben kann und auch einigermaßen bescheuert aussieht.

„Ich kann euch das Filet-Steak mit Kräuterbutter empfehlen", sagt Christoph zu den beiden, um den Kontakt endgültig herzustellen. Dabei scheint es die Damen überhaupt nicht zu stören, dass er sie einfach duzt. Im Gegenteil scheinen sie auch nicht uninteressiert zu sein

„Na, wenn du das sagst, werden wir das mal probieren", sagt die Blonde zu Christoph. Dann wendet sie sich an ihre Freundin. „Oder was meinst du, Ingrid?"

„Die Herren scheinen ja öfter hier zu sein. Wenn wir schon eine Empfehlung bekommen, sollten wir der auch folgen", antwortet sie und lächelt zu uns herüber.

Nachdem sie bei Yvonne das Fleisch und dazu einen spanischen Rotwein bestellt haben, spreche ich die beiden an. „Ihr seid wohl nicht aus Jena, oder?"

„Nein, wir sind zum ersten mal hier", antwortet die Dunkelhaarige. „Meine Freundin Bärbel und ich sind hier auf einer Ärztetagung gewesen, und die Stadt gefällt uns auf den ersten Blick sehr gut."

„Hier sind noch zwei Plätze frei", ergreife ich die Gelegenheit, die Ladys an unseren Tisch zu lotsen. „Wenn ihr wollt, könnt ihr ja mit meinem Freund Christoph fachsimpeln, während ihr euch das Essen schmecken lasst. Er ist zwar kein richtiger Arzt", setze ich noch mit einem Augenzwinkern in die Richtung meines Kumpels hinzu, „aber als Dentist hat er zumindest auch schon mal einen Blick in ein medizinisches Fachbuch geworfen."

Die beiden schauen sich kurz an, nehmen dann ihre Weingläser und kommen zu uns an den Tisch. Ich bin sehr zufrieden, während Bertram sich verstohlen umschaut. Seine Frau ist ziemlich eifersüchtig, und Jena ist ein Dorf. Offensichtlich befürchtet er, ihr zu einem späteren Zeitpunkt erklären zu müssen, mit wem er sich hier in aller Öffentlichkeit getroffen hat. Ich kann mir ein schadenfrohes Grinsen nicht ganz verkneifen.

Während die Damen sich ihre Steaks schmecken lassen, versucht Christoph mit ihnen ein wenig zu fachsimpeln, wozu sie aber bald keine Lust mehr haben. Ich bin mittlerweile bei meiner vierten Weißwein-Schorle und bekomme langsam Sodbrennen von dem Blubberwasser. Die Ladys sind offensichtlich einem gepflegten Schluck auch nicht abgeneigt und kommen am Ende des Essens beim dritten Kelch Rotwein an.

Rene stößt zu unserer Runde. Er besitzt ein Autohaus, hat sich vor einigen Wochen erst eine neue Luxuslimousine geleast und zeigt auch durch seine auffallend exklusive Kleidung, dass er zu den erfolgreichen Unternehmern in Jena gehört. Er nutzt die Montagabende regelmäßig, um sich von Frau und Kindern zu erholen und hat nicht gerade den Ruf, zu den treuesten Ehemännern in der Stadt zu zählen.

Im Gegensatz zu Bertram, der sich immer noch sehr zurückhaltend gibt und seinen Blick ständig nervös kreisen lässt, ist Rene sichtlich erfreut, dass unsere Männerrunde heute durch zwei Damen ergänzt wird. Er nimmt sich einen Stuhl vom Nachbartisch und setzt sich taktisch klug zwischen die beiden, nachdem er sich mit einem für meinen Geschmack etwas übertriebenen Lächeln vorgestellt hat.

Ich muss zugeben, dass er wirklich gut aussieht, was auch die holde Weiblichkeit an unserem Tisch registriert. Vor allem Bärbel schickt ihm in der Folgezeit immer wieder interessierte Blicke zu, die er natürlich sofort bemerkt. Ich werde ein ganz kleines bisschen zornig vor Neid.

Christoph lässt sein lautstarkes „Wohlsein" erschallen, als Rene sein Bier von Yvonne bekommen hat, und wir stoßen zum wiederholten male auf irgendetwas an.

„Seid ihr auch satt geworden, Mädels?", will Rene von den beiden wissen. Sie kichern schon ein wenig betrunken und nicken nur. „Dann seid nur froh, denn das ist heutzutage gar nicht so selbstverständlich."

Ich hoffe schon einen Augenblick, dass er sich jetzt durch das Anschneiden eines ernsten Themas bei den beiden alle Sympathien verscherzt. Vielleicht will er ja über die Welthungerhilfe referieren. Leider ist dem aber nicht so.

„Ich war am Samstag zu einer Geburtstagsparty eingeladen", berichtet er. „Voller Optimismus habe ich mittags schon nichts mehr gegessen, weil ich davon ausgegangen bin, dass es abends genug zu essen geben würde. Als ich die Wohnung der Gastgeber mit einer Flasche Schampus unter dem Arm betrat, die ich für fünfzehn Euro besorgt hatte, dachte ich, dass die Zeit der Mangelwirtschaft zurückgekommen ist."

„Wieso das denn?" Bärbel hängt förmlich an seinen Lippen, was ich immer noch nicht besonders erfreulich finde.

„Als ich um ein Bier bat, wurde mir mitgeteilt, dass man beschlossen habe, an diesem Abend nur Wein auszuschenken."

„Na ja, so schlimm ist das ja nun auch wieder nicht", werfe ich ein wenig gehässig ein und ernte dafür von Bärbel einen strafenden Blick. Ingrid lächelt mich jedoch verständnisvoll an, was meinem Selbstbewusstsein sehr gut tut.

„Du hast ja grundsätzlich recht." erwidert Rene, „Die Gastgeberin schenkte uns aber jeweils nur einen Finger breit ein. Dann stellte sie die Flasche wieder hinter sich auf eine Kommode, an die nur sie heranreichen konnte. Mit einem Schluck war das zugeteilte Maß alle."

„Ist nicht war", entrüstet sich Ingrid. „Geht es den Gastgebern wirklich so schlecht?"

„Als ich sah, dass auf der Kommode insgesamt drei Flaschen für die sieben Gäste bereit standen, habe ich überlegt, spontan einen Hut rum gehen zu lassen, um für die bedürftigen Gastgeber Spenden einzusammeln." Wir lachen über seinen Spruch, wobei die beiden angetrunkenen Ladys etwas lauter sind als der Rest der Runde.

„Es kommt aber noch besser", erzählt Rene. „Als das Essen auf den Tisch gestellt wurde, traute ich meinen Augen nicht. Es gab einen riesigen Berg Sauerkraut."

„Na dann hat ja hinterher wenigstens deine Verdauung einwandfrei funktioniert", kommentiert Christoph Renes Bericht.

„Das kannst du wohl sagen. Ich machte den fatalen Fehler und fragte, was es denn dazu geben würde. Wenn Blicke töten könnten, würde ich heute nicht hier sitzen." Die Damen lachen wieder etwas lauter als wir Männer.

„Was gab es denn nun dazu", will Bärbel wissen und legt dezent eine Hand auf Renes Knie, was außer Ingrid und mir keiner an dem Tisch sehen kann.

„In einem recht energischen Tonfall teilte die Gastgeberin uns mit, dass Kasslerstücke in das Sauerkraut geschnitten wären. Ich werdet es nicht glauben, aber ich habe tatsächlich in meiner Portion einen ganzen Würfel Fleisch gefunden."

„Das ist ja fantastisch. Hoffentlich hast du dich nicht überfressen", lacht Christoph.

„Ganz bestimmt nicht", antwortet Rene, „zumindest musste ich mein Auto nicht stehen lassen. Um halb elf bin ich stocknüchtern nach hause gefahren. Der Wein war alle und in meinem Magen rumorte es gewaltig. Zuhause angekommen kippte ich mir erst mal ein paar Bier in die Birne und nahm noch einen Verdauungsschnaps zu mir. Der war allerdings ziemlich überflüssig, da der Gärungsprozess in meinen Därmen durch das Sauerkraut schon ziemlich fortgeschritten war."

„Das kann ich mir gut vorstellen", sagt Bertram. Aufgrund der Biere, die er mittlerweile konsumiert hat, ist von der Angst vor seiner Alten längst nichts mehr zu spüren. „Auf die Verdauung, Freunde", ruft er aus und erhebt sein halbvolles Bierglas.

Wir stoßen an, und ich ergreife die Gelegenheit mit Yvonne Kontakt aufzunehmen, um eine Runde Caipis zu bestellen. Ich bin der Meinung, dass wir die Schlagzahl langsam erhöhen sollten.

Bärbel hat immer noch ihre Hand auf Renes Knie. Ich rücke etwas näher an Ingrid ran, sodass sich unsere Beine berühren, was sie sich gerne gefallen lässt.

Ich will in der Runde auch noch ein paar Punkte machen. „Sagt mal Mädels, wisst ihr was ein MÖLF ist?"

Die Modelle lachen schon allein über das Wort, ohne zu wissen, wovon ich eigentlich rede. Auch die Jungs kennen den Gag noch nicht.

„Na, das ist ein Mösen-Leck-Frosch", sage ich so laut, dass es auch die Gäste an den anderen Tischen in dem Raum hören müssen.

Die beschwipsten Damen bekommen sich gar nicht wieder ein, obwohl ich den Witz noch nicht zu Ende erzählt habe. Meine Kumpels lachen ebenfalls lauthals. Nur ein älteres Ehepaar, das am übernächsten Tisch sitzt, schaut leicht pikiert zu uns rüber.

„Kommt eine Frau in eine Zoohandlung und kauft sich einen MÖLF", fahre ich fort, als sich meine Zuhörer vorerst wieder beruhigt haben. „Sie nimmt das Vieh mit nach hause, legt sich auf ihr Bett, macht sich unten rum frei und setzt den Frosch auf die Stelle, wo er tätig werden soll. Als nach zwei Stunden immer noch nichts passiert ist, ruft sie den Zoo-Händler an und beschwert sich. Der Kerl lässt sich nicht lumpen und kommt zu der Schnalle nach hause, um zu sehen, was mit dem MÖLF nicht stimmt. Er nimmt den Frosch in die Hand und brüllt ihn an: Du blödes Vieh, ich habe dir das schon zweihundert Mal vorgemacht, und du hast es immer noch nicht kapiert. Pass genau auf, denn jetzt zeige ich dir wirklich zum letzten Mal, wie das geht." Die angetrunkene Runde ist total begeistert von dem Gag, und Ingrid rückt mir noch etwas näher auf die Pelle.

Die anschließend von Yvonne servierten Caipis sorgen dafür, dass die gesamte Runde alkoholisch einen gewaltigen Schritt vorankommt. Die Jungs geben weiterhin alles, um so charmant wie möglich zu wirken. Die beiden Frauen amüsieren sich köstlich über jeden weiteren noch so dämlichen Spruch, der in die Runde geworfen wird.

Als wir die dritte Runde Caipis bei Yvonne bestellen, ist der Laden schon fast leer. Es ist bereits gegen null Uhr und die Tische in der Gasse sind längst zusammengeräumt. Alfons sitzt auf einem der Barhocker vor der Theke und liest in der Tageszeitung. Mandy spült ein paar Gläser, und Yvonne kann sich ein Gähnen kaum noch verkneifen. Die letzten Gäste kommen die knarrende Holztreppe aus den oberen Etagen herunter und verlassen das Lokal. Nur an unserem Tisch herrscht noch eine ausgelassene Stimmung. Außer Bertram, der sich schon vor einiger Zeit verzogen hat, denkt keiner von uns daran, freiwillig das Feld zu räumen.

Ingrid ist dank der Caipis sehr zutraulich geworden. Ich habe mittlerweile erfahren, dass die beiden im Hotel „Esplanade" ein Zimmer gebucht haben, das nur ein paar Minuten von hier entfernt liegt.

Eine Weile denke ich schon über die Möglichkeit nach, dort noch eine Nachtschicht mit Ingrid einzulegen. Da ich aber immer noch so klar denken kann, dass ich ernsthaft befürchten muss, dass meine Kumpels so ein Event dankbar in der Öffentlichkeit ausschlachten würden, habe ich die Verhandlungen mit Ingrid noch nicht zu einem Abschluss gebracht.

Rene ist da schon eher ein Mann der Tat. Als Bärbel, die die ganze Zeit schon beinahe auf seinem Schoss gesessen hat, die schmale Treppe zu den Toiletten herunterwankt, geht er ihr ein paar Sekunden später nach.

Willi erzählt gerade irgendeine haarsträubende Geschichte vom Bau und Christoph ruft nur noch ab und zu sein „Wohlsein" in den leeren Raum. Sie scheinen den Deal zwischen Bärbel und Rene gar nicht mitbekommen zu haben. Ingrid kennt ihre Freundin offensichtlich genau, denn sie wirft mir einen viel sagenden Blick zu.

Ich stelle mir vor, wie es Rene der geilen Braut im Stehen auf der engen Damentoilette besorgt und hätte enorme Lust, es ihm mit Ingrid nachzutun. Da aber selbst die beiden besoffenen Kumpels die Sachlage wohl ganz richtig erfasst hätten, wenn ich mich zusammen mit Ingrid auch noch nach unten begeben hätte, reiße ich mich mit letzter Willenskraft zusammen.

Rene kommt nach fünf oder sechs Minuten wieder die Treppe herauf und setzt sich auf seinen Platz. Er hält uns offensichtlich für völlig blöde, denn er fragt Ingrid, ob Bärbel schon gegangen sei. Zwei Minuten später kommt sie auch an unseren Tisch zurück. Die Rötung ihres Gesichts rührt nicht allein vom Rouge her, das sie frisch aufgetragen hat.

Ich mustere sie genau, um festzustellen, ob der Zustand ihrer Kleidung irgendwelche Rückschlüsse darüber zulässt, was sich tatsächlich unten abgespielt hat. Sie ist offenbar ein Profi, denn ihr Kostüm sitzt tadellos.

Bevor noch ein Unglück passiert, beschließe ich, mir ein Taxi zu bestellen.

Christoph und Willi machen sich zu Fuß auf den Heimweg, nachdem sie mit einiger Mühe ihr Geld aus den Portemonnaies gefischt haben, um es mit einem reichlichen Trinkgeld an Yvonne weiterzugeben.

Rene lässt galant den Gentleman raushängen und bietet den beiden mehr als angeheiterten Damen an, sie noch zum Hotel zu bringen, nachdem die Straffmaten verschwunden sind.

Ingrid macht mir noch ein eindeutiges Angebot mit ihrem fragenden Blick. Ich sehe aber keine plausible Erklärung, die ich meiner Frau liefern könnte, wenn ich erst in den frühen Morgenstunden nach hause käme. Ich gebe ihr zum Abschied einen Kuss auf die Wange.

„Hoffentlich besucht ihr uns mal wieder in Jena", sage ich und wünsche dann Yvonne und Alfons noch eine gute Nacht.

Ein wirklich gelungener Stamm-Tisch, denke ich, als ich in mein Taxi steige.

Baumarkt

Es ist Samstag kurz nach dem Mittagessen. Meine Frau hat mich losgeschickt, um einen Bilderrahmen zu besorgen. Sie will ein Porträtfoto unseres Zwölfjährigen aufhängen, das sie für besonders gelungen hält.

Der Bengel hat es vor einiger Zeit aus der Schule mitgebracht, und wir haben dafür einige harte Euros hinlegen müssen. Nun soll es auch an einer Wand im Wohnzimmer einen angemessenen Platz erhalten.

Sie hat mir den Baumarkt mit dem orangefarbenen Outfit empfohlen. Dort gäbe es eine ausgezeichnete Bilder- und Rahmenabteilung. Der Markt liegt allerdings weiter hinten an der Autobahn.

Da ich zu diesem kleinen Ausflug eigentlich überhaupt keine Lust habe und ihn so schnell wie möglich hinter mich bringen will, steuere ich den Baumarkt an, der gleich in der Nachbarschaft unseres idyllischen Dörfchens liegt. „Hejo, was geht? – Natürlich alles!" ist der Werbeslogan, mit dem man ständig als potentieller Kunde in Funk und Fernsehen bombardiert wird, um in die Läden mit der blau-gelben Aufmachung gelockt zu werden.

Ich bin wahrscheinlich wie alle Männer und tue deshalb grundsätzlich genau das Gegenteil von dem, was meine Frau mir sagt. Also vertraue ich dem cleveren Slogan, zumal ich alles andere als ein Heimwerker bin. In dieser Beziehung werde ich wohl nie ein richtiger Ossi werden. Nach wenigen Minuten Fahrt komme ich auf die Zufahrtsstrasse zu dem Kaufkomplex auf der grünen Wiese.

Mein Puls erhöht sich leicht, als ich einer ganzen Reihe von Fahrzeugen die Vorfahrt gewähren muss. Eine ansehnliche Schlange von Klein- und Mittelklassewagen bewegt sich auf der Vorfahrtsstrasse in Richtung der Parkplätze vor dem Einkaufszentrum.

Die Heinis scheinen ja alle ewig Zeit zu haben, denke ich, als ich bemerke, dass sich die Baumarkt-Fans peinlich genau an die Geschwindigkeitsbegrenzung halten. Ich zwinge mich innerlich zur Ruhe, bis ich nach einigen Minuten endlich die Gelegenheit finde, mich in den Fahrzeugstrom einzureihen.

In einem kleinen Kreisverkehr biege ich nach rechts ab. Auf der linken Seite kommt zunächst ein Billig-Möbel-Haus in blau-roter Aufmachung. Dann folgt ein Gebäude, in dem man alles kaufen kann, was andere Läden nicht losbekommen haben. Das Zeug ist jedoch so günstig, dass der Laden sich seit Jahren wachsender Beliebtheit erfreut.

Direkt dahinter biege ich nach links auf den Parkplatz vor dem Heimwerkertempel ein. Die Suche nach einer Parklücke gestaltet sich schwieriger, als ich es erwartet hätte. In der Woche kann man hier direkt vor den Eingang fahren, heute ist der Parkplatz maßlos überfüllt.

Ich will mir aber keinen Wolf laufen, was eventuell passieren könnte, wenn ich meinen Wagen in der hintersten Reihe abstellen würde. Daher fahre also außen um die Parkflächen herum. Dann gelange ich über die Ausfahrt gegen die durch weiße Pfeile auf der Strasse markierte Fahrtrichtung immerhin in die zweite Reihe vor dem Gebäude.

Dort wird gerade ein silberner Golf extrem vorsichtig aus einer Parklücke herausgefahren. Ein alter Sack sitzt am Steuer, der ein blaues Hemd mit einer Krawatte trägt. Ich wundere mich gerade darüber, dass ein Baumarktbesuch offensichtlich auch zu einem offiziellen Anlass gemacht werden kann, als ich bemerke, dass der Kerl sich fürchterlich über mich aufregt.

Er schnauzt irgendetwas, das ich aber nicht verstehen kann, weil ich gar nicht daran denke, meine Scheibe herunterzudrehen oder gar die Lautstärke meines Autoradios zu reduzieren.

Die alte Schachtel neben ihm hält sich brav geschlossen, versucht jedoch, mich mit bösen Blicken durch ihre dicken Brillengläser zu töten.

Als der senile Choleriker registriert, dass ich kein Interesse an einem Disput mit ihm zeige, läuft seine spärlich behaarte Birne vor Wut knallrot an. Das ist in Anbetracht seines fortgeschrittenen Alters allerdings alles andere als gesundheitsfördernd für ihn. Der Text, den er spricht, wird für immer sein Geheimnis bleiben. Trotzdem gehe ich mit an Sicherheit grenzender Wahrscheinlichkeit davon aus, dass er mich auf die auch hier geltende Straßenverkehrsordnung hinweisen will. Ich grinse nur und warte geduldig, bis er seinen Vortrag beendet hat und seine Schleuder endlich in Bewegung setzt, damit ich in die frei gewordene Parklücke einbiegen kann.

Als ich aussteige, bekomme ich als erstes mit, dass direkt neben mir eine relativ gut aussehende Frau mittleren Alters ihren Mann mit „Du Hannes" betitelt. Im Rheinland ist das ein durchaus gängiger Vorname, hier soll er aber offenbar als Schimpfwort herhalten.

„Hannes" ist damit beschäftigt, einen riesigen Pappkarton, in dem sich irgendein Elektrogerät befindet, hinter die Rückbank seines blauen VW Transporters zu wuchten. Während des anscheinend recht Kraft raubenden Ladevorgangs motzt er auf seine Frau ein, weil sie irgendetwas angeblich zu teuer eingekauft hat.

Sie verteidigt sich, indem sie darauf hinweist, dass das Teil, was auch immer es war, als Angebot ausgezeichnet gewesen sei. Während sie ihre drei Kleinkinder in den Spezialsitzen auf der Rückbank festschnallt, setzt sie ihre Verteidigungsrede noch eine Weile fort. Den Ausgang der unterhaltsamen Auseinandersetzung bekomme ich leider nicht mehr mit. Sie ist immer noch nicht beendet, als ich meinen Wagen abgeschlossen und mir eine Zigarette angezündet habe.

Ich setze mich nur zögernd in Bewegung, weil ich an dem Spektakel, das sich mir hier darbietet, langsam Geschmack finde. Eigentlich habe ich ja sowieso nichts Besseres vor.

Auf dem Weg zum Eingang komme ich an einem grünen Opel Vectra vorbei. Eine in ihrer Gesamtheit leicht übergewichtige fünfköpfige Familie steigt gerade ein. Ich bedaure den Wagen ein wenig, als ich sehe, wie die Mutter, die über ein mehr als überzeugendes Doppelkinn verfügt, sich mit einem lautstarken Stöhnen hinter das Lenkrad klemmt. Der Vater versucht eine riesige Zimmerpflanze zwischen seine Beine zu postieren. Dazu muss er den Beifahrersitz deutlich nach hinten verstellen. Das hat wiederum das Gemotze der drei verfetteten Blagen zur Folge, die sich bereits auf die Rückbank gezwängt haben.

Links von mir steht ein grauer Renault 19. Ein älteres Ehepaar in schicken Jeans-Jacken, die aber an den beiden irgendwie deplaziert wirken, diskutieren ausgiebig. Ich bekomme im Vorbeigehen mit, dass sie sich nicht darüber einigen können, wie sie die Batterie von Topfpflanzen auf ihrem Einkaufswagen nun im Kofferraum verstauen sollen. Die Frau macht gerade einen Vorschlag, der von ihrem Mann kategorisch abgelehnt wird. Irgendwie kommt mir die Situation bekannt vor.

Weiter vorne schließt ein Typ in einem Adidas-Trainingsanzug seinen blauen Opel Corsa auf. Seine Alte, die auch nicht viel modischer gekleidet ist als ihr Mann, schiebt unter Aufbringung aller ihr zur Verfügung stehenden Kräfte einen Einkaufswagen auf den Kofferraum ihres Kleinwagens zu. Er ist bis oben hin mit Badfliesen beladen.

Der Typ hat sein Weib offensichtlich gut im Griff, denke ich anerkennend. Dafür muss ich für seinen armen Corsa befürchten, dass er mit dieser Ladung einen Achsbruch erleiden könnte.

Meine nächste Sorge gilt für einen Augenblick den Bandscheiben eines älteren Herrn, der mit krummem Rücken versucht, einen Sack mit Torferde in den Kofferraum seines dunkelroten Daihatsu zu wuchten. Seine Gattin steht daneben und gibt ihm wertvolle Ratschläge bezüglich der Hebetechnik, die er anwenden soll. Dabei denkt sie allerdings nicht im Traum daran, ihm irgendwie zur Hand zu gehen.

Schräg vor mir geht ein Typ mit einer mächtigen Bierwampe. Er trägt eine lange Fitnesshose und ein blau-weiß geringeltes T-Shirt. Den nur noch spärlich vorhandenen Haarkranz hat er im Nacken lang wachsen lassen und zu einem Zopf zusammengebunden. Er hat ein Kleinkind an der Hand. Neben ihm geht seine Frau, die leider auch nicht viel ansehnlicher ist als der Typ. Sie trägt einen Säugling vor ihrer mächtigen Brust, auf den sie beruhigend einredet. Ein Baumarkt-Besuch kann offensichtlich auch ein Ereignis für die ganze Familie sein.

Ich muss direkt vor der Döner-Bude nach rechts Richtung Eingang abbiegen. Vor dem Stehimbiss hat sich eine Schlange von hungrigen Baumarkt-Fans gebildet. Eine Sekunde denke ich darüber nach, ob ich mir auch einen Döner gönnen soll, lasse es dann aber sein. Schließlich habe ich gerade erst zu Mittag gegessen. Außerdem möchte ich nicht wirklich so aussehen, wie der Typ mit dem Kleinkind an der Hand.

In der ersten Parkreihe, direkt vor der Gartenausstellung, die sich links vom Eingang befindet, spielt sich ein weiteres logistisches Drama ab. Mir fällt ein mehr als vollschlanker Typ in mittleren Jahren auf. Er trägt eine völlig verdreckte dunkelbraune Cordhose, die mit Hosenträgern über seinem Wollpullover in ihrer Position über seinem dicken Hintern gehalten wird. Sein Einkaufswagen ist mit einigen Kupferrohren beladen, die nach meiner unfachmännischen Einschätzung auf keinen Fall in seinen dunklen Peugeot-Kombi passen. Das scheint der Typ auch in diesem Augenblick zu kapieren, denn er versucht vergeblich, eines der Rohre in seinem Wagen zu verstauen. Seine fast kahle Birne läuft vor Verzweiflung zu einer Farbe an, die mich spontan an den Golffahrer mit der Krawatte erinnert. In dieser schier unlösbaren Situation scheint mir für den ziemlich blamierten Pseudo-Fachmann eine Herzattacke in den nächsten Minuten ebenso wahrscheinlich zu sein.

Vor dem Eingang herrscht ein reges Kommen und Gehen.

Ein Typ, der sich mit dem linken Arm auf eine Krücke stützt, trägt unter dem rechten Arm eine Mischbatterie in einem Karton.

Eine ziemlich gut aussehende Torte schiebt einen Wagen vor sich her, der mit diversen Holzlatten und einer neuen Kloschüssel beladen ist. Eine seltsame Kombination, denke ich.

Zwei Fokuhila-Typen in blauen Latzhosen tragen kackbraune Plastikrohre unter den Armen. Es ist Samstag, der Tag der Schwarzarbeit.

Ein Spießer in einer dunklen Lederjacke mit einem Hut auf dem Schädel transportiert auf seinem Einkaufswagen eine neue Satellitenanlage.

Eine Schnalle in einem langen Jeansmantel und ein Typ in einem roten Kapuzen T-Shirt schieben sich jeweils ein Stück Kuchen in den Mund, als sie mir entgegenkommen. Offensichtlich haben sie außer dem Kuchen von der Theke, die sich im Eingangsbereich befindet, nichts Passendes gefunden.

Ein Pärchen, das wahrscheinlich soeben seine erste gemeinsame Wohnung einrichtet, hat seinen Einkaufswagen mit Tapeten, Farben und Pinseln ziemlich überladen. Die beiden lächeln sich frisch verliebt an. Genießt es, solange es noch so schön ist, denke ich.

Ich komme, nachdem ich durch die gläserne Schiebetür gegangen bin, zuerst an der Motz-Abteilung vorbei. Über einer Theke auf der linken Seite hängt ein Schild mit der Aufschrift „retoure".

Eine Verkäuferin in einem blauen Kittel versucht ein Ehepaar in den mittleren Jahren zu beruhigen. Die Alte hat ihre rot gefärbten Haare ziemlich kurz scheren lassen. Nach meiner Einschätzung hat das weniger erotische Gründe, als viel mehr solche rein ökonomischer Natur. Sie trägt ein verwaschenes Jeanshemd über einer dunklen Hose und überlässt ihrem Partner das Reden.

Für den Kerl würde ich mich auch nicht besonders schick machen. Er trägt eine Windjacke in blau und rot. Wahrscheinlich einer von diesen opportunistischen Bayern-Fans, schießt es mir unweigerlich durch den Kopf. Ein Schnurrbart, ein paar Ohrringe und ein falsch herum sitzendes Base-Cape auf seinem kahl rasierten Schädel komplettieren seine überaus erfreuliche Erscheinung.

Ich schnappe im Vorbeigehen auf, dass die neue Satellitenschüssel, die er hier gekauft hat, nicht die gewünschten Bilder in sein Wohnzimmer bringt. Es wird sich wohl wieder um einen dieser Zeitgenossen handeln, die sich von der Sozialhilfe die Monatsrate für „Premiere" gönnen, vermute ich spontan. Der ist bestimmt so sauer, weil er den Porno-Kanal nicht rein bekommen hat.

Die beeindruckende Auswahl von Schimpfworten, die er in seine Beschwerderede gekonnt einfließen lässt, runden den verheerenden Gesamteindruck, den ich von dem Typ gewonnen habe, nur noch ab.

Die bedauernswerte Tussi hinter der Theke ist rhetorisch leider nicht gut genug geschult, um ihm angemessen Paroli bieten zu können. Na ja, hätte sie in der Schule besser aufgepasst, dann bräuchte sie sich jetzt nicht von so einem Hohlbrot voll labern zu lassen.

„Holzabteilung die 27, Holzabteilung bitte", schallt es durch die irgendwo in der Decke versteckten Lautsprecher. Schön, dass die Mitarbeiter irgendwelche Zahlen zugeordnet bekommen haben. Dadurch kann die Zeit, die zur Kommunikation unter der Belegschaft nötig ist, noch einmal erheblich reduziert werden. Das spart wertvolle Arbeitszeit und macht die Atmosphäre hier so angenehm anonym. Darüber hinaus wir durch das bloße Ablesen von Zahlen die Sprecherin zumindest geistig nicht überfordert.

Vor den vier Kassen haben sich Schlangen von Kunden gebildet. Ich befürchte, dass ich mich hier doch länger aufhalten muss, als ich es eigentlich wollte.

Auf der Suche nach einem Bilderrahmen komme ich an langen Regalen mit allen Arten von Werkzeugen vorbei. Unzählige Varianten von Bohr- und Schleifmaschinen mit den entsprechenden Zubehörteilen sind darin übersichtlich arrangiert. Dieses fast unbegrenzte Angebot muss doch die Herzen aller Heimwerker höher schlagen lassen. Ich persönlich halte es ja lieber mit den gelben Seiten. Wenn ich aber den überfüllten Parkplatz und die überall eifrig diskutierenden und auswählenden Menschen sehe, scheine ich doch eher die Ausnahme zu bilden.

Als ich an der Lampenabteilung vorbeikomme, diskutiert gerade ein älteres Ehepaar über die benötigte Wattzahl der einzukaufenden Glühbirnen. Der Mann nennt eine Ziffer, die natürlich erst einmal von seiner Frau angezweifelt wird. Überall das Gleiche, denke ich und gehe weiter.

Hinten rechts hängen riesige Rollen mit Teppichen an der Wand, direkt davor ist die Farbenabteilung. Weiter geht's durch die Sanitärabteilung, die eine beeindruckende Sammlung von Badewannen aufzuweisen hat.

Im Vorbeigehen bekomme ich mit, wie zwei Schwuchteln darüber diskutieren, ob sie einen Spiegelschrank mit zwei oder drei Türen nehmen sollen.

Endlich erreiche ich die Holzabteilung, in der ich meinen Bilderrahmen zu finden hoffe.

„Tapetenabteilung, ein Gespräch auf 23, Tapetenabteilung bitte", dröhnt es durch den Markt.

Danach werden wir lieben Kunden wieder mit irgendwelchen Reklamespots über die Lautsprecher traktiert.

Ich weiß ja nicht, wie das meine Leidensgenossen sehen. Mir gehen jedenfalls diese permanenten Sprüche über irgendwelche vermeintlich einmaligen Angebote gehörig auf die Nerven.

Ich gehe eine Weile die Regale ab, kann aber nicht finden, wonach ich suche. Deshalb ringe ich mich letztlich dazu durch, einen der Blaukittel zu fragen.

„Wir haben hier keine Bilderrahmen. Fragen sie doch mal bei der Tapetenabteilung nach", bekomme ich zu meinem Erstaunen von einem schlaksigen, jungen Mann zu hören. Na ja, manche Leute tapezieren ihre Wände halt mit Bildern oder Postern. Vielleicht ist da der Zusammenhang, vermute ich, während ich zurück zur Tapetenabteilung gehe.

Am Infostand warte ich eine Weile, ohne dass einer der Fachberater erscheint. Notgedrungen fasse ich den Entschluss, selbst die Initiative zu ergreifen. Nach einigen Minuten intensiver Suche finde ich in einem Regal tatsächlich Bilderrahmen in verschiedenen Größen. Der Rahmen sollte allerdings nach dem Wunsch meines Weibchens in einem dezenten Orange gehalten sein, damit er auch zu unseren Tapeten passt. Das Sortiment dieses Ladens kann allerdings nicht mit der gewünschten Farbe dienen.

Ich muss mir zähneknirschend eingestehen, dass ich gleich auf meine Frau hätte hören sollen. Es bleibt mir daher nichts anderes übrig, als mich zu der Konkurrenzfirma dieses Fachmarktes zu begeben. Er hat seine Stärken offensichtlich in anderen Bereichen als in dem, den ich gerade benötige.

Ich drängele mich an einer der Schlangen vorbei, die sich vor den Kassen gebildet haben.

Während ich ein wenig neidisch registriere, dass die meisten Kunden hier wohl gefunden haben, wonach sie suchen, bringe ich um ein Haar einen Haufen unterschiedlich langer Holzlatten zum Umsturz. Ein vollbärtiger Typ in weißen Malerklamotten hatte ihn auf seinem Einkaufswagen kunstvoll aufgestapelt. Ich murmele eine Entschuldigung, die der offensichtlich ebenfalls leicht gestresste Heimwerker nicht annehmen will. Er schnauzt mir irgendetwas Unflätiges hinterher, während ich mich zügig zum Ausgang begebe.

Auf dem Weg zurück zu meinem Wagen werde ich beinahe von einem grauen Trabi platt gefahren. Auch wenn der Fahrer sich sein Base-Cape nicht so weit ins Gesicht gezogen hätte, wäre ihm der nötige Kontrollblick zur Seite kaum möglich gewesen, um mich ankommen zu sehen. Seine Karre ist auf der Rückbank ebenso wie auf dem Beifahrersitz bis unters Dach mit Spanplatten vollgeladen.

Ich springe blitzschnell einen Schritt zurück, sodass ich meine Zehen so eben noch vor der totalen Vernichtung bewahren kann. Einen ordinären Kommentar verkneife ich mir. Der Penner hätte bei dem Krach, den sein Zweitakter macht, sowieso nichts gehört.

Die Zufahrt vom Parkplatz zur Bundesstrasse ist ziemlich verstopft. Der Bahnübergang, der in einigen hundert Metern in Richtung Jena liegt, ist wieder mal geschlossen. Der Rückstau auf der Vorfahrtsstrasse reicht bis zu der Einmündung, an der ich mich nun widerwillig in Geduld üben muss.

Als die Schranke endlich wieder hochgekurbelt wird, muss ich noch eine nervende Weile warten, bis die Karren vor mir in den Stau Richtung Jena eingelassen worden sind.

Die Einkaufsfreaks, die Samstags aus dem Umland Richtung Stadt streben, haben nicht mal die eine Sekunde Zeit, um mich rein zu lassen. Ich kotze fast vor Wut, bis ich endlich eine minimale Lücke zwischen zwei Fahrzeugen erspähe. Energisch gebe ich Gas und verschaffe mir dadurch gewaltsam Einlass in die Autoschlange.

Im Schneckentempo bewege ich mich über den Bahnübergang und dann am Media Markt vorbei. Der Bedarf an Video-Spielen, CDs, Stereoanlagen und Computern scheint auch hier im Osten nie enden zu wollen. Zumindest kann man den Eindruck gewinnen, wenn man den überfüllten Parkplatz vor dem Konsumtempel der Unterhaltungselektronik sieht.

Als ich vor der nächsten Ampel wieder warten muss, sehe ich links unten hinter der blau-weiß gestalteten Tankstelle einige Landsleute bei der wahrscheinlich bundesweit beliebtesten Samstagnachmittag-Beschäftigung. Wer es sich finanziell erlauben kann, steht in der Schlange vor der Waschanlage an. Wer aber beim automatischen Betrieb der riesigen, mechanischen Waschlappen um seinen Autolack fürchtet, oder einfach nur nicht über das nötige Kleingeld verfügt, wischt und putzt seine geliebtes Gefährt in einer der dafür vorgesehenen Boxen schön selber. Fußteppiche werden an extra dafür angebrachten Gittern ausgeschlagen. Innenräume werden gegen Extra-Münzen mit überdimensionalen Staubsaugern gereinigt.

Ich wüsste weiß Gott mit meiner Wochenendzeit was Besseres anzufangen, wenn ich nicht in diesem verdammten Stau stehen müsste. Für mich ist und bleibt ein Auto ein Gebrauchsgegenstand. Zumindest mache ich daraus keine Religion, wie die Jungs da unten auf dem Platz.

Ich frage mich in diesem Augenblick ernsthaft, warum ich mich ausgerechnet heute von meiner lieben Frau habe animieren lassen, diesen verfluchten Bilderrahmen zu besorgen. Ständig mache ich mich über die Völkerwanderung lustig, die jeden Samstag mit Sicherheit nicht nur im Osten zu den Konsumzentren einsetzt. Nun bin ich Volltrottel unfreiwillig selber ein Teil dieses Phänomens geworden.

Endlich kann ich nach links abbiegen. Der Parkplatz vor dem Spezialitätenrestaurant mit dem schottisch anmutenden Namen ist gut gefüllt. Offensichtlich gönnt sich die Landbevölkerung nach dem erfolgreich durchgeführten Einkaufsmarathon in der Jenaer Innenstadt noch ein richtig gutes Essen in angenehmer Atmosphäre. Das Restaurant mit der exklusiven Bedienung, den cholesterinarmen Speisen und dem international anmutenden Flair gibt es schließlich nicht in jedem Dorf.

Ich erreiche endlich den Parkplatz vor dem orange aufgemachten Baumarkt. Die Suche nach einer Parklücke beginnt von neuem. Als ich endlich relativ weit weg vom Eingang eine Abstellmöglichkeit für meinen Wagen gefunden habe, mache ich mich zügig auf den Weg.

Ich habe keine Lust mehr auf die detaillierte Analyse der Publikumszusammensetzung. Ein Blick reicht aus, um zu sehen, dass hier alles ähnlich läuft wie bei der Konkurrenz.

Ich gehe in die Bilderabteilung, die gleich links wenige Meter neben den Kassen liegt. Nach kurzer Zeit habe ich den verdammten Rahmen in der passenden Größe und Farbe gefunden.

Ich stoße einen leicht gedämpften Jubelschrei der Erleichterung aus.

Eine der Fachverkäuferinnen in ihrer orange-weiß gestreiften Bluse schaut mich darauf an, als hätte ich nicht mehr alle auf dem Zaun. Womöglich hat sie damit nicht ganz Unrecht.

Ich gehe zurück zu den Kassen, ohne noch einen Blick nach rechts oder links zu werfen.

Auch die Tatsache, dass vor mir ein Ehepaar jenseits der Siebzig in aller Ruhe den Inhalt ihres reichlich gefüllten Einkaufswagens auf das Förderband legt, kann mich jetzt nicht mehr aus der Ruhe bringen.

Ich habe mein Ziel erreicht und bin ein wenig stolz auf mich. Mein Weibchen wird mit mir zufrieden sein. Während ich darauf warte, dass die beiden Alten ihren Entladungsvorgang abschließen, schicke ich ihr eine SMS. Sie möchte schon mal den wohlverdienten Kaffee aufsetzen.

Zwei Dinge habe ich heute gelernt. Wenn in Deutschland bisher etwas zusammengewachsen ist, was zusammen gehört, dann ist es die flächendeckende Versorgung mit Baumärkten.

Außerdem sollte ich öfter auf meine Frau hören.

Penisverlängerung

Wir müssen nach Köln zu einem Wochenendseminar.

Es ist Freitagmittag gegen zwölf Uhr. Wir wollen gegen sechzehn Uhr im Hotel sein, damit wir uns noch frisch machen können. Um halb acht beginnt der Sektempfang, dann gibt es ein Vier-Gang-Menü, auf das ich mich schon besonders freue. Wenn wir rechtzeitig da sind, fällt vielleicht vorher noch ein Stößchen mit meiner Frau für mich ab.

Die vierhundert Kilometer von Jena in das Rheinland sollten in vier Stunden locker zu schaffen sein, habe ich mir ausgerechnet.

Bei uns in Thüringen ist fast die gesamte A4 bis Eisenach dreispurig fertig gestellt. Es gibt nur noch eine Baustelle hinter Erfurt. Dem Bleifuss sollte daher nichts im Wege stehen, zumal freitags die große Welle der Ossi-Pendler, die über die Woche im Westen arbeiten, uns schön entgegen kommen wird.

Ich befestige meine zwei Anzüge, die meine Frau akkurat auf Bügel aufgehängt und in entsprechende Schoner verpackt hat, links hinten an den Griff, der unter dem Wagendach über dem Fenster angebracht ist. Dann verfahre ich ebenso, nur hinten rechts, mit den ebenfalls auf Bügel aufgehängten Kostümen, die meine Frau für sich ausgewählt hat.

Zum Glück konnte ich sie dazu bewegen, die Auswahl der mitzunehmenden Kleidungsstücke schon gestern Abend durchzuführen. Erwartungsgemäß entschied sie sich mehrfach um.

Sie befragte mich nach meiner Meinung zu diesem und jenem Teil. Ich äußerte mich eindeutig, was sie aber dann doch nicht davon abhielt, immer wieder neue Kostüme und Kleider ein und auszupacken. Diese Prozedur zog sich wie immer über eine ganze Weile hin und hätte uns heute Morgen wertvolle Fahrtzeit gekostet.

Während ich die Reisetasche in den Kofferraum meines schwarzen Ford Scorpio mit 145 PS schaffe, steht sie vor dem Spiegel im Bad und nimmt letzte Korrekturen an ihrer Frisur vor.

„So, von mir aus kann es dann bald los gehen", drängele ich nur ganz sanft.

„Ich bin gleich so weit", bekomme ich die Antwort, die ich erwartet habe.

Ich stehe hinter meinem Weibchen und greife an ihr vorbei nach dem Deo, das auf der Ablage vor dem Spiegel steht. In dem Augenblick sprüht sie eine weitere Ladung Haarspray auf ihre schwarze Mähne. Ich bekomme von dem ätzenden Zeug einen guten Teil in die Augen. Den Rest der Ladung atme ich ein, was einen trockenen Hustenanfall zur Folge hat.

„Mensch, ich komme mir vor wie in der Gaskammer", sage ich und entferne mich lieber, bevor noch ein Unglück passiert.

Ich gehe ins Wohnzimmer, um noch einmal den Verkehrsfunk zu hören, der jetzt gerade nach den Zwölf-Uhr-Nachrichten in Antenne Thüringen folgt. Der Sprecher berichtet von einem Stau auf der A4.

„…5 Kilometer zwischen Erfurt-Ost und Erfurt-West in Richtung…" – „Ich bin dann so weit", ruft mein Schatz von hinten.

Der entscheidende Hinweis, auf welcher Seite der Bahn der Stau nun entstanden ist, entgeht mir. Daher muss ich mich schwer zusammenreißen, um nicht einen bissigen Kommentar abzugeben, der die Atmosphäre zwischen uns aber nur unnötig vergiftet hätte. Bis wir an der Stelle sind, wird es noch einen weiteren Verkehrshinweis geben.

Vor der Autobahnauffahrt liegt noch eine Tankstelle. Während ich den Sprit für über einen Euro pro Liter in den Tank laufen lasse, geht meine Frau schon mal rüber zum Shop, um sich noch mit einer Fachzeitschrift über die Welt der Frauen zu versorgen.

„Bring mir noch ne Bifi mit", rufe ich ihr hinterher. Spätestens nach zehn Minuten Fahrt bekomme ich Hunger. Das ist einfach so.

Ich fahre unter der Autobahn durch und ordne mich dann in die Linksabbiegerspur ein. Das blaue Schild weist die Hauptrichtung an: FRANKFURT A. MAIN.

Ich gebe auf der Auffahrt ordentlich Gas und kann mich gerade noch vor einen tschechischen LKW einordnen, der mit einem Mordstempo von hinten angerast kommt und mir auch noch die Lichthupe zeigt.

Wir kommen auf die alte Autobahnbrücke über das Saaletal, die bald eine Schwester bekommen soll, damit der Verkehr auf jeder Seite dreispurig laufen kann. Rechts liegen die Jenaer Plattenbau-Ghettos.

Ich klemme auf der rechten Seite hinter einem holländischen Kühllastzug und komme nicht vorbei, weil der Verkehr auf der Überholspur mir keine Gelegenheit zum Ausscheren gibt.

„Gleich kommt der Berg und dann können wir kilometerlang mit satten dreißig Sachen hinter den Trucks herjuckeln", werde ich schon leicht ungehalten.

Meine Frau steckt mir eine Zigarette in den Mund und gibt mir Feuer. Dann macht sie das Radio an. Grönemeyer singt seinen Menschen-Song. Ich bin zwar nicht sein allergrößter Fan, der Titel ist aber wirklich gut.

Als ich im linken Außenspiegel eine kleine Lücke zwischen zwei überholenden Fahrzeugen ausmache, schnippe ich dazwischen. Ich freue mich schon, dass ich endlich Gas geben kann, da werde ich eines Besseren belehrt. Vor mir fährt ein alter Golf mit Cottbuser Nummer. Mehr als achtzig bringt der an diesem steilen Anstieg nicht.

Nach einigen Minuten hat sich hinter mir eine ansehnliche Schlange gebildet. Ich kann sehen, dass vor dem Bremser alles frei ist.

„Der Penner denkt überhaupt nicht daran, auf die rechte Seite zu wechseln", ereifere ich mich.

Auch mit meiner dezent eingesetzten Lichthupe bringe ich den Kerl vor mir nicht dazu, an die Seite zu gehen. An ein Überholmanöver auf der rechten Seite ist auch nicht zu denken, da die LKWs dort aufgrund der extremen Steigung zu dicht aufeinander aufgefahren sind.

Die Herren Politiker reden sich schon seit Jahren die Köpfe heiß, welche Tunnelvariante am besten geeignet sei, um diesen Berg zu durchfahren. Solange sie sich nicht einigen, findet hier weiterhin täglich das Chaos statt.

Dummerweise gibt es in diesem Tal auch noch irgendwelche in Europa einmaligen Orchideenarten, denen das Wasser wortwörtlich durch eine Tunnelbohrung abgegraben würde. Ständig gibt es darüber hinaus Bürgerinitiativen, die immer neue Gründe finden, mit Eingaben bei den entscheidenden Ämtern eine Lösung dieses Problems zu verzögern. Der Fortschritt ist letztlich sowieso nicht aufzuhalten, denke ich. Je eher die Aktivisten die Bälle flach halten umso besser. Der Deutschen liebstes Kind will schließlich ungehindert und möglichst schnell rollen, das werden die paar Quertreiber auch noch einsehen müssen.

Ich versuche verzweifelt ruhig zu bleiben und summe Madonnas Hollywood-Song mit, der gerade im Radio angelaufen ist.

Kurz vor der Kuppe des Berges ist rechts die LKW-Schlange zu Ende. Der Typ in seinem scheiß Golf denkt aber immer noch nicht daran rechts rüber zu fahren. Mir reicht es, ich drücke das Gaspedal voll durch. Der Kickdown gibt meinem schweren Wagen einen ordentlichen Schub, und so bin ich innerhalb von Sekunden an der Schlafnase rechts vorbei.

Im Rückspiegel sehe ich, dass mein Manöver von einem Mercedes nachgeahmt wird. Der Fahrer der Edelkarosse hat jedoch verdammtes Glück, denn der Golf-Heini ist offensichtlich durch die Tatsache, dass ich auf der falschen Seite an ihm vorbeigeschossen bin, endlich aus seinem Tiefschlaf aufgewacht. In dem Augenblick, in dem der Mercedes direkt neben ihm fährt, will er rechts rüberziehen. Ich kann noch den energischen Einsatz der Mercedes-Hupe hören und sehen, dass der Golf mit einem Ruck wieder nach links gelenkt wird. Das kleine Intermezzo geht letztlich ohne Blechschaden ab.

„Vollidiot", kommentiere ich das kleine Drama und kann endlich zu dem neuen Selbstmörder-Song von Wolfsheim befreit Gas geben.

Es geht steil bergab. Unten in der Senke beginnt ein nagelneuer dreispuriger Abschnitt, auf dem ich bis Erfurt mit über zweihundert Sachen die verlorene Zeit wieder aufholen könnte.

Ich jage letztlich vergeblich einen Extraliter Sprit durch den Motor, um meinen Wagen auf die Höchstgeschwindigkeit zu bringen, nur um gleich wieder in die Eisen gehen zu müssen. Rechts außen fährt ein Tanklastzug, direkt daneben in der Mitte ein Wohnwagengespann. Es ist auch nicht viel schneller als der LKW. Direkt vor mir überholt ein Spießer mit Hut in einem Audi A4 mit gut hundertzehn in aller Ruhe den Wohnwagen.

„Das kann doch nicht wahr sein", stöhne ich verzweifelt. „Du kämest hier auch nicht schneller voran, wenn wir sechs Spuren nebeneinander hätten. Es findet sich immer noch so ein Idiot, der meint, seinen Vordermann überholen zu müssen, auch wenn er nur zwei Km/h schneller fährt."

Ich schaue zu meinem Schatz rüber und sehe an ihrem leicht verkniffenen Lächeln, dass sie schon wieder pinkeln muss. Verdammt, denke ich, wir kommen heute gar nicht mehr an. Ich lächle aber zurück und fahre an der Tankstelle kurz vor Erfurt raus, damit sie wieder entspannt gucken kann.

Nach einigen Minuten können wir weiterfahren. Durch die kurze Pause habe ich den Verkehrsfunk verpasst.

Ich habe noch nicht ganz auf die geplante Reisegeschwindigkeit beschleunigt, als ich oben an der Kuppe auf der Höhe der Abfahrt Erfurt-Ost Warnblinklichter an den Fahrzeugen ausmachen kann. Dort fädelt sich der Verkehr in die zweispurige Baustelle ein.

„Das ist doch jetzt nicht wahr", regt sich selbst meine Frau auf.

Wir rollen langsam auf das Stauende zu und kommen schließlich mitten in der engen Baustelle zum Stehen. Ich atme tief durch und beiße ein Stück von meiner Bifi ab, die sie mir angereicht hat. Ich befürchte, dass ich die gepflegte Paarung im Hotelzimmer vor dem Empfang langsam abschreiben kann.

Wir stehen schon eine Weile, als der freundliche Sprecher im Radio fröhlich verkündet, dass auf unserer Seite ein LKW in der Baustelle liegen geblieben ist und deshalb nur eine Fahrspur zur Verfügung steht. Wir dürfen uns auf sechs Kilometer Stopp and Go freuen.

„Hoffentlich schaffen wir es noch bis zum Begrüßungssekt", kaschiere ich meine wirklichen Befürchtungen. „Kurz nach der Wende hätten wir jetzt einfach über den Rasen auf die andere Seite fahren können. Dann wären wir bis zur nächsten Ausfahrt umgekehrt, um dann auf der Landstrasse parallel zur Autobahn an dem Stau vorbeizufahren."

Ich erinnere mich daran, dass es auf der Zonen-Autobahn tatsächlich oft keine Mittelleitplanken gab. Nicht selten waren wir in dem Verkehrschaos nach der Maueröffnung so verfahren, sonst hätten wir ganze Tage in Staus verbracht.

Ab und zu können wir ein paar Meter rollen. Zum Glück hat mein Wagen ein Automatik-Getriebe, sodass ich nicht ständig schalten muss wie ein Blöder.

Auf der Gegenspur wird der Verkehr immer dichter, teilweise kommen die Fahrzeuge auch schon ins Stocken, obwohl es auf der Seite keine Hindernisse gibt. Kleintransporter aus Sachsen und Thüringen kommen uns in ganzen Rudeln entgegen. Darin sitzen Malocher aller Gewerke in Blaumännern oder Jogging-Anzügen und stieren gelangweilt aus den Fenstern.

Auch einfache Pkws rollen uns in Massen entgegen, in denen einsame Kerle sitzen, die zum Teil aus Gegenden kommen, die irgendwo an der polnischen Grenze liegen.

„Hätten die in der Schule besser aufgepasst, bräuchten sie jetzt nicht stundenlang in diesen Kisten zu hocken, um heim zu Mutti zu kommen", kann ich mir eine sarkastische Bemerkung nicht verkneifen. Mein Versuch witzig zu sein ist nicht besonders gelungen, was mich meine Frau sofort spüren lässt.

„Den Typen ist wenigstens kein Weg zu weit, um arbeiten zu gehen", erwidert sie. „An denen sollten sich die vielen jungen Kerle bei uns mal ein Beispiel nehmen, die zuhause bei Mama hocken, Sozialleistungen abfassen und darauf warten, dass die Arbeit zu ihnen kommt."

„Du hast ja recht", bestätige ich ihre Einschätzung. „Achte nur mal auf die Nummernschilder der entgegen kommenden Wagen. Wahrscheinlich sind es Tausende von Fahrzeugen, die sich an jedem Freitag aus dem Westen hierher in Bewegung setzen. Am Sonntag geht das Ganze dann in die andere Richtung zurück."

„Also meinen Respekt haben die Jungs. Eine Wochenend-Ehe zu führen ist bestimmt nicht einfach", überlegt sie.

Während ich den Wagen wieder mal einige hundert Meter rollen lassen kann, stelle ich mir vor, wie ich mich an der Stelle der Pendler fühlen würde. „Warum nehmen die Kerle diese ewige Gurkerei auf sich? Warum ziehen sie nicht mit ihrer ganzen Familie in den Westen, wo die Arbeit ist?" frage ich sie. „Wir sind doch auch hierher gezogen, als wir einmal die Entscheidung getroffen hatten, unser Glück im Osten zu suchen."

Im Radio läuft irgend so ein schwachsinniges Hausfrauen-Quiz. Ich zappe rüber zu Jump. Schon wieder dröhnt mir Grönemeyer in die Ohren. Mein Schatz ist ganz begeistert.

Die Texte können gar nicht verworren genug sein. Nachdenken und Gefühlsduselei sind zurzeit in der Musik-Szene total in. Wahrscheinlich versteht kaum einer, worum es in den Songs eigentlich geht, obwohl sie in unserer Muttersprache gesungen werden.

Herbert fragt gerade, wer wen geboren hat und singt irgendwas von einem Weg zum Meer. Hauptsache er weiß selber, was er uns damit eigentlich sagen will.

„Bei uns Ossis war der Zusammenhalt immer schon viel größer als bei euch. Hier hat noch jeder jedem geholfen, wenn es Probleme gab", versucht meine Frau meine Frage zu beantworten. „Wahrscheinlich spüren die Jungs und vor allem ihre Frauen, dass sie im Westen einfach solche Verhältnisse nicht vorfinden werden. Ihnen sind ihre alten Beziehungen und Freundschaften einfach mehr wert. Dafür sind die Frauen oft auch bereit, hier für deutlich weniger Geld hinter irgendeiner Ladentheke zu arbeiten. Vielleicht fühlen sie sich hier auch einfach nur sicherer."

In der Ferne kann ich kurz vor der Abfahrt Erfurt-West den LKW sehen, der diesen scheiß Stau verursacht hat. Ich schöpfe neue Hoffnung, dass wir zumindest gegen fünf im Hotel sind. Das klappt aber nur, wenn wir ab sofort keine weiteren Verzögerungen mehr in Kauf nehmen müssen.

„Meinst du, dass ihr Ossis nach dreizehn Jahren immer noch geprägt seid von eurer Erfahrung, dass der Staat sich letztlich um alles kümmert? Ich meine damit, dass vielleicht viele deshalb nicht gehen, weil sie hoffen, dass sich schon alles regeln wird, dass irgendwie schon für sie gesorgt wird. Jeder weiß doch aus der Zeitung oder von mir aus auch aus dem Fernsehen, dass die Arbeitslosenzahlen immer mehr zunehmen. Angesichts dieser Tatsache kommt es doch dem Hoffen auf ein Wunder gleich, untätig da zu sitzen und abzuwarten."

„Ich kann mir schon vorstellen, dass dieses Denken zumindest bei den Älteren Leuten durchaus eine Rolle spielt. Die Jüngeren wissen von dieser Zeit doch schon gar nichts mehr", antwortet sie. „Die ehemaligen Verhältnisse in der DDR werden schneller aus unserem Bewusstsein verschwinden, als wir denken. Unsere Kinder wachsen ja schon sozusagen wie im Westen auf. Jena ist als Ossi-Stadt überhaupt nicht mehr zu erkennen. Wir stehen hier heute im Stau, weil uns Autobahnen hingezaubert werden, von denen die Wessis teilweise nur träumen können."

Passend dazu kommt im Radio gerade die Nachricht, dass an diesem Wochenende der längste Autobahntunnel Deutschlands im Thüringer Wald eröffnet wird. Die A 71 ist dadurch bis Meiningen durchgehend befahrbar. Von der fränkischen Seite aus sind sie noch längst nicht so weit.

„Am besten lassen wir die Strecken hier noch eben mit den hauptsächlich westdeutschen Steuergeldern zu Ende bauen und ziehen dann die Mauer wieder hoch. Dann können die Wessis nicht mehr zu uns kommen und die Hand aufhalten", mache ich eine ironische Bemerkung, die ich für recht gelungen halte.

Wir passieren endlich den LKW, der uns zu diesem Gespräch verholfen hat. Die Strecke vor uns ist nun relativ frei. Die Baustelle zieht sich aber noch bis kurz vor das Kreuz Erfurt hin.

Vor mir fährt so ein Schisshase in einem weißen Mazda, der sich nicht traut, an dem LKW schräg vor uns vorbeizufahren. Statt sich rechts hinter dem Lastwagen einzuordnen, bleibt er stur auf der linken Spur und passt sich dem Tempo des fahrenden Hindernisses an. Ich könnte kotzen vor Wut.

„Warum fährt dieser Arsch nicht einfach rechts rüber, wenn er sich nicht traut", schimpfe ich vor mich hin.

Zum Glück ist die Baustelle nach wenigen Kilometern zu ende. Ich sehe die Brücke für die ICE-Strecke Erfurt-Nürnberg, die sich über das Autobahnkreuz spannt. Sie war Jahre lang eine Bauruine. Vor kurzem sind die Arbeiten aber wieder aufgenommen worden. Alles Politik, denke ich, bei den Preisen fährt doch sowieso keine Sau mehr mit der Bahn.

Ab hier ist die Strecke dreispurig fertig bis kurz vor Eisenach. Das Fahren mit Vollgas macht mir umso mehr Spaß, weil ich an einem kilometerlangen Stau entlang fahre, der sich auf der Gegenseite gebildet hat.

Das durch die heimkehrenden ostdeutschen Malocher enorme Verkehrsaufkommen ist zu viel für die Verengung von drei auf zwei Fahrstreifen, die auf der gegenüberliegenden Einfahrt in die Baustelle erfolgt.

Bei zweihundertzehn Sachen komme ich mir bei den Geräuschen, die der Fahrtwind verursacht, vor wie im Flugzeug. Mein Schatz schaut ab und zu ein wenig ängstlich auf den Tacho. Ich ignoriere das und gebe weiter Gas.

Ab und zu muss ich das Bremspedal überstrapazieren, weil wieder so ein Penner meint, mit hundertfünf auf der dritten Spur ein Gefährt überholen zu müssen, dass sich noch langsamer über die Mittelspur bewegt, obwohl ganz rechts weit und breit niemand zum Überholen zu sehen ist. Manchmal kann ich diese fahrenden Bremsklötze mit meiner Lichthupe noch rechtzeitig dazu bringen, sich aus meiner Spur zu verpissen. Dazu ist es aber zwingend nötig, dass mein Vordermann auch ab und zu in den Rückspiegel schaut, was leider nicht die Regel ist.

Ich klemme gerade wieder einmal hinter so einer Verkehrsbremse auf der dritten Spur, als ein dunkler BMW von hinten angeschossen kommt. Der Vollidiot hinter dem Steuer traktiert mich mit seiner Lichthupe, obwohl er doch sehen kann, dass ich selber nicht freiwillig mit knapp über hundert hier lang gurke.

„Diese Wichser kommen zuhause wahrscheinlich nicht mehr zum Schuss, deshalb führen sie sich mit ihren Penisverlängerungen auf vier Rädern so auf", informiere ich meine Frau über die Denkweise des männlichen Hirns.

Nachdem der Schwachmat vor mir endlich seinen Überholvorgang abgeschlossen hat, ziehe ich an ihm vorbei und wechsle dann auf die Mittelspur, um dem Wahnsinnigen hinter mir Platz zu machen. Der war bis dahin ungefähr in einem Abstand von zehn Zentimetern hinter mir hergefahren.

Ich trete das Gaspedal voll durch. Mein Wagen ist aber einfach zu schwer für die knapp 150 PS unter der Haube. Der 5er BMW zischt mühelos an mir vorbei. Ich verkneife frustriert das Gesicht, was vom Beifahrersitz aus amüsiert beobachtet wird.

„Manchmal scheint es mir so, als sei für euch Männer der Kampf auf der Autobahn die Fortführung des Geschlechtsaktes mit anderen Mitteln", analysiert mein Weibchen messerscharf.

Ich muss mir eingestehen, dass sie damit nicht ganz Unrecht hat.

Kurz vor den Hörselbergen wird die Bahn wieder zweispurig. Die zugelassene Geschwindigkeit wird durch entsprechende Hinweisschilder auf hundert begrenzt, da einige enge Kurven mit teilweise recht heftigen Steigungen folgen. Ich kenne die Strecke gut und schere mich deswegen einen Scheiß um die Geschwindigkeitsbegrenzung.

Ich werde nur einmal von einem schwer beladenen polnischen Skoda aufgehalten, der an einer Steigung mit ungefähr siebzig Km/h versucht, einen LKW zu überholen. Dann kann ich wieder Gas geben. Dabei spähe ich mit höchster Konzentration nach Blitzern am Straßenrand. Ich weiß, dass die Bullen auf diesem Abschnitt besonders gerne Fotos machen, kenne aber die bevorzugten Stellen ziemlich genau.

Plötzlich taucht hinter mir wieder der dunkle BMW auf. Ich vermute, dass der Heini irgendwo pissen war, da ich ihn mit Sicherheit nicht überholt habe.

Ich fahre trotz der erlaubten hundert mit ungefähr hundertvierzig Sachen. Der Kerl klebt wieder fast an meiner Stossstange.

Etwa zweihundert Meter weiter vorne fährt ein Wohnwagengespann aus Holland. Ich beschließe, daran noch vorbeizuziehen, bevor ich dem Henkersknecht hinter mir Platz mache.

Plötzlich sehe ich im Rückspiegel, wie ein grauer Mercedes rechts neben den BMW zieht. Hinter der Windschutzscheibe leuchtet in roten Buchstaben der Schriftzug „POLIZEI" auf.

Der Fahrer des Mercedes und dessen Beifahrer gestikulieren ganz aufgeregt. Sie geben dem rücksichtslosen Verkehrssünder damit eindeutig zu verstehen, dass er sofort rechts ran fahren soll.

„Jetzt haben die Zivilbullen den Typen echt am Arsch", freue ich mich diebisch. „Das hat der Sack sich ehrlich verdient".

„Und was wäre gewesen, wenn der Typ nicht hinter dir hergefahren wäre? Dann hätten sie jetzt dich freundlich an den Randstreifen gebeten", rückt mir mein liebe Gattin in ihrer unnachahmlichen Art die Perspektive wieder zu recht.

Kurz hinter Eisenach kommen wir an einer Tankstelle vorbei. Hier war der alte Grenzübergang Herleshausen. Ein turmhohes Gebäude überragt die übrigen Bauten. Wo früher die Grenzer saßen und hübsch aufgepasst haben, dass alle Schäfchen brav hinter dem Zaun bleiben, befindet sich jetzt ein Restaurant mit einem herrlichen Ausblick.

„Jedes mal, wenn ich diese Tankstelle sehe, muss ich an die Zeiten denken, als wir hier noch kontrolliert wurden." Ich werde unwillkürlich ein wenig melancholisch. „Es ist ja nicht gerade so, als würde mir heute noch ein Schauer vor Rührung über den Rücken laufen. Ich bin aber immer noch dankbar, dass wir jetzt hier völlig selbstverständlich durchfahren können."

Meiner Frau geht es auch nicht anders. „Schau, da oben rechts auf dem Hügel steht noch ein einsamer Wachturm zur Erinnerung. Die Schneisen, die damals für die Kontrollfahrzeuge in den Wald geschnitten worden waren, sind nicht mehr zu sehen. Irgendwie ist es immer noch ein tolles Gefühl, dass der ganze Spuk vorbei ist." Sie ist bester Laune und freut sich gerade über den neuen Song von Robbie Williams, der im Radio läuft.

Auf einem Schild an der rechten Straßenseite verabschiedet sich das Land Thüringen von seinen Gästen und weist auf seine Internetseite hin. Einige Meter weiter werden wir auf einem weiteren Schild freundlich in Hessen begrüßt.

Zwischen Wommen und Gerstungen befahren wir wie selbstverständlich das neu gebaute Autobahnstück durch den Thüringer Zipfel. Dieses Gebiet musste früher auf der Landstrasse umfahren werden, da es noch zu Thüringen gehörte und ordnungsgemäß eingezäunt war.

Eine neue Brücke überspannt das Tal unmittelbar hinter der Abfahrt Wommen. Ihre Vorgängerin war irgendwann im oder nach dem Krieg gesprengt worden und blieb während der DDR-Zeit nur als Ruine stehen.

Kurz vor der Abfahrt Gerstungen befahren wir ein weiteres Brückenbauwerk, das ebenfalls erst vor einigen Jahren fertig gestellt worden ist.

„Hier mussten wir immer auf einer engen, gewundenen Landstrasse durch das Tal da unten fahren. Das war vielleicht ein Chaos", erinnert sich meine Frau.

„Ob sich an diese Verhältnisse noch viele erinnern, die wie wir hier lang fahren", frage ich mehr mich selbst als sie.

„Ich denke doch eher, dass die Menschen bei uns von ihren heutigen Problemen völlig eingenommen sind, egal ob du arbeitslos bist oder wie die Pendler in irgendeinem Kleinbus sitzt und nur nach hause willst. Ich kann mir nicht vorstellen, dass du dann noch jedes mal, wenn du hier an der alten Grenze vorbeikommst, vor Rührung und Dankbarkeit im Boden versinkst," schätzt sie die Gedankenwelt unserer Ostdeutschen Landsleute, zu denen sie ja nun auch von Geburt an gehört, recht nüchtern ein.

„Letztlich ist das ja auch irgendwo verständlich", gebe ich zu. „Ich denke nur manchmal, dass viele Alltagsprobleme etwas leichter zu ertragen wären, wenn man sich die Verhältnisse, die hier vor noch nicht allzu langer Zeit geherrscht haben, ab und zu noch mal ins Gedächtnis rufen würde. Ich kann das doch auch, obwohl ich gar nicht in der Zone gelebt habe."

„Vielleicht kannst du es gerade deshalb, weil du nicht hier gelebt hast. Du bist einfach ein unverbesserlicher Idealist", sagt sie und lächelt mich liebevoll an.

Feiertag

Uns geht's richtig gut.

Nach dem Wahnsinnssommer hält nun langsam der Herbst Einzug. Die Temperaturen sind in den letzten Tagen rapide abgefallen. Unsere Körper sehnen sich nach Wärme, sodass meine Frau und ich beschließen, zum ersten Mal seit Monaten wieder in die Sauna zu gehen.

Es ist der Vorabend unseres Nationalfeiertages, dessen erste Ausführung ich vor 13 Jahren in Berlin live mehr oder weniger bewusst miterleben durfte. Wir haben eine recht erfolgreiche und kurze Arbeitswoche hinter uns. Jetzt haben wir uns Erholung im Spaßbad verdient.

Der ultramoderne Relax-Tempel, der erst vor zwei Jahren fertig gestellt wurde, steht im Schatten der zwei riesigen Schornsteine des Heizkraftwerkes. Im Winter ist hier aufgrund des austretenden Wasserdampfes im Umkreis von einigen hundert Metern ein schneesicheres Gebiet.

Mario und Cornelia, die auch in unserem Dorf wohnen, sitzen auf der Rückbank unserer Limousine. Sie sind Saunafans wie wir und haben sich uns spontan angeschlossen. Beide sind ungefähr in unserem Alter und haben einen Sohn, der wie unser Großer sechzehn Jahre alt ist.

Cornelia arbeitet als Lehrerin an einer Privatschule. Sie ist groß gewachsen und vollschlank. Ich freue mich schon auf den unverhüllten Anblick ihrer fraulichen Attribute beim ersten Saunagang.

Mario ist im Außendienst für einen Pharma-Konzern tätig. In der Woche ist er meist unterwegs und in der Regel nur am Wochenende bei seiner Familie. Da morgen der Feiertag ansteht, ist er heute etwas früher nach hause gekommen.

Bevor wir losgefahren sind, haben wir in unserer Küche zusammen ein paar Brote gegessen und uns schon einmal ein Glas Rioja gegönnt.

Es ist gegen 19 Uhr, als wir auf dem Parkplatz vor dem Spaßbad unseren Wagen abstellen. Ich registriere, dass neben unserem hier nur wenige Autos gibt. Ein fieser Nieselregen weht uns ins Gesicht, und es ist schon dunkel.

„Mann, ist das ein Schweinewetter", kommentiere ich in Erinnerung an den fantastischen Sommer, der noch vor ein paar Tagen herrschte, ein wenig frustriert die äußeren Umstände.

„Wir sind ja gleich im Warmen." Cornelia ist immer gut drauf. Ihr Lächeln sorgt bei mir sofort wieder für gute Stimmung.

Mit der Fernbedienung öffne ich den Kofferraum meines Wagens. Wir nehmen unsere Taschen heraus und gehen durch die Eingangstür zum Kassenbereich. Eine tropische Hitze empfängt uns, die mich schon ein wenig den Rotwein in meiner Birne spüren lässt.

Halb links kann man die recht beeindruckende Schwimmhalle sehen. Vor uns liegt ein Imbiss-Bereich und rechts geht es zur Sauna-Landschaft.

Eine ziemlich unansehnliche Rothaarige empfängt uns an der Theke. Sie trägt ein gelbes Polo-Shirt mit dem Logo des Spaßbades auf der Brust und macht sich gar nicht erst die Mühe, sich zur Begrüßung ein Lächeln aus dem Gesicht zu quälen. Lustlos kassiert sie den nicht unerheblichen Eintritt von uns ab. Aufgrund der wenigen Gäste, die heute Abend hier sind, dürfte sie alles andere als überarbeitet sein. Offensichtlich sieht sie das aber ganz anders.

„Die Alte ist wahrscheinlich lange nicht mehr flach gelegt worden", raune ich Mario zu, als wir hinter unseren Frauen her die Treppen zu den Umkleidekabinen herabsteigen.

„Bei der Visage ist das ja auch kein Wunder", schließt er sich meiner Vermutung an und grinst.

Im Umkleide-Bereich sind wir unter uns. Wir hängen unsere Klamotten in einen der schmalen Schränke, die in grenzenlosem Optimismus zu Hunderten vom Investor aufgestellt worden sind.

Als wir in unseren Bademänteln über eine weitere Treppe zum Sauna-Bereich heraufsteigen und an der Theke vorbeikommen, habe ich Lust auf ein weiteres Gläschen Rotwein.

„Was haltet ihr von einer kleinen Erfrischung vor dem ersten Gang", will ich von den anderen wissen.

„Nix da", macht mein Schatz energisch meine Hoffnungen zunichte. „Jetzt wird erst mal ordentlich geschwitzt, dann schmeckt der Vino hinterher umso besser." Wenig einsichtig ergebe ich mich in mein Schicksal. Wir hängen unsere Bademäntel an Haken vor den Duschen auf.

Während ich das erfrischende Wasser über meine Haut laufen lasse, riskiere ich einen ersten Blick auf Cornelias fantastische Formen. Sie steht unter dem Strahl direkt neben mir und reibt sie gerade mit Shampoo ein. Ich muss schnell woanders hinschauen, wenn ich nicht mit einer mordsmäßigen Latte aus der Dusche kommen will.

Wir entscheiden uns beim ersten Gang für die Bio-Sauna, die nicht ganz so heiß ist, wie die übrigen. Ein angenehmes Licht, das ab und zu seine Farbe wechselt, sorgt für ein wohliges Gefühl. Wir vier sind die einzigen in dem Raum.

Ich kann mich trotzdem noch nicht so recht entspannen. Deshalb versuche ich Mario ein Gespräch aufzuzwingen. „Sag mal, du alter Zoni, hast du auch vor ein paar Tagen in der Zeitung gelesen, dass ein Drittel deiner Landsleute dem DDR-Alltag hinterher trauert?"

Mario schaut mich etwas verständnislos an. „Wie kommst du denn jetzt da drauf", will er von mir wissen.

„Na, ich habe mich gerade gefragt, was genau diese Spinner mit DDR-Alltag meinen. Wenn ich mir diesen Vergnügungs-Tempel hier so anschaue, den es in dieser Ausstattung mit Sicherheit zu Zonen-Zeiten nirgendwo gegeben hat, frage ich mich eben, wem oder was man heute nachtrauert."

„Das verstehst du nicht", gibt er mir eine lustlose Antwort, mit der ich mich aber nicht zufrieden gebe.

„Genau das ist ja mein Problem. Erklär es mir mal, wenn du kannst. Ich meine, ein Drittel ist ja nun nicht gerade eine verschwindend geringe Minderheit."
Offensichtlich habe ich nun doch seine ganze Aufmerksamkeit. Er überlegt einen Augenblick und versucht dann zu antworten. „Ich empfinde das zwar nicht so und meine Frau bestimmt auch nicht, aber ich kann mir ungefähr vorstellen, was viele Landsleute zu so einer Äußerung bewegt."

„Jetzt bin ich aber mal gespannt." Meine Frau ist nun auch interessiert. Sie ist alles andere als ein DDR-Fan. Ich kenne sie besser als jeder andere. Der angriffslustige Unterton in ihrer Stimme ist selbst für Außenstehende nicht zu überhören.

„Es gab zwar kaum Privilegien für die graue Masse, dafür kümmerte sich der Staat um alles. Zunächst mal wurde mit allerlei Anreizen von der Führung dafür gesorgt, dass schnell geheiratet und damit die Kinderproduktion ordentlich angekurbelt wurde. Ein flächendeckendes Netz von Tagesstätten sorgte dafür, dass sich selbst die jungen Mütter möglichst bald wieder an der sozialistischen Produktion beteiligen konnten. Wenn die Volksgenossen nämlich beschäftigt waren, kamen sie gar nicht erst auf die Idee, irgendwelchen Scheiß zu bauen."

„Ist klar," werfe ich ein, „das ist ja wie mit unseren Kindern. Gib ihnen eine Beschäftigung, und sie sind friedlich und nerven nicht."

„So ungefähr kann man das sehen", bestätigt Mario meine Einschätzung.

„Ja, so weit so gut, aber das kann doch nicht der einzige Grund für die derzeitige Ostalgie-Welle sein", gebe ich mich noch lange nicht zufrieden.

„Natürlich nicht", meint Mario, „viel entscheidender war wahrscheinlich die Tatsache, dass man keine Existenzängste ausstehen musste. Das Geld, das verdient wurde, war zwar im kapitalistischen Ausland nichts wert, reichte aber hier völlig aus, um sich alles leisten zu können, was man brauchte."

„Aber nur, wenn die Meister-Logistiker in der Führung dafür sorgten, dass die Regale auch mit dem Nötigsten gefüllt waren", mischt sich mein Schatz wieder ein.

„Da hast du allerdings recht", widerspricht ihr Mario nicht. „Deshalb wurde oft sogar mehr verdient, als man ausgeben konnte. Verstehe mich bitte richtig. Das bezieht sich natürlich nicht auf irgendwelche Luxusartikel, die es im „exquisit" oder „delikat" gab. Ich rede hier von der grauen Masse, die schon erst recht keine harte D-Mark hatte, um sich im „Intershop" eine Markenjeans zu kaufen."

„Und das war also ein Zustand, dem man heute hinterher trauert", frage ich nach.

„Das ist noch nicht alles", antwortet Mario. „ Es gab damals beinahe keine Arbeitslosigkeit, Alter, unterschätze diese Tatsache nicht. Ob die Qualität der Produktion internationalem Standard gerecht wurde oder nicht, brauchte hier niemanden zu interessieren. Man ging regelmäßig zur Arbeit und bekam genauso regelmäßig seine Ost-Mark. Freie Marktwirtschaft gab es eben nicht und deshalb auch keine Existenzängste, wie sie heute gerade hier im Osten allgegenwärtig sind. Die in den letzten Jahren deutlich angestiegene Arbeitslosenquote ist wohl in erster Linie dafür verantwortlich, dass so viele Ossis die Vergangenheit mit all ihrer vermeintlichen Sicherheit heute so gerne verklären."

„Am besten grenzen wir für diese ganzen Idioten irgendwo ein Gebiet ab und ziehen dort die Mauer wieder hoch. Dann haben sie ihre verdammte Zone zurück und wir unsere Ruhe", ereifert sich meine Frau.

„Lasst uns was trinken gehen", übergehe ich dezent ihren Einwurf. Zwanzig Minuten Schwitzen reichen für die erste Runde allemal aus. Außerdem habe ich keine Lust auf ein aggressives Streitgespräch, auch wenn ich ihr innerlich eigentlich zustimme.

Wir ziehen unsere Bademäntel über und gehen nach draußen, wo sich ein kleines Becken mit eiskaltem Wasser befindet. Wir steigen entschlossen hinein und bringen damit unseren Kreislauf ordentlich auf Touren.

Wir sitzen bereits einige Minuten an einem der Tische vor dem Theken-Bereich und warten vergeblich darauf, dass wir bedient werden. Auch hier kann das Personal keinesfalls überfordert sein, denn alle anderen Sitzgruppen sind unbesetzt.

Der Bademeister ist eben in einer der übrigen Saunen verschwunden, um einen Aufguss durchzuführen. Die wenigen Gäste, die außer uns hier sind, haben sich eilig dorthin begeben, um sich durch das kraftvolle Wedeln seines Handtuches die Atemluft nehmen zu lassen. Ich habe das immer schon als ein zweifelhaftes Vergnügen empfunden. Deshalb bin ich ganz froh, dass wir unseren Gang gerade abgeschlossen haben.

Das sonst übliche dezente Gedudel aus den überall postierten Lautsprechern kann uns heute nicht nerven. Offenbar will man Strom sparen, denn die Musik-Anlage ist erst gar nicht angestellt worden. Lediglich das Geräusch von laufendem Wasser ist permanent zu hören, wirkt auf mich aber eher entspannend.

Meiner lieben Frau geht es da ganz anders. „Das ist hier doch wohl alles nicht wahr. Wir zahlen hier einen Schweine-Eintritt. Dafür sind die Heinis noch nicht einmal in der Lage, Personal für die Getränkeversorgung abzustellen."

Cornelia lässt sich nicht aus der Ruhe bringen. Sie steht auf, geht zur Theke und ruft energisch nach einer Bedienung. Nach einigen Sekunden kommt eine gelangweilt dreinschauende Schickse langsam aus der offen stehenden Küche geschlurft. Sie trägt die gleiche Kleidung wie die hässliche Tussi an der Kasse und sieht auch nicht viel besser aus. In aller Ruhe kaut sie den Bissen zu Ende, den sie sich wohl unmittelbar vor ihrem Erscheinen noch in den Mund gestopft hat.

„Was darf es sein?", fragt sie, offensichtlich durch unsere Anwesenheit genervt, nachdem sie den Bissen hinuntergeschluckt hat.

„Schön, dass sie da sind", kann sich Cornelia nun einen sarkastischen Kommentar auch nicht mehr verkneifen. „Wir hätten gerne vier Gläser trockenen Rotwein."

Die unmotivierte Bedienung nickt nur und macht sich in aller Ruhe an die Arbeit. In der irrigen Annahme, dass wir die Getränke an unseren Tisch gebracht bekommen, setzt sich Cornelia wieder auf ihren Platz. Nach zwei Minuten stellt die unverschämte Tante die vier Gläser vor sich auf die Theke. „Ihr Rotwein", ruft sie uns zu und verzieht sich dann wieder in die Küche.

Wir schauen uns einen Augenblick sprachlos an. Schließlich erheben Mario und ich uns und holen die Gläser an unseren Tisch. Die nächste unangenehme Überraschung folgt, als wir den ersten Schluck nehmen.

„Das Zeug ist ja widerlich süß", echauffiert sich meine Frau als erste in unserer Runde. Ihr platzt beinahe die Packung. Unter Aufbringung aller ihr zur Verfügung stehenden Selbstbeherrschung geht sie zur Theke und ruft nach der Schickse, die sich mit ihrem Erscheinen wiederum alle Zeit der Welt lässt.

„Wir möchten sie ja keinesfalls in ihrer wohlverdienten Ruhe stören", redet mein Weibchen sie an, als sie endlich in der Küchentür erscheint. „Vielleicht wäre es aber doch möglich, dass wir auch das bekommen, was wir bestellt haben."

„Wieso, sie haben doch Rotwein bestellt, oder etwa nicht?", wird die Tante auch noch frech.

„Klar, aber doch nicht so eine süße Plörre. Füllen sie uns bitte trockenen Wein in neue Gläser. Das Zeug trinken wir jedenfalls nicht." Sie hat sich nervlich immer noch erstaunlich gut im Griff. Ohne eine weitere Reaktion der leicht irritierten Tante abzuwarten, begibt meine Frau sich wieder an unseren Tisch. „Es wäre auch nett, wenn sie uns die Getränke dann hierher bringen würden", ruft sie ihr zu, nachdem sie sich gesetzt hat.

„So viel zum Thema Existenzängste und Arbeitslosigkeit", kommentiere ich das Geschehen in Marios Richtung.

Er kann sich ein Grinsen nicht verkneifen. „Guck dir die Tussi doch mal an. Die ist vor dreizehn Jahren sicher noch zur Grundschule gegangen. Woher soll die wissen, wie es damals gewesen ist."

„Offensichtlich nimmt sie die Tatsache, dass sie einen Job hat, als selbstverständlich hin", wirft seine Frau ein.

„Genau, wie ihr an diesem Beispiel sehen könnt, ist Dienstleistung für viele heute immer noch ein Fremdwort", kann sich meine liebe Frau dagegen immer noch nicht ganz beruhigen.

Die Lustlose kommt mit einem Tablett, auf dem vier neue Gläser Wein stehen, um die Theke herum. Sie stellt sie mit saurer Miene vor uns auf den Tisch und räumt die Gläser mit dem ungenießbaren, süßen Zeug wieder ab.

„Das ist ja fantastisch", sage ich, um die Schärfe ein wenig aus der Situation zu nehmen.

Sie kann sich trotzdem nicht dazu durchringen, ein Lächeln auf ihr Gesicht zu zaubern. Ohne einen weiteren Kommentar trollt sie sich, sodass wir endlich anstoßen können. Der Wein ist zwar nicht besonders gut, aber nun wenigstens trocken.

„Wenn ihr diese Göre fragen würdet, was sie von der ehemaligen DDR hält, würde sie wahrscheinlich antworten, dass es damals geil gewesen ist", bemerkt meine Frau.

„Klar, woher soll es die Jugend auch heute besser wissen", meint Cornelia. „Die privaten Fernsehsender, aus deren Sendungen sich unsere Kids nun mal heutzutage ihre Meinung bilden, schütten doch gerade das kritikunfähige Publikum mit diesen verklärenden Ostalgie-Shows zu. Da besonders die unwissende Jugend nun mal leicht manipulierbar ist, brauchen wir uns über die logische Reaktion nicht zu wundern."

„Ich könnte nur noch kotzen, wenn ich diesen Scheiß sehe", kommt meine Frau nun erst richtig in Fahrt. „Und dann lassen sich auch noch solche ehemaligen DDR-Sportgrößen vor diesen Karren spannen, die damals bekanntermaßen alles andere als Kritiker des Regimes gewesen sind. Kein Wunder, dass sie diese Diktatur mit anderen Augen sehen als wir. Die hatten ja nichts auszustehen. Denen wurde alles in den Arsch geblasen. Außerdem konnten sie auch noch in die ganze Welt verreisen." Ihr Gesicht nimmt vor Wut die Farbe des Rotweins an, von dem sie gerade einen Schluck nippt.

„Wenn man sich diesen Mist kritiklos anschaut, könnte man glatt den Eindruck gewinnen, als sei damals alles wirklich wunderbar gewesen", stelle ich fest, nachdem ich mir auch einen Schluck genehmigt habe.

„Genau, deshalb laufen ja unsere Kids heute teilweise mit FDJ-Hemden durch die Stadt", meint Mario.

„Oder sie tragen Trikots mit dem DDR-Emblem. Die Truppe hat doch außer 1974 gegen unsere Jungs aus dem Westen keinen großen Sieg gelandet." Mario muss trotz meiner kleinen Stichelei grinsen.

„Letztlich sind wir doch als Eltern gefragt", meint Cornelia. „Wenn wir nicht dafür sorgen, unseren Kindern ein realistisches Bild der jüngsten Vergangenheit in unserem Land zu vermitteln, wer soll es denn dann tun?"

„Da hast du verdammt recht", bestätigt meine Frau die Feststellung ihrer Freundin. „Unsere Söhne kommen jedenfalls nicht im Traum auf die Idee, in irgendwelchen DDR-Klamotten durch die Gegend zu laufen. Zumindest in diesem Bereich hat unsere Erziehung durchaus gefruchtet."

Während ich mein Glas austrinke, muss ich schmunzeln. Sie sieht das und grinst mich an. Wir sind uns absolut einig.

Wir wollen uns einen zweiten Sauna-Gang gönnen und gehen aus der Halle nach draußen, wo in einer Blockhütte eine besonders heiße Schwitz-Variante auf uns wartet. Aufgrund der extremen Temperaturen im Innern, halten wir es nur rund zehn Minuten darin aus. Danach begeben wir uns zur Abkühlung wieder in das eiskalte Wasserbecken. Anschließend tauchen wir in das relativ große Außenschwimmbecken ein, um dort zu relaxen. Aus Düsen, die im Beckenrand angebracht sind, lassen wir unsere Rücken von einem angenehmen Wasserstrahl massieren.

Mein Blick fällt auf die Betonwände des um uns herum liegenden Ghettos. Unweigerlich kommen in mir Erinnerungen auf, die in meiner Empfindung wie aus einem anderen Leben stammen. „Weißt du noch, als wir vor gut zwölf Jahren irgendwo da hinten eingezogen sind", frage ich mein Weibchen.

„Das waren noch Zeiten, als uns die Gläser aus dem Schrank fielen", erinnert sie sich sehr gut an diese Zeit. „Das war, als sie damals das „Columbus-Center" direkt vor unserer Nase hochgezogen haben. Man konnte in unserer Bude nicht wirklich von Lebensqualität sprechen, wie dein Kumpel Fritz es ausdrücken würde."

Ich lächele sie liebevoll an. „Trotzdem sind wir nicht unglücklich gewesen, ganz im Gegenteil, oder?" Als Antwort gibt sie mir einen Kuss auf den Mund.

„Vielleicht ist es auch gut so, dass die Erinnerungen an die ganze Scheiße, die damals hier abgelaufen ist, langsam verblasst", meint Mario nach einer Weile. „Vielleicht sollten wir einfach dafür dankbar sein, dass unsere Kids letztlich ohne die Erinnerung an das aufwachsen dürfen, was hier wirklich passiert ist."

„Wer weiß, wie lange es dauert, bis wir selber nur noch eine vage Erinnerung an das Leben haben, dass wir so gerade noch bewusst miterleben durften", ergänzt seine Frau die Überlegungen ihres Mannes.

„Wenn sich einige Leute dabei besser fühlen, indem sie die Vergangenheit verklären, sollen sie es doch tun." Ich bin völlig anderer Meinung als mein Freund. „Aber persönliche Erinnerungen ändern trotzdem nichts an den Tatsachen. In diesem Teil Deutschlands hat eine Diktatur die andere abgelöst. Alle Bestrebungen der Regierung waren von Anfang an gegen die Freiheit ausgerichtet, und zwar systematisch. Aus Gestapo wurde Stasi, so einfach ist das. Daran wird auch keine Ostalgie-Sendung jemals etwas ändern. Vielleicht sollten die Heinis vom Fernsehen mal einen der armen Schweine einladen, die das zweifelhafte Vergnügen hatten, wegen ihrer politischen Gesinnung ein paar Jahre in einem Stasi-Knast verbringen zu dürfen, und das waren nicht wenige. Es wäre doch interessant zu sehen, welche nostalgischen Gefühle diese Menschen noch zu diesen Sendungen besteuern können."

„Du hörst dich auf einmal so verbittert an", stellt Cornelia fest. „Dabei hast du doch gar nicht in dieser Zeit hier gelebt."

„Es sollte sich aber nicht so anhören, wenn du „verbittert" durch „engagiert" ersetzt, triffst du genau meine Intention", antworte ich. „Ich wehre mich nur gegen das Vergessen in diesem Teil Deutschlands. Mir ist durchaus bewusst, dass ich einfach nur Glück gehabt habe, weil ich zu dieser Zeit hier nicht leben musste, sondern alle denkbaren Freiheiten in Westfalen genießen durfte. Aber immerhin war ich seit der Maueröffnung von Anfang an in diesem Land dabei. Vielleicht kann ich gerade deshalb die Dinge, wie sie vor der Wende waren, mit einer gewissen Distanz sehen. Dabei laufe ich auch nicht Gefahr, mich von individuellen Erfahrungen aus der Zeit vor dem Mauerfall verblenden zu lassen."

„Aber warum bist du dann so engagiert in deinen Gefühlen? Ich meine, das ist doch offensichtlich", erwidert Cornelia.

„Die Antwort ist doch ganz einfach. Ich lebe seit 13 Jahren hier und fühle mich längst zuhause. Meine Jugend in Westfalen war einfach toll, keine Frage. Aber diese Zeit ist lange vergangen. Ich mag euch und auch dieses Land sehr. Gerade deshalb liegt es mir besonders am Herzen, was daraus wird.

Wir dürfen nicht vergessen, dass 89 wieder die Panzer gerollt wären, wenn die wirtschaftlichen Mittel dieses Staates nicht schon so weit erschöpft gewesen wären. Die Pläne für einen solchen Einsatz lagen damals bereit, das wissen wir heute. Umso mehr Grund habt ihr alle hier, auf euch stolz zu sein. Immerhin haben wir Deutschen im vergangenen Jahrhundert eine Menge verbrochen, auf das unsere Großväter und Urgroßväter keineswegs stolz sein können. Aber ihr habt hier im Osten eine völlig unblutige Revolution auf die Beine gestellt. Das ist eine echte Leistung.“

„Hör mal, du hättest Politiker werden sollen“, unterbricht mich Mario, aber er lächelt dabei.

„Vielleicht hast du recht, mein Freund“, antworte ich und muss auch ein wenig grinsen. „Ich finde, dass wir hier seit der Maueröffnung viel erreicht haben. Sicher sind die blühenden Landschaften, von denen Helmut damals gesprochen hat, noch nicht überall im Osten Realität geworden. Aber wir sind auf dem besten Wege dorthin, meint ihr nicht?“

Keiner sagt etwas, aber alle drei nicken nachdenklich.

„Auf alles, was um uns herum aufgebaut wurde, können wir ein bisschen stolz sein. Schließlich haben wir alle auch einen kleinen Beitrag dazu geleistet.“

Wir genießen noch eine Weile die Entspannung in dem warmen Blubberwasser. Jeder hängt schweigend seinen eigenen Gedanken nach. Dann bekomme ich wieder Durst.

„Was haltet ihr davon, dass wir uns noch ein Gläschen von diesem üblen Rotwein in die Birne schütten? Den haben wir uns redlich verdient.“

„Gute Idee“, meint Mario, und die beiden Frauen nicken ebenfalls zustimmend.

Wir steigen aus dem Becken und ziehen unsere Bademäntel wieder an. Auf dem Weg zur Theke muss ich noch etwas loswerden.

„Übrigens, wenn ihr mich fragt, ich freue mich auf das was kommt.“

Teil III

Nachspiel (2010)

Blaues Wunder

Nach rund fünfzehn Jahren Ehe ist es an der Zeit die Frau zu tauschen. Ganz so einfach ist die Sache nun auch wieder nicht. Im Ergebnis lässt sie sich aber durchaus in diesem lapidaren Satz zusammenfassen.

Unsere beiden Jungs sind groß und stehen mehr oder weniger auf eigenen Füßen. Meine Frau und ich haben unabhängig voneinander das Gefühl, dass die Zeit reif für einen Wechsel ist.

Ich bleibe im Osten und damit meiner Linie seit gut zwanzig Jahren treu. Mit meiner Süßen, die aus Schleswig-Holstein kommt, locke ich einen weiteren Wessi auf diese Seite der ehemaligen Mauer. Sie ist im Gegensatz zu meiner schwarzhaarigen Frau hellblond, in ihrem überzeugenden Vorbau steht sie ihrer Vorgängerin aber in nichts nach. Es gibt halt für uns Männer gewisse Prioritäten, von denen man nicht abgehen will.

Nachdem wir unsere Zelte in Jena und Flensburg abgebrochen haben, trainieren wir ein gutes halbes Jahr die traute Zweisamkeit in Markkleeberg bei Leipzig. Die Umstände zwingen uns allerdings zu einem erneuten Umzug. Nun geht es nach Dresden.

Die Kartons sind gepackt. Beinahe pünktlich klingelt es um zehn nach sieben an der Tür. Meine Süße und ich schauen vom Balkon im 2. Stock auf den Innenhof, wo ein grün-gelber Möbelwagen rückwärts vor den Hauseingang rangiert wird. Zwei freundlich grinsende Jungs winken zu uns herauf. Endlich geht es los!

Um zwölf Uhr mittags müssen wir die Schlüssel an unseren Vermieter übergeben. Bis dahin hat die Bude besenrein zu sein. Unser Optimismus erhält einen ernsten Dämpfer, als einer der beiden Möbelpacker uns mitteilt, dass der dritte Kollege besoffen in der Kiste liegt. Unser Vertrauen in ein gelungenes Unternehmen kehrt allerdings schnell zurück, als uns der andere versichert, dass man zu zweit viel effektiver arbeiten könne. Der Ausfall sei nicht als solcher zu sehen. Vielmehr sei der selig schlafende Zeitgenosse eher eine Bremse als ein Turbo für den Transport unseres bescheidenen Mobiliars.

Die Ossis sind seit ihren Ursprüngen Männer der Tat und Meister der Improvisation. Davon konnte ich mich in der Vergangenheit unzählige Male überzeugen. Die Tatsache, dass wir letztlich auf die Minute pünktlich einen Schlussstrich unter das Kapitel Markkleeberg ziehen können, beweist mir einmal mehr, dass ich mich auf meine Erfahrungen verlassen kann.

Es ist Samstagvormittag. Als ich gestern Abend nach einem langen Arbeitstag um halb elf zum ersten Mal heim in unsere neue Wohnung in Striesen kam, waren alle Möbel bereits an ihrem Platz, erste Bilder aufgehängt und allerlei Accessoires zum Wohlfühlen postiert. Auch Schleswig-Holsteinerinnen sind

Frauen der Tat und stehen damit ihren ostdeutschen Landsfrauen in nichts nach, registrierte ich sehr zufrieden.

Vor einigen Wochen hatten wir einen Anfängerfehler begangen. Wir besichtigten unsere neue Wohnung in einer topsanierten Jugendstillvilla gleich um die Ecke vom Fetscherplatz in den ruhigen Abendstunden. Der Reiz dieses Viertels hat sich offensichtlich bundesweit herumgesprochen. Das wird uns in dem Augenblick bewusst, als der erste knallrote Touristenbus dumpf tuckernd an unserem Balkon in der ersten Etage vorbeifährt. Meine Süße springt in ihrem weißen Bademantel mit einem Becher frischen Kaffees in der Hand erschrocken zurück ins Wohnzimmer, als rund zwanzig interessierte Augenpaare vom offenen Dach des Doppeldeckers aus uns Neudresdener interessiert begaffen. Die Touristen auf ihrer Stadtrundfahrt müssen unweigerlich den Eindruck gewinnen, dass die Einheimische Damenwelt aus scheuen Rehlein besteht. Als der zweite und dritte Bus innerhalb einer Stunde vorbeikommt, sehen wir beide die Sache schon entspannter und haben uns in unserer Bekleidung an die Lage angepasst. Der Mensch ist halt ein Gewohnheitstier.

Ich freue mich riesig auf das Wiedersehen. Mein Zwei-Meter-Kumpel Max, der mich vor einer halben Ewigkeit am Berliner Reichstag vor dem Notarzt gerettet hat, kommt aus Düsseldorf zu Besuch. Er ist heute ein erfolgreicher Anwalt.

Um dem Treffen noch mehr Würze zu geben, habe ich spontan auch Fritz, den Steuerberater aus Jena, nach Dresden eingeladen. Fritz musste sich vor vielen Jahren vor einem Lakai in einem italienischen Fünf-Sterne-Kasten für seinen schmuddeligen Freund aus dem Osten schämen.

Es ist Freitagnachmittag gegen 16 Uhr. Meine Süße hat uns zur Begrüßung eine Flasche echten Champagner aus dem ALDI kredenzt. Dazu gibt es stilecht eine Schale Erdbeeren.

„Jungs, ihr ahnt nicht, wie sehr ich mich freue, euch wiederzusehen", rufe ich im Überschwang der Gefühle aus, als wir zum ersten Mal miteinander anstoßen.

„Prostata", Fritz hat sich gar nicht verändert, sieht man mal von der Tatsache ab, dass sein Wohlstandsbäuchlein zu einem echten Bauch angewachsen ist. Ich habe ihn fast drei Jahre lang nicht gesehen.

„Mensch Alter, das letzte Mal haben wir uns in einem Plattenbau in Jena getroffen. Damals flogen die Gläser vom Tisch, weil vor eurer Haustür so eine Dampframme Eisenträger für ein Einkaufscenter in den Boden hämmerte", erinnert sich Max. „Wenn ich diese tollen Villen hier über all sehe, hast du dich aber um Klassen verbessert".

„Das kannst du wohl sagen", bestätige ich mit einem gewissen Stolz. „Neulich lernte ich auf dem Frankfurter Flughafen eine Braut kennen, die mit mir nach Dresden flog. Sie freute sich überschwänglich darauf, diese Stadt kennen zu lernen. Sie bedauerte schon vor dem Abflug, dass sie nur zwei Tage dafür

Zeit hat. Ich empfahl ihr, doch einfach nach Dresden zu ziehen. Sie schaute mich an, als käme ich von einem anderen Stern, das könnt ihr euch sicher vorstellen".

„Logisch", bestätigt Fritz in seiner ökonomischen Art. „Prostata die Herren, wir sind schließlich nicht zum Vergnügen hier". Wir lachen und stoßen erneut mit unseren Sektgläsern an.

„Du hattest ja bei der jungen Frau am Flughafen gut reden", meint Max schließlich.

„Na klar, ich habe das in die Tat umgesetzt, wovon nicht wenige träumen. Wenn ich mit meiner Frau ab und zu an der Frauenkirche sitze und mit Touristen ins Gespräch komme, werde ich nicht selten dafür beneidet, dass ich hier wohne und nicht nur für ein paar Stunden zu Besuch bin".

„Ihr seid doch schon ein ganzes Jahr hier. Habt ihr schon neue Freunde gefunden?" will Fritz wissen.

„Direkt gegenüber ist vor ein paar Wochen ein neues Paar in unserem Alter eingezogen. Die beiden hat es beruflich aus Chemnitz hierher verschlagen. Zunächst meinte meine Süße, dass die junge Frau drüben total arrogant wäre, weil sie nicht zu uns herüberschaute und nur rauchend auf dem Balkon saß. Ich versuchte sie immer wieder zu ermuntern, Kontakt aufzunehmen, aber beide Mädels trauten sich nicht. Drüben sitzt übrigens Deine arrogante Ex-Freundin stichelte ich so lange, bis sie mich bat, nun doch mal einen Kontaktversuch zu starten. Vor einigen Tagen lud ich die neuen Nachbarn dann spontan zu uns auf ein paar Bierchen ein. Nun läuft die Sache. Na ja, alles braucht halt seine Zeit".

„Und sonst, das kann doch nicht alles in einem Jahr gewesen sein", hakt Max nach.

„Neulich lud mich eine einsame Oma zur kostenlosen Mitfahrt auf ihr Wochenendticket in der Straßenbahn ein. Wenn man sie mitrechnet, kenne ich schon zwei Damen hier in Dresden".

Wir lachen herzlich und haben die Flasche schon fast geleert.

„Spaß beiseite", nehme ich das Thema noch einmal auf. „Natürlich haben wir schon eine Reihe von Leuten kennen gelernt. Die Stadt lebt ja auch vom Zuzug aus ganz Deutschland, immerhin ist sie eine der wenigen Ostmetropolen, die sich über eine Steigerung der Einwohnerzahl seid der Wende freuen dürfen. Und die Dresdner sind insgesamt äußerst hilfsbereit. Wenn du zum Beispiel an einer Bushaltestelle stehst, wirst du ständig gefragt, ob man dir irgendwie helfen kann. Kurz gesagt, wir fühlen uns hier pudelwohl".

„Wunderbar", meint Fritz. „Dann zeig uns mal deine neue Heimat".

„Nichts lieber als das", sage ich, nachdem wir den letzten Schluck Champagner genossen haben.

Wir gehen einige hundert Meter rüber zum Fetscherplatz. Ich besorge Tickets für die Straßenbahn. Die Linie 4, mit der wir ins historische Zentrum wollen, kommt erst in sieben Minuten.

„Wir haben noch Zeit auf ein Bier. Kommt mal mit", fordere ich meine erwartungsfrohen Kumpels auf. Ich grüße meinen asiatischen Freund am Imbiss, der sich unmittelbar an der Haltestelle befindet. Er winkt uns fröhlich zu und grinst dabei wie ein Honigkuchenpferd. „Thai-Türkisch-Deutsche Küche" steht in großen Lettern über der Theke.

„Der Junge macht seinen Job fast rund um die Uhr, mit schlechter Laune habe ich den noch nie gesehen", sage ich zu meinen Begleitern, während wir drei Flaschen mit eiskaltem Radeberger erhalten.

„Offensichtlich wollen die sich hier aber nicht auf eine regionale Küche festlegen", stellt Max trocken fest, der auch die Beschriftung über der Theke gesehen hat.

„Er ist halt ein Multitalent", meint Fritz und nimmt dankbar seine Flasche von mir in Empfang.

Wir finden noch einen freien Tisch im Schatten vor der Kneipe, die sich unmittelbar an den Imbiss anschließt. Um uns herum wird intensiv gezecht.

„Der kleine Kerl ist hier der Boss, Jungs", informiere ich meine Freunde, nachdem wir Platz genommen haben. „Und das beste ist, dass er den Einheimischen Deutschen hier auch noch Arbeit gibt. In der Kneipe, wo meine Frau und ich gerne nach einem Zug durch die Gemeinde noch einen Absacker nehmen, bedienen deutsche Kellner. Von wegen, die Ausländer nehmen hier irgendwem den Arbeitsplatz weg, ganz im Gegenteil. Als wir neulich das Jammerspiel bei der EM gegen Österreich im Raucherraum vor der Glotze verfolgten, hat er seinen Angestellten frei gegeben und die anwesende Horde von Fußballfans alleine bedient".

„Wo wir gerade bei dem Thema sind", hakt Max ein. „Nach dem Türkeispiel haben sie in den Hauptnachrichtensendungen gezeigt, wie hier in Dresden Dönerbuden von einigen gehirnamputierten Volltrotteln platt gemacht worden sind. In ganz Deutschland soll es ruhig gewesen sein, nur hier nicht, unglaublich oder?"

„Hör mal, du willst doch nicht ernsthaft sagen, dass es im Ruhrpott oder in Berlin keine Rechtsradikalen gibt. Mein großer Sohn, der permanent mit den Jenaer Ultras durch ganz Deutschland zu den Auswärtsspielen des FC Carl Zeiss fährt, hat mir neulich erzählt, dass es überall solche Vollpfosten gibt. Zum Glück sind sie in einer verschwindend geringen Minderheit. Das Problem ist nur, dass solche Ereignisse besonders dann in der Öffentlichkeit breit getreten werden, wenn sie hier im Osten passieren. Frag mal die Journalisten, warum das so ist. Ich habe darauf keine Antwort".

Die Bahn rattert langsam heran. Wir trinken den Rest aus unseren Flaschen auf ex, geben sie an der Theke ab und steigen dann ein.

Wir kommen an der gläsernen Manufaktur vorbei. Hier werden Luxuskarossen einer deutschen Automarke auf dem modernsten Stand der Produktionstechnik zusammengeschraubt. Dann erreichen wir den Pirnaischen Platz.

Während wir aussteigen und langsam zur Wilsdruffer Straße rüber gehen, greife ich noch mal das Fußballthema auf. „An dieser Stelle gab es übrigens im letzten Jahr ein echtes Event. Dynamos Zweite spielte in der 4. Liga gegen Lok Leipzig. Mit dem Wirgefühl der Ossis ist es zumindest unter den Fans nicht weit her".

„Wieso das denn?" will Fritz wissen, der sich überhaupt nicht für den Sport interessiert. Sein einziges Hobby ist immer noch seine Heidi.

„Mensch, da haben sich doch ein paar Hundert verfeindete Hooligans über die Straßen gejagt und die Bullen mittendrin", antwortet Max für mich. „Liest Du denn überhaupt keine Zeitung?"

„Stimmt, die kriegen das Problem hier in Dresden einfach nicht in den Griff. Nur wenn es gegen die Westmannschaften geht, gibt es heute immer noch eine gewisse Solidarität zwischen den Ostdeutschen".

„Das ist doch irgendwie seltsam", stellt Max fest, während wir rechts in die Galeriestraße abbiegen und Richtung Neumarkt gehen. „Viele der Randalskis waren vor zwanzig Jahren noch gar nicht geboren".

„Offensichtlich wird den jungen Leuten aber das Gefühl, anders zu sein oder mit denen da drüben nicht zusammen zu gehören, immer noch von ihren Eltern vermittelt", stellt Fritz eine Vermutung an.

„Tja, meine Süße und ich fuhren vor ein paar Monaten in einem Bus mit den Jenaer Fans nach Dortmund, wo der FC Carl Zeiss im Halbfinale des DFB-Pokals spielte. Leider konnten wir dieses Mal nicht gewinnen wie in den Neunzigern. Es waren bestimmt 15000 Jenaer da und ich habe gespürt, dass die Begeisterung noch größer war als sonst. Es ging halt gegen die arroganten Wessis. Da macht das Siegen noch mal so viel Spaß".

„Das hat ja wohl nicht so ganz hingehaun", zieht mich Max auf. Ich will dem Kerl gerade freundschaftlich eine langen, als Fritz das Thema wechselt, denn wir stehen mitten auf dem Neumarkt neben dem Lutherdenkmal.

„Mensch, schaut euch mal die Kirche an, das ist ja der totale Wahnsinn. Vor einigen Jahren war ich schon mal mit Heidilein hier, da hatten sie gerade erst mit dem Bau begonnen. Wie man aus einem riesigen Schutthaufen wieder so ein fantastisches Bauwerk zaubern kann ist ja unglaublich".

Max bleibt die Spucke weg. Er schaut fasziniert zu der imposanten Kuppel der Frauenkirche hinauf und schüttelt nur ungläubig mit dem Kopf.

Um uns herum wimmelt es von Touristen, die nicht nur aus Deutschland kommen. Man fotografiert das Wahrzeichen von Dresden, aber auch die rings um den Neumarkt wieder aufgebauten Wohn- und Geschäftshäuser, die in der Fassadenoptik gekonnt an das Vorbild ihre Vorgänger aus vergangenen Jahrhunderten angepasst sind. In einigen Jahren werden auch die letzten Wunden des fürchterlichen Bombenangriffs vom Februar 1945 endgültig verschwunden sein, denn es gibt nur noch wenige Baulücken am Neumarkt.

„Kommt Jungs, wir machen noch einen kleinen Rundgang, bevor wir das nächste Bier einnehmen". Fritz und Max sind zwar ein wenig enttäuscht, dass die Frauenkirche in diesem Augenblick nicht von Innen besichtigt werden kann. Dafür freuen sie sich ehrlich auf die Sehenswürdigkeiten, die es noch zu entdecken gibt.

Von der Augustusstraße entlang des Fürstenzuges gehen wir über den Theaterplatz, bestaunen eine Weile die Semperoper, gehen durch den Innenhof des Zwingers, der beim verheerenden Hochwasser 2002 abgesoffen ist, und schließen die Runde vorbei am Taschenbergpalais wieder auf unserem Ausgangspunkt am Lutherdenkmal ab.

„Mann, wir haben ja viel zu wenig Zeit, um hier alles in Ruhe anzuschauen", ist Max ein wenig traurig.

„Wenn es dich tröstet, wir haben nach über einem Jahr, in dem wir jetzt hier wohnen, bei weitem auch noch nicht alles gesehen", sage ich.

„Trösten würde mich jetzt erstmal eine ordentliche Mahlzeit", meldet Fritz sich zu Wort. Er hatte während des gesamten Rundgangs geschwiegen. „Und was zu trinken könnte ich jetzt auch vertragen. Das hat ja nichts mehr mit Lebensqualität zu tun". Max und ich lachen herzlich, und sind weit davon entfernt, Fritz seine Wünsche abzuschlagen.

Wir gehen rüber zur Weißen Gasse, wo man eine ganze Reihe von Restaurants und Bistros aller Couleur findet. Die historischen Bauten, die hier in der Dresdner Bombennacht völlig sinnlos dem Erdboden gleichgemacht wurden, ersetzten schmucklose Zweckgebäude, wie sie nun mal in der DDR üblich waren. Dafür haben sich die Gastronomen merklich Mühe gegeben, für allerlei Abwechslung zu sorgen.

„Hier finden sich nicht ganz so viele Touristen wie am Neumarkt", informiere ich die Jungs. „Das ist eher eine Gegend für Einheimische und Studenten. Und die Preise liegen auch schon um einiges niedriger als drüben im historischen Zentrum".

„Das kommt mir sehr entgegen", freut sich Fritz.

„Woher der Wandel", will ich von ihm wissen. „Du hast doch nie für deine Lebensqualität auf Kosten geachtet".

„Es lief in den letzten Jahren auch nicht alles glatt, mein Guter. Aber für ein paar Bierchen und etwas Leckeres zu essen reicht es immer noch". Er grinst Max und mich schelmisch an, sodass wir nicht ganz sicher sind, ob er uns verarschen will.

„Mögt ihr französisch?" frage ich trocken und verziehe dabei keine Miene.

„Was ist das für eine Frage", nimmt Max dankbar den Ball auf.

„Wir sind doch alle Gourmets, oder nicht?" Fritz hat sein verschmitztes Grinsen immer noch nicht eingestellt.

„Schön, dass ihr euch gar nicht verändert habt", lache ich. „Ausnahmsweise dachte ich jetzt aber mal nicht ans Vögeln, ihr Halunken. Gleich um die Ecke gibt es eine echt gute Brasserie".

„Na, worauf warten wir dann noch", drängelt Fritz

Wir biegen vor der Kreuzkirche links um die Ecke, kommen an drei oder vier weiteren Restaurants vorbei und wenden uns dann noch einmal nach links in die Gewandhausstraße. Nach wenigen Metern erreichen wir unser Ziel. Ich bin allerdings einigermaßen überrascht, als ich die zugeklebten Fenster sehe. Der französische Gockel, der über dem Eingang angebracht ist, schaut traurig auf den leeren Platz vor dem Etablissement.

„Mensch, das gibt's doch nicht. Der Laden ist dicht. Dann wird's wohl nichts mit unserer Französischstunde".

„Hauptsache Essen, Mann", wird Fritz immer ungeduldiger. „Da vorne war doch ein Italiener, ist mir sowieso viel lieber".

Da es keinen Widerspruch aus der übrigen Mannschaft gibt, gehen wir einige Meter zurück und finden noch einen freien Tisch vor dem italienischen Restaurant an der Ecke. Wir entspannen uns erst richtig, als wir mit unseren frisch gezapften Pilsenern angestoßen haben.

Fritz liebt das einfache Essen und wählt ein Pizza mit Salami und Peperoni. Früher war er auch mal wählerischer. Max und ich gönnen uns Spaghetti mit Meeresfrüchten.

„Mann, die Torte ist ja allererste Sahne", stellt Fritz in seiner unnachahmlichen Art fest, als sich die überaus ansehnliche Bedienung in die Küche entfernt, um unsere Bestellungen weiterzugeben.

„Nicht nur das, man merkt ihr auch noch den Spaß an ihrem Job an", bemerke ich.

„Ja, das sollte doch wohl in der Gastronomie die Regel sein", meint Max. „Du tust ja gerade so, als sei das etwas besonderes".

„Also ehrlich gesagt ist das aus meiner Erfahrung auch so. Die Gastwirte sind hier alles andere als großzügig. Es gibt einige Läden, in denen sie permanent per Inserat neues Personal suchen. Eine Bekannte hat sich mal in einem stadtbekannten Biergarten beworben und sollte gleich drei Tage zur Probe arbeiten. Knete sollte es dafür aber keine geben. Sie hat natürlich dankend abgelehnt. Wenn man den Service in dem Laden sieht, könnte man meinen, da arbeiten nur Anfänger auf Probe, die alle paar Tage ausgetauscht werden".

„Wo du das so erzählst fällt mir ein, dass sie neulich im Radio davon berichtet haben, dass viele Ostdeutsche Unternehmer besonders knauserig sind, obwohl es ihren Unternehmen oft gar nicht schlecht geht". Max ist voll im Thema. „Diese Leute scheinen das allgemeine Bild vom wirtschaftlich schwachen Osten schamlos auszunutzen, egal wie es ihnen in Wirklichkeit geht. Nicht nur in der Gastronomie liegen hier nicht wenige Vollzeitkräfte mit ihrem Bruttoeinkommen unter der offiziellen Armutsgrenze".

„Na, zum Glück gibt es ja auch noch Kollegen, die ihr Personal ordentlich behandeln", stellt Fritz mit einem frechen Grinsen im Gesicht fest, als die blonde Bedienung uns das Essen serviert.

„Vielleicht geht heute noch was", sage ich zu Fritz, als sie sich wieder entfernt hat. „Sie konnte dich alten Charmeur ja kaum ansehen".

„Prostata Kameraden, das zeichnet einen echten Kenner aus". Wir stoßen noch einmal an, bevor wir es uns schmecken lassen.

Nach dem Essen und einigen weiteren Bierchen gehen wir noch einmal über den Neumarkt und dann in die Münzgasse, die unter der Brühlschen Terrasse direkt ans Elbufer führt. Am oberen Ende der Gasse gibt es vor dem Eingang zum „M 5" eine Bar im Freien, die das ganze Jahr geöffnet hat. Wir beschließen hier eine erneute Pause einzulegen.

Ich steige auf Weizenbier um, Max zieht mit und Fritz probiert einen Erdbeer-Daiquiri, der den Drehungen in seiner Birne in der folgenden Viertelstunde einen ordentlichen Schub verleiht. Er gafft jedem einigermaßen ansehnlichen Modell, das vorbeikommt, auf den Hintern und macht auch gar nicht erst den Versuch, dabei dezent vorzugehen. Seine Wortbeiträge hat er beinahe vollständig eingestellt. Nur ab und zu gibt es noch einen anerkennenden Kommentar zu den weiblichen Attributen, die ihm erwähnenswert erscheinen. Max und ich lachen am Anfang noch darüber, hören aber nach einer Weile nicht mehr hin und lassen Fritz in seiner eigen Welt für sich sein.

„Meine Frau und ich sitzen öfter mal hier und beobachten das Treiben der Touristen", erzähle ich meinem Kumpel, nachdem wir einige Zeit geschwiegen haben. Das reichhaltige Essen hat uns ein wenig träge gemacht. „Dabei genießen wir es, hier nicht nur zu Besuch zu sein".

„Ehrlich gesagt bin ich schon ein wenig neidisch auf euch", sagt Max.

„Das bekommen wir auch ab und zu von Touristen zu hören, die zufällig an unseren Tisch kommen und mit uns einige Worte wechseln, bevor sie zur nächsten Sehenswürdigkeit hetzen", erzähle ich mit einem Augenzwinkern. „Das zeigt uns regelmäßig, dass wir alles richtig gemacht haben".

„Sieht ganz danach aus". Max schaut nachdenklich die Münzgasse hinunter, die auf beiden Seiten weitere Restaurants säumen.

„Die Lokale hier werden in erster Linie von den vorübergehenden Besuchern der Stadt frequentiert. Daher sind die Preise hier auch einigermaßen gesalzen", erzähle ich Max. „Wenn wir ausgetrunken haben, gehen wir rüber in die Neustadt. Da ist jetzt die Hölle los und der Suff kostet einiges weniger".

Als wir über die Augustusbrücke über die Elbe kommen ist es bereits dunkel. Deutschlands älteste und größte Raddampferflotte hat längst an den Anlegern längs des Terrassenufers fest gemacht. Das historische Zentrum mit Hofkirche, Semperoper, Museumsfestung, Hochschule der bildenden Künste und der Frauenkirche wird in warmen Farben angestrahlt.

Fritz schwankt schon mächtig. Max kümmert sich väterlich um ihn, indem er ihn am Ellenbogen packt und energisch dafür sorgt, dass Fritz nicht über die Mauer in den Strom stürzt. Ich habe auch schon gut getankt, bin aber noch einigermaßen klar im Kopf.

Rechts unten am Elbufer haben sich tausende vor einer Bühne eingefunden. Sie singen einen deutschsprachigen Schnulzenrefrain mit, in dem es um lieben und spüren von irgendeiner Schnalle geht. Fritz erkennt den Song sofort, ist auf einen Schlag vor Begeisterung geistig wieder online und brüllt auch gleich den besonders geistreichen Text mit.

„Unser aller Roland hat hier einmal im Jahr sein größtes Publikum", informiere ich Max.

„Also, ich bin ja nun alles andere als sein Fan, aber die Massen da unten sind ja echt beeindruckend. Schau mal, da drüben auf der anderen Brücke stehen auch noch Unmengen von Schnulzenfreaks". Max zeigt zur Carolabrücke rüber, die in rund 400 Metern Entfernung ebenfalls über die Elbe führt.

„Das Volk braucht halt seine heile Welt, auch wenn es nur für ein paar Stunden ist", gebe ich meine eigene Interpretation des Geschehens unter uns ab. „Neulich bei der Fußball-EM war hier noch mehr los. Selbst in strömendem Regen kamen die sächsischen Junghühner in bauchfreien Tops um unsere Bundesjungs im Public Viewing anzufeuern. Nur beim ersten Spiel gegen Polen flippte einer der über 10000 Zuschauer ein wenig aus und schmiss beim 1:0 einen mächtigen Böller unter das jubelnde Volk. Einem Freak in einem Irokesenschnitt floss Blut aus dem Ohr und die Schränke von der Security nahmen vorsichtshalber alle Umstehenden fest. Danach blieb die Sache grundsätzlich friedlich. Das Feeling da unten war schon toll. Da spielte es auch keine Rolle, dass wir nun alles andere als überzeugend gespielt haben".

„Da hast du wohl recht", pflichtet mir Max bei. „Hauptsache Endspiel".

Fritz stellt seinen Gesang erst ein, als wir am goldenen Reiter vorbei gekommen sind und uns über die Hauptstraße langsam dem Zentrum der Neustadt nähern. Er schafft es, ohne Stütze durch Max bis über den Albertplatz und in die Alaunstraße. Nach der nächsten Runde Pilsener im Biergarten an der Ecke zur Louisenstraße gehen dann bei Fritz endgültig die Lichter aus. Er stiert aus glasigen Augen ins Leere, lächelt ab und zu vor sich hin ohne uns einen Anhaltspunkt über den Grund seiner Freude zu geben und versucht dabei instinktiv seinen Kopf einigermaßen ruhig zu halten.

„Mensch, das Viertel kann ja allemal mit der längsten Theke der Welt bei uns in Düsseldorf mithalten", ist Max total begeistert. Um uns herum sind nicht nur die Tische vor diversen Kneipen und Restaurants restlos besetzt. Auch auf den Straßen herrscht ein reges Treiben. Hunderte von vorwiegend jungen Leuten sitzen auf Bordsteinkanten und Mauersimsen oder bewegen sich, Bier- oder Weinflaschen in der Hand, mehr oder weniger kontrolliert in alle Richtungen.

„Tja, mein großer Sohn war neulich zu Besuch. Er meinte, dass sich die Neustadt kneipentechnisch auch durchaus mit St. Pauli messen könne", informiere ich Max mit einem gewissen Stolz in der Stimme.

In den nächsten zwei Stunden probieren wir noch die eine oder andere Lokalität aus. Es verschlägt uns schließlich ins „Red Rooster" in der Nähe vom „Goldenen Reiter", der stadtbekannten Statue von August dem Starken. Der Laden ist der älteste Pub in Dresden und auch zu dieser späten Stunde noch gut gefüllt. In den letzten Monaten wurde er zu meiner Lieblingskneipe, weil meine Frau und ich dort schon bei unserem ersten Besuch wie Stammgäste behandelt wurden.

Fritz steuert direkt die Toilette an, während Max und ich uns einen Platz an der Bar suchen. Unser mächtig angeschlagener Kumpel kommt auch nach zwanzig Minuten nicht zurück. Ich gehe ihm schließlich nach, kann ihn aber im Männer-WC nicht finden. Ich wage mich notgedrungen auf die Damentoilette und höre hinter einer der Klotüren ein beeindruckendes Schnarchen. Erst nach mehrmaligem energischen Hämmern gegen dieselbe kann ich Fritz soweit in die Realität zurück holen, dass er von innen aufschließt. Mit erheblichem Kraftaufwand bringe ich ihn auf die Beine und lotse ihn dann unfallfrei an unseren Platz an der Theke.

Irgendwann marschieren wir über die Hauptstraße zurück zum Albertplatz, weil wir den Kanal immer noch nicht voll haben. Wir besorgen uns eine Runde Flaschenbier in einer Trinkhalle in der Alaunstraße. Auch Fritz besteht auf seine Ration, die wir ihm nicht verweigern. Wir überschätzen den Fortgang seiner Regeneration allerdings erheblich. Das wird uns und vor allem unserem Kumpel schmerzlich bewusst, als er plötzlich nach rechts ausbricht und vor die Scheibe einer Dönerbude stürzt. Zu unserem Erstaunen bleibt er unverletzt, die Scheibe heil und die Bierflasche in seiner Hand verliert lediglich einige Tropfen des kostbaren Inhalts. Max und ich sind beeindruckt und klopfen Fritz anerkennend auf die Schulter.

Auf dem Weg zurück zum Albertplatz stützen wir ihn dann wieder sicherheitshalber. Fritz hat sich dennoch soweit erholt, dass er entgegenkommenden Säufertrupps das ein oder andere „Prostata" zurufen kann. Wir verfrachten ihn schließlich in eine Bahn der Linie 6. Der letzte halbe Kilometer von der Haltestelle an der Fetscherstraße nach hause zieht sich dann noch einmal länger hin als nötig, da Fritz die gesamte Breite des Bürgersteigs in einem Zick-Zack-Kurs ausnutzt. So kommen wir schließlich von unserem kulturellen Rundgang gegen halb zwei unbeschadet in unsere Wohnung in Striesen zurück.

Als Fritz endlich auf einer Luftmatratze im Gästezimmer den Schlaf der Gerechten schläft, sitzen Max und ich auf unserem Balkon. Meine Süße hat uns noch ein paar Flaschen Bier kaltgestellt, von der wir die erste bereits fast geleert haben.

„Alter, Fritz hat ja alles gegeben, aber deine Show am Reichstag konnte er nicht toppen", vergleicht Max die heutigen Ereignisse mit denen vor rund 19 Jahren.

„Du sagst es, jetzt weiß ich auch ungefähr, wie du dich damals gefühlt haben musst", stelle ich mit einem Grinsen fest. „Zum Glück bin ich etwas älter und reifer geworden. Stell dir mal vor, ich hätte mich hier in meiner neuen Heimatstadt so aufgeführt und irgendjemand hätte mich dabei beobachtet. In meiner seriösen Branche und in meiner Position wäre das tödlich gewesen".

„Selbst du wirst ja offensichtlich irgendwann erwachsen", resümiert Max und wir stoßen nicht zum letzten Mal in dieser Nacht auf unsere Freundschaft an.

Meine Frau bereitet uns ein ausgiebiges Katerfrühstück, als Max und ich gegen 10 Uhr aus der Kiste kriechen. Mein Brummschädel hält sich zu meiner großen Überraschung einigermaßen in Grenzen. Max sieht aus, als wäre er stocknüchtern zu angemessener Zeit ins Bett gegangen. Fritz schnarcht immer noch auf seiner Matratze, als wir uns an den liebevoll gedeckten Tisch setzen.

„Alle Achtung", ist Max echt beeindruckt. „Dein Frühstück hätte ich in einem gehobenen Hotel auch nicht besser bekommen".

Meine Frau lächelt dankbar wegen des Komplimentes. „Du alter Charmeur".

„Apropos gehobene Hotels", nehme ich das Thema auf, als wir uns das erste Brötchen schmecken lassen. „Ob unser Fritz sich bei uns wie in einem seiner geliebten Fünf-Serne-Kästen fühlen würde, sei mal dahin gestellt. Wenn du aber in einem ganz normalen Hotel in den alten Bundesländern übernachtest, fühlst du dich teilweise wie zu tiefsten Zonenzeiten. Neulich waren wir in einer Bude in Dachau, in der sie uns satte 90,- Euros für die Übernachtung ohne Frühstück abgenommen haben. Die Betten und der Schrank waren wahrscheinlich noch aus den Siebzigern und auch die Tapete hätte durchaus als eine Kulisse für eine der ersten Derrick-Folgen herhalten können".

„Etwas ähnliches ist mir auch mal in Bonn passiert", berichtet Max. „Ich frage mich nur, ob die Hoteliers ihren Geschmack nicht weiter entwickelt haben, oder ob sie einfach nur Kasse machen wollen. Wahrscheinlich hängt alles nur von Angebot und Nachfrage ab".

„Klar doch", meint meine Süße. „Wenn die Geschäftsleute mitten in München das zwei- bis dreifache zahlen, scheint der Preis in so einer Absteige noch ganz akzeptabel".

„Das Problem haben wir hier im Osten nicht", stelle ich schließlich fest. „Viele Hotels sind komplett renoviert worden oder man baut gleich ganze Kästen auf dem aktuellsten Standard neu. Und die Zimmerpreise bewegen sich ganz deutlich unter denen in westdeutschen Großstädten".

„Das muss allerdings das Servicepersonal hier oft mit Hungerlöhnen büßen", eifert sich meine Frau, die ein Lied davon singen kann.

„Darüber haben wir gestern schon gesprochen", sagt Max. „Wie ich höre, musstest Du das am eigenen Leib spüren".

„Tja, das ist leider so, aber ich will euch ja nicht das schöne Wochenende mit meinen Problemen versauen".

„Wer will hier wem was versauen"? Fritz hat sich aus den Federn gequält, sieht aus wie eine wandelnde Leiche und grinst trotzdem wie ein Honigkuchenpferd. Als er den Frühstückstisch sieht, ist er gleich voll motiviert. „Das nenne ich doch mal echte Lebensqualität".

Ich bin ziemlich erleichtert, dass er offensichtlich zu alter Stärke zurück gefunden hat. Immerhin will ich den Jungs am zweiten Tag noch einige Sehenswürdigkeiten präsentieren.

Wir brechen gegen halb zwölf zur zweiten Runde auf. Wieder starten wir mit der Linie 4 am Fetscherplatz. Und wieder kann sich der asiatische Unternehmer an der Imbissbude über die Einnahme für drei Flaschen Radeberger freuen. Schweigend zischen wir das kühle Nass während der Fahrt. Vor allem Fritz ist es daran gelegen, seinen Alkoholpegel vom Vorabend nicht zu schnell absinken zu lassen.

Nach einigen Minuten kommen wir am Zwinger und der Semperoper vorbei. Hinter dem Theaterplatz biegen wir rechts um die Hofkirche herum.

„Da unten links am Ufer seht ihr den „Elbsegler", da gibt es Donnerstags abends immer echt ansprechende Chill-Out-Partys", erzähle ich während wir über die Augustusbrücke rattern, die wir gestern zu Fuß genommen haben. Sonnendächer in Segelform, die an freistehenden Masten befestigt sind, spannen sich über ausladende Sitzgruppen.

„Echt gediegen", kommentiert Fritz. „Nach Chill-Out wäre mir jetzt auch zumute".

„Straff dich mal, Sportsfreund, wir kommen gleich zu einer Location, bei der du mindestens genauso begeistert sein wirst", versuche ich meinen alten Kumpel zu motivieren.

„Von wegen Chill-Out", mischt sich nun auch Max ein. „Ausruhen kannst du dich morgen, wir sind schließlich nicht zum Vergnügen hier".

„Prostata", brüllt Fritz. Während er den letzten Schluck aus seiner Flasche nimmt, schauen einige Fahrgäste pikiert zu uns rüber. Ich kann sie ja verstehen, aber Fritz ist nun mal ein Kämpfertyp.

Auf der anderen Elbseite biegt die Bahn vor dem „Goldenen Reiter" nach links ab. Nach einigen hundert Metern empfehle ich den Jungs einen Blick in die Königstraße, in der es besonders aufwändig renovierte Häuserzeilen der Inneren Neustadt gibt. „Hier findest du echt gehobene Gastronomie zu ebenfalls gehobenen Preisen".

„Dafür haben sie aber offensichtlich auch richtig gehoben investiert", stellt Max trocken fest, während wir an der Marienbrücke vorbei in die Leipziger Straße fahren.

„Gutes Geld für gute Leistung, dagegen habe ich überhaupt nichts", gibt uns Fritz wieder mal einen Einblick in seine einfache aber nachvollziehbare Lebensphilosophie.

„Bevor wir noch tiefsinniger werden steigen wir erstmal aus", mache ich dem Disput ein Ende.

Auf der rechten Seite der Straße gibt es eine Tankstelle, gegenüber finden sich schäbige, flache Industriebauten und hinter uns liegt eine Eisenbahnbrücke, unter der wir soeben durchgefahren sind.

„Wo hast du uns denn hingebracht, das sieht aber alles andere als ansprechend aus", hat Fritz so seine Zweifel.

„Hab mal noch zwei Minuten Geduld", sage ich, während wir einige Meter entlang der Leipziger Straße gehen und sie dann auf der Höhe eines Möbellagers queren. Wir kommen durch eine Toreinfahrt über eine gepflasterten Weg und biegen dann vor einer weiteren Lagerhalle nach rechts ab. Nun hört man dezente Barmusik.

Als wir an einen Zaun aus Schilfmatten entlang kommen, hinter dem weiße Zeltdächer zu sehen sind, erkennen die Jungs langsam, dass ich sie bestimmt nicht zum Arbeiten an den Elbdocks verdonnern will. Nach hundert Metern geht es noch einmal links um die Ecke und dann stehen wir vor dem Eingang des „Puro Beach" am Pier 15. Über einen Holzsteg an dem sich mit weißen Tüchern überdachte Sitzgruppen aufreihen, gelangen wir schließlich zur Bar, die das Zentrum des Clubs bildet. Die Augen der Jungs leuchten vor Begeisterung als wir auf Hockern Platz nehmen, von denen aus man einen ausgezeichneten Überblick über die ganze Anlage hat.

Die Elbe fließt ruhig etwas weiter unten vorbei. Auf mit breiten, weißen Matten ausgelegten Liegeflächen räkelt sich die eine oder andere Schönheit im Bikini. Auf der uns gegenüberliegenden Seite der Bar befindet sich ein Pool, um den herum weitere Sitzgelegenheiten mit einem wunderbaren Blick auf die Elbe angeordnet sind. Neben dem Pool spielen einige braungebrannte Typen mehr oder weniger gekonnt Beach-Volleyball. Eine ansprechende, blonde Torte lächelt uns fragend an. Sie wird hinter der Theke unterstützt von einem Model-Typ, der eine Sonnenbrille trägt. Zum Glück hat er gerade mit anderen Gästen zu tun, sodass uns das Mädel nach unseren Wünschen fragt, nachdem wir einen kurzen Blick in die Karte geworfen haben.

„Na, wenn das keine echte Lebensqualität ist", gerät Fritz gleich ins Schwärmen.

„Man kommt sich ja hier vor, als wäre man in einem Hotel in der Karibik", stellt Max ebenfalls äußerst beeindruckt fest.

„Ich wusste, dass es auch gefällt", bin ich mit dem Ergebnis meiner Auswahl der ersten Sehenswürdigkeit des Tages sehr zufrieden. Im Überschwang der Gefühle bestelle ich bei dem Modell hinter der Theke eine Flasche Champagner für 80,– Euro.

„Hey Mann, dir geht es ja noch viel besser als ich dachte", freut sich Max.

„Tja Jungs, ich freue mich so, dass ihr da seid, da will ich mich mal nicht lumpen lassen", lache ich und zwinkere der Schnalle hinter der Theke zu, die mich mit einem reizenden Lächeln belohnt, bevor sie sich an die Arbeit macht.

„Wie bist du denn auf diese Location gestoßen?", will Max wissen, während er zwei Nixen beobachtet, die sich im Pool vergnügen. „Ich meine, so was erwartet man ja nicht unbedingt hier in dieser Gegend".

„Wir haben den Laden zufällig entdeckt, als wir unten auf dem Elbradweg zum ersten Mal rüber nach Altkötzschenbroda zum Frühstücken gefahren sind".

„Was ist das denn für ein seltsamer Name?", will Fritz wissen, der seine Fassung wieder zurück erlangt hat.

„Das ist ein Stadtteil von Radebeul, ungefähr zehn Kilometer elbabwärts. Dort gibt es eine außerordentlich liebevoll hergerichtete Kneipenmeile. Leider kann ich Euch die heute nicht auch noch zeigen, dazu fehlt uns die Zeit".

„Mann, dass du bei dem Zechangebot überhaupt noch zum Arbeiten kommst, ist ja wirklich bewundernswert", lacht Max.

„Wir könnten allein an diesem Elbabschnitt einen Kneipenbummel veranstalten, der uns einen Tag kostet", haue ich mächtig auf die Sahne. „Oben an der Augustusbrücke könnten wir im gleichnamigen Biergarten beginnen, im Elbsegler den nächsten Drink nehmen, dann kämen wir hierher, um danach im City-Beach zu feiern. Danach würden wir zum Ballhaus Watzke torkeln und uns zum Schluss durch Alt-Pieschen saufen. Was haltet ihr davon?"

„Schon gut, Mensch". Tritt Max auf die Bremse. „Auf eine weitere Notarzt-Geschichte kann ich dankend verzichten".

„Wenn das alle meine Bekannten und Verwandten wüssten, hätte ich kein freies Wochenende mehr. Also haltet bloß die Klappe". Ich bin nun mal nicht mehr der Jüngste und habe gelernt, ruhige Wochenenden allein mit meiner Süßen zu genießen. Aber das sage ich meinen Freunden nicht.

Die Jungs grinsen sich an, während die blonde Torte uns endlich das edle Gesöff kredenzt.

Wir genießen für eine ganze Weile mehr oder weniger schweigend die Atmosphäre um uns herum. Es ist gegen 14 Uhr, als wir uns schweren Herzens zum Aufbruch entschließen. Ich habe noch einige Programmpunkte im Plan.

Als nächstes verordne ich uns einen kleinen Spaziergang am Elbufer entlang. Fritz scheint schon wieder etwas angeschlagen zu sein. Max zeigt wie immer keine erkennbaren Spuren des Suffs. Mir ist aber auch ein wenig schwindelig. Schließlich hatte sich Fritz nicht lumpen lassen und noch eine zweite Flasche Champagner bestellt. Die glühende Hitze, die nun herrscht, ist in unserem Zustand alles andere als wohltuend.

Wir kommen unter der Marienbrücke durch. Dahinter gibt es eine kleine Parkanlage, in der sich das japanische Palais befindet. Unter den Bäumen haben sich einige Dresdner Schattenplätze gesucht, um den Samstagnachmittag mit Lesen öder Nichtstun zu verbringen.

„Die Latscherei macht mich ja völlig mürbe", beschwert sich Fritz. „Ich bin doch nicht hergekommen, um Hochleistungssport zu betreiben". Max klopft ihm aufmunternd auf die Schulter.

„Was hältst du davon, wenn wir eine kleine Schiffsfahrt unternehmen", will ich meinen alten Freund neu motivieren, der sich in leichten Schlangenlinien über den Radweg bewegt.

„Das ist ja mal eine echt gute Idee", findet Fritz sofort seine Lebensgeister zurück. „Hauptsache, ich kann mich setzen".

Der Marsch zur Augustusbrücke und rüber auf die andere Elbseite zu den Schiffsanlegern unterhalb der Brühlschen Terrasse zieht sich noch eine Viertelstunde hin, aber Fritz hält tapfer durch.

Mit dem Raddampfer „Pillnitz" fahren wir stromaufwärts. Mit Mühe bekamen wir noch einen Sitzplatz. Das vorwiegend ältere Publikum hat eine erstaunliche Agilität beim Kampf um freie Plätze entwickelt, als wir an Bord gingen. Das Schiff darf heute nur mit halber Passagierzahl fahren, da die Elbe extremes Niedrigwasser führt.

Ich muss während der ersten Minuten der Fahrt an die fürchterliche Bombennacht denken, die auf den Tag genau zwanzig Jahre vor meinem Geburtstag Dresden in Schutt und Asche gelegt hat. Tausende Flüchtlinge aus dem Osten kampierten in dieser Nacht in Eiseskälte am Elbufer und konnten ihr Leben nicht einmal durch einen Sprung in den Fluss retten. Die Brandbomben der Alliierten verwandelten den Strom in eine siedende Brühe. Wer der anwesenden älteren Herrschaften hat sie wohl live erlebt? Und was denken sie, wenn sie hier heute entlang fahren?

Ich will das Thema aber nicht gegenüber meinen Freunden anschneiden. Die Stimmung ist dafür einfach zu ausgelassen. Auch Fritz Lebensgeister sind mit dem kühlen Bier, das wir uns ordern, zurück gekehrt.

Eine sächselnde Männerstimme vom Tonband informiert uns über die Sehenswürdigkeiten am Ufer. Wir kommen an der Staatskanzlei vorbei und nach einigen Minuten genießen wir den imposanten Anblick der herrlichen Schlösser am Elbhang auf der linken Seite. Nach gut einer halben Stunde und einer weiteren Runde Bier erreichen wir das „Blaue Wunder". Während der Kapitän den Schornstein zum Heck des Schiffes herablässt, damit wir das eiserne Brückenbauwerk nicht rammen, erzählt uns der sympathische Sachse vom Band, dass es sich um die erste Brücke über die Elbe handelt, die ohne Pfeiler im Fluss gebaut wurde. Allerdings sei sie von Anfang an blau angestrichen gewesen, was Farbrechnungen aus der Bauzeit vor mehr als hundert Jahren belegten. Von wundersamen Farbveränderungen, die der Brücke in ihrer Geschichte nachgesagt werden, könne also keine Rede sein. Ein Bauwunder sei sie aber trotzdem. Die Weiterfahrt zum Schloss Pillnitz sparen wir uns und steigen am Anleger Blasewitz wieder aus.

Wir sind alles andere als nüchtern, als wir an die Bar kommen, die sich im Zentrum eines der bekanntesten Biergärten der Stadt befindet. Der „Schillergarten" ist an diesem späten Samstagnachmittag sehr gut besucht. Die junge Frau hinter der Theke kennt mich von zahlreichen Besuchen und nimmt sich daher Zeit für ein paar persönliche Worte, obwohl hinter mir noch einige Touristen ungeduldig darauf warten, alkoholisch versorgt zu werden.

Wir setzen uns an einen der Hochtische mit Barhockern, gönnen uns einen tiefen Schluck aus den Biergläsern und sind froh, dass wir einen Schattenplatz gefunden haben. Die Hitze drückt sehr und kein Luftzug ist zu spüren.

Ein Geschwader Hilfskräfte ist permanent damit beschäftigt, Gläser und Teller auf Rollwagen zu laden und in die Küche im Haupthaus zu schaffen, in dem sich ein hervorragendes Restaurant mit sehr aufmerksamen Personal befindet.

Überall sitzen Leute mit Radfahrerklamotten. Aufgeregte Muttis versuchen ihren Nachwuchs in Schach zu halten. Verliebte Paare turteln auf dutzenden Garnituren von Gartenmöbeln, die zum verweilen einladen, nachdem man sich an der Bar oder weiter hinten in einem Imbiss selbst versorgt hat.

„Der heutige Inhaber hat die historische Gaststätte nach der katastrophalen Flut von 2002 übernommen." Erzähle ich den Jungs. „Damals wurde dieses Gebäude bis zur Decke der ersten Etage geflutet, woran eine Markierung an der Außenwand da drüben erinnert. Diese Markierungen findet ihr übrigens an vielen Gebäuden im Elbtal".

„Ist ja Wahnsinn". Fritz ist ehrlich beeindruckt. „Und das kann ja jederzeit wieder passieren".

„Das kannste wohl sagen", meint Max und leert den Rest seines Glases in einem Zug. „Wo der Fluss heute fast ausgetrocknet ist, kann man sich so eine Flut noch schwerer vorstellen".

„Der Kerl ist einfach nicht zu stoppen", stelle ich fest und kann eine gewisse Bewunderung für seine Trinkerqualitäten nicht verhehlen. Ich muss mich mächtig zusammenreißen um nicht zu lallen. Fritz Mitteilungsbedürfnis hält sich dagegen ziemlich in Grenzen, was bedeutet, dass es nicht mehr lange dauert, bis er an seinen körperlichen Reserven gehen muss, wenn er nicht vom Hocker fallen will.

„Da drüben auf der anderen Elbseite seht ihr eine der besten Wohngegenden Dresdens", teile ich meinen Kumpels mit und zeige dabei zu den herrlichen Villen am Loschwitzer und Wachwitzer Elbhang hinüber. „Leider ist die Pillnitzer Landstraße, die da hinten am Elbufer entlang führt, sehr stark befahren, sodass du nur weiter oben am Hang deine Ruhe hast. Unten in Straßennähe bekommst du Wohnungen mit fantastischem Blick auf die Elbe, die durchaus erschwinglich sind. Aber um da nicht einen Knallschaden zu bekommen, wärest du als Anwohner besser schwerhörig oder gleich total taub".

„Das ist ja echt schade", meint Max während er der Torte hinter der Theke mit drei gestreckten Fingern zu verstehen gibt, dass wir noch nicht genug gesoffen haben. Dabei überlege ich, ob er sich überhaupt für das Gesprächsthema interessiert oder einfach nur was sagt um etwas zu sagen. Die Antwort gibt Max dann ein wenig unerwartet für mich, als er die frisch gezapften Biere vor uns auf den Rundtisch gestellt hat.

„Weißt du was, Straßenlärm ist ja nun nichts ungewöhnliches für eine Großstadt. Oder meinst du, das wäre bei uns am Rhein anders?"

„Na super, da haben wir ja überall die gleichen Luxusprobleme". Fritz fühlt sich genötigt, zu seinem ureigensten Thema mal wieder einen Kommentar abzugeben.

„Dafür habt ihr bei euch bestimmt keinen katholischen Priester, wie wir in Striesen, der seine Sonntagspredigt als Büttenrede mit Narrenkappe auf dem Kopf hält", versuche ich doch noch einen Extrapunkt zu machen.

„Keine Ahnung, ich gehe nicht in die Kirche", gibt sich Max zumindest in diesem Punkt geschlagen.

„Jetzt noch mal im Ernst. Fritz hat eben genau das auf den Punkt gebracht, was ich schon seit Jahren predige. Die Verhältnisse auf beiden Seiten gleichen sich doch von Jahr zu Jahr mehr an. Wer Kohle hat, kann auf jedem gewünschten Niveau alle Annehmlichkeiten genießen, sei es in Jena, Leipzig oder Dresden. Die Unterschiede im Erscheinungsbild der Städte werden auch immer weiter ausgeglichen. Und wem es wirklich schlecht geht, der hat auf seiner Ebene die gleichen Einschränkungen zu ertragen".

„Wie sehen das denn deine Söhne?", will Max von mir wissen, während Fritz wieder in seine eigene Gedankenwelt versunken ist und schweigend rüber zur Elbe stiert.

„Tja, der Große war ja als Zweijähriger bei der Flucht seiner Mutter am 9. November 89 morgens über die Tschechei dabei, kann sich aber natürlich daran nicht mehr erinnern. Mein Kleiner wird bald volljährig und hat die DDR gar nicht mehr erlebt. Aber beide haben trotzdem noch irgendwie das Gefühl, dass sie Ossis sind, also irgendwie anders, als ihre Altersgenossen im Westen. Ich bin aber nicht sicher, ob sie auch konkret sagen können, warum sie dieses Gefühl haben. In ihrer Lebensweise oder Vorlieben, die junge Leute nun mal haben, unterscheiden sie sich selbstredend nicht mehr von den Jugendlichen im Westen".

„Ist das nicht irgendwie in Ordnung, dass die Erinnerung an diese Zeit der Trennung langsam aus unserem Bewusstsein herauswächst?"

„Das finde ich eben ganz und gar nicht", sage ich etwas lauter als es angemessen wäre. „Vor ziemlich genau sieben Jahren lag ich mit einem Freund im Jenaer Spaßbad und hatte eine ähnliche Diskussion. Ich finde sehr wohl, dass wir uns ständig daran erinnern müssen, was einmal war. Das fördert zum einen die Dankbarkeit für das Erreichte, übrigens auf beiden Seiten, wenn wir schon heute noch von verschiedenen Seiten reden wollen. Und außerdem wird es uns helfen, alle zusammen eine Wiederholung der dunklen Vergangenheit für immer zu vermeiden".

„Schon gut, Mann. Ich dachte, du wärst nach den ganzen Bierchen der letzten Stunden etwas lockerer drauf".

Ich komme nicht zu einer Antwort, da bei Fritz nun vollständig die Luft raus ist. Er rutscht langsam von seinem Hocker und knallt dann auf seine schicke Hose, nicht ohne sich die Birne an der hölzernen Platte des Hochtisches anzustoßen. Max und ich sind nicht in der Lage, rechtzeitig rettend einzugreifen. Vielmehr schauen wir seinem Zusammenbruch nur fasziniert zu. Schließlich greift Max ihm dann doch helfend unter die Arme und stellt ihn wieder auf die Beine. Übung hat er ja darin.

Fritz reibt sich die Birne, an der sich schon ein dunkler Fleck abzuzeichnen beginnt. Was wäre sinniger, als die Tatsache zu kommentieren, dass unser völlig blauer Kamerad im Schatten des „Blauen Wunders" sein ganz eigenes dieser Art erlebt. Ich kann mir diesen spöttischen Kommentar mit einiger Mühe verkneifen.

„Mann, ich werde langsam alt", stellt Fritz frustriert fest, während er sich die schmerzende Stelle an seiner Stirn reibt.

„Setz dich, Sportsfreund", redet Max ihm gut zu, während er ihn wieder auf seinen Hocker setzt. „Zum Glück ist dein frisches Bier nicht umgekippt. Wir sind ja schließlich nicht zum Vergnügen hier".

Das ist eine Sprache, die Fritz versteht. Das Adrenalin beim Zusammenbruch hat ihn wieder wachgerüttelt. „Prostata, Kameraden, und hoffentlich dauert es nicht wieder einige Jahre, bis wir uns wiedersehen".

Danksagung

Dieses Buch wäre nie entstanden, wenn es nicht mutige Menschen gegeben hätte, die im Sommer 1989 die Zeichen der Zeit erkannt haben. Eine Revolution wurde auf den Weg gebracht, die durch ihren friedlichen Verlauf wohl einmalig in der Geschichte ist.

Ich möchte mich bedanken bei den Landsleuten, die in den ostdeutschen Städten auf die Straße gegangen sind und damit von Innen die Mauer zum Einsturz gebracht haben. Genauso gilt mein Dank Michael Gorbatschow und allen anderen Politikern in Ost und West, die dafür gesorgt (oder es zumindest nicht verhindert) haben, dass Deutschland heute wieder ein einheitlicher, freier Rechtsstaat ist. Ganz besonders bedanke ich mich bei Günter Schabowski, der zum richtigen Zeitpunkt am richtigen Ort den richtigen Text vorgelesen hat, (wahrscheinlich) ohne ihn vorher zu prüfen.

Meine persönliche Geschichte wäre völlig anders verlaufen und auch die von weiteren Millionen Menschen nicht nur in Deutschland. Dank sage ich all denen, die nicht vergessen haben, wie es einmal war, und die bereit sind, die Erinnerung daran wach zu halten, sei es als Mahnung oder aus Dankbarkeit.

Nicht vergessen möchte ich die Menschen, die mich bei der Entstehung dieses Buches ganz persönlich unterstützt haben:

Mein Freund, RA Lothar Köhl (Düsseldorf), hat mich mit großer Geduld vor einigen allzu gewagten Formulierungen bewahrt. Stefan Seifert in Sangerhausen hat sich für meine Homepage Zeit genommen, obwohl er echt was Besseres zu tun hatte. Felix Manthei (Dresden) und sein Vater Willy Manthei (Chemnitz) haben nach meinen Vorstellungen das Titelbild diese Buches geschaffen und dabei eine Engelsgeduld an den Tag gelegt. Mein alter Kumpel Stefan Matz (Jena) hat mir in einer schwierigen Zeit, in der die Urfassung dieses Buches entstanden ist, kostenlos Asyl gewährt. (Rechnet man nicht die unzähligen Bierchen, die wir zusammen in der Jenaer Innenstadt konsumiert haben!)

Und da wären noch die Schützenfestfreunde, Nacktbader, Malocher, Plattenbaubewohner, Partyluder, Fremdgänger, Rockfans, Randalierer, Fußballfanatiker, Autobahnraser, Saunagänger, Gastronomen, Gartenfreunde, Notärzte, Luxusurlauber und generell die Vertreterinnen des schönen Geschlechts (Ich liebe die Frauen!), ohne die all die Geschichten in diesem Buch nicht möglich gewesen wären.

Ihnen, meine lieben Leser, wünsche ich alles erdenklich Gute. Bleiben Sie gesund und haben Sie den Mut, im richtigen Augenblick das Richtige zu tun! (z.B. sofort in den nächsten Buchladen zu eilen und „Kreisverkehr" zu kaufen.)

Ihr Sebastian F. Alzheimer,
Dresden im Oktober 2010

Liebe Leserin, lieber Leser,

Besuchen Sie auch meine persönliche Seite bei Facebook und die Fanseite: „Sebastian F. Alzheimer Satiren", die Sie über einen Link auf meiner persönlichen Seite erreichen.

www.facebook.com/sebastian.alzheimer

Hier finden Sie nähere Infos zu meinen Büchern, Lesermeinungen, Fotos und vieles mehr.

Ich freue mich auf Sie!

Herzliche Grüße

Ihr Sebastian F. Alzheimer

Ebenfalls vom Autor erschienen:

Sebastian F. Alzheimer
Kreisverkehr – Ein Mallorca-Reigen
Taschenbuch, 224 Seiten
ISBN 3-00-018844-4
9,90 EUR

„Kreisverkehr" führt in 15 Episoden auf eine Rundreise über die wohl
bekannteste Insel im Mittelmeer. Die unterschiedlichen Ich-Erzähler suchen
Ablenkung im regen Treiben von Port d'Andratx oder sind begeistert vom
Freiheitsdrang ihrer pubertierenden Töchter im Nachtleben von El Arenal. Sie
scheinen in einem Paradies zu leben in Fornalutx oder lernen ihre Eltern am
Strand von Sant Elm völlig neu kennen. Sie leben in der Vergangenheit in Port
de Soller oder genießen vermeintliche Erfolge in einem Luxushotel in Palma.
Jeder Ich-Erzähler ist aus einem anderen Grund auf der Insel, und jeder sucht
seinen ganz persönlichen Weg zum Glück.

Sebastian F. Alzheimer nimmt auch in seinem zweiten Buch kein Blatt vor
den Mund. Teils auf satirisch-deftige, teils auf sanfte und nachdenkliche Weise führt er durch einen Reigen von Frust und Harmonie, von Liebe und Abwechslung, von Sex und Moral und von Schmerzen und Glück. Selbst wenn
der Leser noch nie auf der Insel war, wird er sich in einer der Figuren wieder
erkennen. Vielleicht macht ihm die Lektüre Lust auf eine eigene Rolle im realen
„Mallorca-Reigen".

Erhältlich überall im Buchhandel oder unter www.sebastianalzheimer.de